U0918201

教育部2011计划“两岸关系和平发展协同创新研究中心”阶段性成果，广西人文社会发展研究中心“泛北部湾合作”团队、“珠江-西江经济带开放合作”优青团队建设阶段性成果

书香中国学术文库

『一带一路』与两岸

刘澈元 罗婧 编著

九州出版社
JIUZHOUPRESS

图书在版编目（CIP）数据

“一带一路”与两岸 / 刘澈元，罗婧编著. -- 北京：九州出版社，2016. 8

ISBN 978 - 7 - 5108 - 4678 - 6

Ⅰ. ①一… Ⅱ. ①刘…②罗… Ⅲ. ①区域经济合作—国际合作—研究—中国②海峡两岸—区域经济合作—研究 Ⅳ. ①F125. 5②F127

中国版本图书馆 CIP 数据核字（2016）第 211237 号

“一带一路”与两岸

作　　者	刘澈元　罗　婧　编著
出版发行	九州出版社
地　　址	北京市西城区阜外大街甲 35 号（100037）
发行电话	（010）68992190/3/5/6
网　　址	www. jiuzhoupress. com
电子信箱	jiuzhou@ jiuzhoupress. com
印　　刷	北京天正元印务有限公司
开　　本	710 毫米 ×1000 毫米　16 开
印　　张	18
字　　数	323 千字
版　　次	2017 年 1 月第 1 版
印　　次	2017 年 1 月第 1 次印刷
书　　号	ISBN 978 - 7 - 5108 - 4678 - 6
定　　价	54. 00 元

目　录
CONTENTS

“一带一路”与两岸学术会议观点综述

罗婧① 刘方舟② 贾明恺③

“一带一路”建设既是中国的国际经济合作战略和文化“走出去”战略，也是中国建设开放型经济体制的重要载体，其建设成效与中华民族的伟大复兴息息相关。在两岸关系发展面临道路选择的重要节点，如何促进两岸共同参与“一带一路”是考验两岸智慧的重要课题。2015 年 11 月 19 日至 21 日，广西师范大学、广西人文社会科学发展研究中心、两岸关系和平发展协同创新中心在桂林联合举办“一带一路”与两岸学术研讨会。厦门大学、中国人民大学、浙江大学、宁波大学、广西师范大学、广西大学、台湾政治大学、义守大学、台北大学、嘉义大学、金门大学、高雄应用科技大学、中国社会科学院、福建省社会科学院、天津市台湾研究学会、台湾经济研究院、“台湾国策研究基金会”、南台湾两岸关系协会等两岸高校和研究机构学者四十余人与会，就“一带一路建设对两岸关系的影响”、“台湾参与一带一路建设的路径和机制”、“两岸合作面向国际推动一带一路建设”等议题进行了广泛深入的研讨。现将主要观点综述如下：

一、“一带一路”建设对两岸关系的影响

与会专家普遍认为，“一带一路”建设无论是作为战略还是倡议，都以中华民族伟大复兴作为宏大背景和出发点，将对中国两岸共同参与国际经济合作，深化民族认同、国家认同产生重要影响。

1. 两岸学者对“一带一路”战略的共同认知

尽管在“一带一路”建设是倡议还是战略方面存有分歧，但两岸学者对

① 广西师范大学经济管理学院教授，经济学博士。
② 广西师范大学经济管理学院硕士研究生。
③ 广西师范大学经济管理学院硕士研究生。

“一带一路”建设仍有共同的战略认知。与会大陆学者在对大陆发布的“一带一路”愿景与行动文件进行解读时提出，随着中国在亚洲乃至国际事务中影响力的提升，中国推动亚洲发展与崛起需要相应的战略构想，“一带一路”战略正是这一构想的具体载体。在此理念主导下，他认为，中国在该战略实施中应特别注重处理好与俄罗斯、印度、印尼、哈萨克斯坦、缅甸、巴基斯坦等国家的关系，充分利用东盟 10 +1、APEC 等十个合作平台，建构“中华经济走廊”等六个经济带。（全毅 2015）与会台湾学者则从中国大陆经济新常态角度提出了自己的看法。认为，“一带一路”建设扮演新常态经济发动机的角色。在中国经济停止高速发展但外汇存底累计过高的形势下，“一带一路”应该是很好的多元投资选项。为顺利实施该战略，中央将会对地方政府或对国、民营企业下放更多的资源。（胡联国 杜建衡等 2015）与会台湾学者提出，应将“一带一路”建设与“亚投行”设立联系起来认识中国大陆的战略布局。成立“亚投行”首重推动亚洲基础设施建设，对东南亚及非洲国家乃至欧洲先进国家产生积极效应。“一带一路”战略首重打通欧亚大陆之间阻碍，对沿线国家总体经济成长及产业产值都有正面效益。只有借助“亚投行”构建的金融平台，“一带一路”战略才能为中国大陆新常态现况寻找成长动能。透过“一带一路”与“亚投行”结合战略，拓展外交之余增加向邻国输出基础建设的机会，提升自身基础建设产能，进一步加深和东盟及周围国家的经贸关系，也为新常态时期注入新成长动能。（谭瑾瑜 2015）另有学者在对新海上丝绸之路沿线各国的政治体制、经济政策与长期经济增长进行分析的基础上提出，摆脱贫困危机是沿线大部分国家面临的首要议题，就“一带一路”战略与沿线国家关系的顶层设计而言，“全方位且深入的制度变革并不是经济增长的必要条件，但在不利的条件下维持经济高速增长需要更加强有力的制度变革”。（徐毅 2015）

2. “一带一路”建设是深化 ECFA 效应推动两岸经济合作升级的有效途径

“一带一路”建设与两岸经济合作框架及其效应深化得到与会学者的广泛关注。大陆学者认为，自 2013 年提出“一带一路”战略以来，中国从未将台湾地区排除在这一战略之外。在对待“一带一路”与两岸经贸关系问题上，除了政治因素，台湾还须破除思维因素。“没有与大陆市场连接，台湾人民的日子可以过下去；失去大陆这么好的市场，台湾人民的日子会过得不那么舒坦，这是不可否认的事实。”大陆的“一路一带”战略已经启动，大陆与周边国家和地区正积极推动“一带一路”建设，对于地理、文化相近，同属一国的台湾而言，更应在 ECFA 框架下积极参与“一带一路”建设，这是一个双赢的选择。（刘国奋 2015）与会大陆学者同时指出，两岸经贸有近三十年的合作基础，双方若在 EC-

FA框架下构建“产业联盟”，携手对沿线国家和地区合作投资，进行产能合作，应是在“一带一路”战略下对两岸经贸合作新路径的有益探索。如此，在满足台湾“借船出海”需求的同时，也有助于两岸将更多的商机扩展到东盟、南亚和欧洲的新兴市场。（桑登平 邵宝明 2015）就上述构想的具体实施，与会大陆学者认为，两岸共同参与“一带一路”建设，可从台湾人才招募、两岸企业联手、资金共同筹措、跨国经营策略等多个层面、多条路径进行合作。（李非 吴林婧等 2015）

3. “一带一路”建设有利于丰富“一个中国”论述并提升两岸国族认同

“一带一路”建设对于两岸而言既是经济方略，也是认同纽带。对此，与会大陆学者认为，台湾的海洋文化自萌芽时期起就深受闽粤海洋文化的影响，并渗透到台湾经济的各个层面。台湾对于海洋精神的认同与海上贸易的传统为其参与“一带一路”尤其是新海上丝绸之路提供了适宜的文化纽带。（李鹏 陈晓晓 2015）与会大陆学者同时认为，“一带一路”战略在经济等方面的思维和设想体现出有中国特色的大国风范，该战略论述不仅提出了高格局的经济发展构思，而且使两岸关系和两岸国族认同受到影响。在“一带一路”战略的大背景下，两岸应从各方民生经济和生活共同体的建构出发，在现实推动过程中构建两岸积极正向的共有知识，进一步由下而上地丰富“一个中国”论述并发展两岸国族认同。（梁颖 2015）立足对台湾政治局势可能变化的预测，与会大陆学者认为，2016年台湾“大选”后两岸关系出现冷和平的概率增大。冷和平将给两岸关系带来破坏性的影响。但冷和平并非无法避免，只要两岸双方能够清醒地认识到“冷和平”的危害，两岸均从中华民族的大局出发，将“一带一路”建设作为两岸合作的契机，可在一定程度上避免两岸陷入“冷和平”状态，并进而以共赢两利提升两岸互信和国族认同。（王英津 2015）

二、台湾参与“一带一路”建设的路径与机制

与会专家认为，中国大陆明确提出“要为台湾地区参与‘一带一路’建设做出妥善安排”后，两岸已形成“台湾不能缺席一带一路建设”的共识。在此条件下，探讨台湾参与“一带一路”建设的路径和机制尤为重要。

1. 以“两岸一家亲”理念构筑台湾参与“一带一路”建设的两岸环境

与会学者认为，推动台湾参与“海上丝绸之路”一方面需要大陆科学合理的引导，如与台湾协商确定其参与方式、参与内容、参与政策等。另一方面，台湾自身更需从长远的发展眼观出发，排除外部各种干扰因素，以两岸一家亲和整个中华民族利益为重，在其社会内部与两岸间能聚同化异，并在岛内宣传

参与“海上丝绸之路”将给台湾带来的发展机遇，构建其积极参与“海上丝绸之路”的两岸环境。（伍湘陵 邓启明 2015）就此，台湾学者进一步认为，台湾地区对“一带一路”的参与是无形的，两岸企业有巨大的合作空间，台湾企业的国际接触经验是无价的软件智能财产，台湾企业的国际信用更广受国际企业的信赖，是国际经贸往来的优等生，可作为中国对外接触的桥梁。（林钰祥 2015）

2. 确立两岸合理的产业合作与分工体系是台湾参与“一带一路”建设的有效路径

与会台湾学者表示，台湾地区除了以重要的地缘优势扮演对一带一路的贡献外，其在制造业转型升级、大力推动高素质劳力需求的服务业发展以及生机蓬勃的创新创业活动方面也累积了宝贵的经验及成就，可供中国推动“一带一路”参考借镜。（胡联国 杜建衡等 2015）另有台湾学者介绍了台湾地区水资源利用的政策和经验，认为，台湾在建设“节水用水循环”社会方面创造了研发单位技术开发与公众宣传并重，政府、企业共同协商的做法，既可为大陆建设“节水型社会”提供借鉴，也可供两岸在实施“一带一路”沿线基础设项目中参考，提升两岸在国际项目中的环保形象。（庄淑琼 2015）就台湾参与“一带一路”建设的产业领域，台湾学者认为，金融服务业、一带一路基础建设、能源合作、绿色制造、智能城市、银发产业等应是符合台湾产业优势的重要领域。（谭瑾瑜 2015）有大陆学者提出，发掘中国文化的产业功能可以促进“一带一路”建设中产业的互相融合。以海洋休闲业为例，中华文化传播与交流有赖于海洋休闲旅游业的巨大发展，文化的融合也会为“海上丝绸之路”战略的推进提供动力。加快发展海洋休闲旅游业有利于增加“海上丝绸之路”沿岸国家的经贸往来和文化融合，增强各国与地区间的历史认同感。（邓启明 伍湘陵 2015）也有大陆学者提出，两岸联合在“一带一路”国家发展语言服务业是一个值得重视的产业领域。（周亚莉 郭凤青 2015）具体到产业合作的企业层面，大陆学者提出，两岸可在中小企业合作、中西部开发等方面先行合作，逐步对接“一带一路”沿线国家的企业与市场。该学者认为，“一带一路”战略和区域整合为两岸中小企业合作提供了广阔的平台，普惠中小型企业，促进两岸产业展开良性竞争，就需要从微观层面推动两岸产业合作体系、对接机制更加完善。台资企业既可沿“一带一路”内移西进中西部地区投资发展，又可与海上丝绸之路福建核心区联合起来共同开拓东南亚市场，为两岸经贸合作注入更多活力。（李非 吴林婧等 2015）关于如何为台商提供参与“一带一路”建设的良好环境，与会大陆学者从交易效率角度提出了自己的看法。该学者认为，大陆地区提高交易效率可以促使台商转移大陆的产业结构层次有所提高。只有经济增长，但没有交易效率的改善就难以有优质台资的入驻。大陆欠发达地区在吸引台资时所走的资源“锁定”路径需要通过交易效率的改善来扭转，从而让经济体制步入可持续发展的轨道。因此，改善交易效率是中国推进“一带一路”建设中社会制度变迁的一个重要方向。（陈颐 2015）

3. 台湾可与大陆建立次区域对接机制参与“一带一路”建设

就台湾参与“一带一路”建设的机制，两岸学者分别提出了自己的看法。大陆学者指出，两岸共建“21 世纪海上丝绸之路”应立足于大陆自贸区与台湾自由经济示范区的联动，形成以产业园区为载体的分工与合作机制、服务于共建“21 世纪海上丝绸之路”的金融合作机制、合作对外投资机制以及与地区安全治理的互动机制。（王勇 2015）有大陆学者提出，应从共生单元、共生环境、共生模式、共生通道四个维度构建福建自贸区厦门片区与高雄自由经济示范区的共生机制，参与“一带一路”建设的机制。该学者认为，厦门、高雄自贸区战略定位、功能定位相容，为自贸区共生体得以形成、发展创造了条件和基础，而共生环境的激励也有利于厦门、高雄自贸区共生关系的维持。现阶段，厦门、高雄自贸区共生体尚处于互惠共生条件下的间歇共生模式，需要通过多方面的共生通道建设，才能实现渐次演进，最终提升为对称性互惠共生条件下的厦雄自贸区一体化共生体。（林子荣 2015）与会台湾学者进一步补充了上述观点，认为，在福建自贸区成为先行先试区的条件下，两岸在“一带一路”战略中应提出大陆四大自贸区与台湾自由经济示范区对接的政策措施，以深化两岸在“一带一路”框架下的合作效应。（谭瑾瑜 2015）另有台湾学者以大陆向金门供水问题为案例，阐述了“一带一路”建设中两岸的合作机制构建。该学者认为，金门供水案例表明，在“一带一路”合作中，大陆应重视台湾民众“想要什么”，而不是一味强调“我要给予什么”。同时，他建议两岸建立“一带一路”合作的两岸对话平台，以协商“一带一路”两岸协同机制。（马祥佑 2015）

4. 两岸金融合作在台湾参与“一带一路”建设中具有不可替代的作用

基于金融在“一带一路”建设中特殊而重要的作用，两岸专家均认为，加强双方金融合作可有效推动台湾参与“一带一路”建设。与会大陆专家认为，相较于两岸经贸关系的紧密程度和投资规模发展趋势，两岸的金融合作特别是资本市场合作相对滞后。就目前两岸金融开放程度而言，双方对银行业的开放高于保险业，对保险业的开放又高于证券业，证券业成了合作进程中的“短腿”，两岸资本市场合作陷入瓶颈期。因此，两岸均应从“一带一路”建设角度予以检讨，通过协商，就金融合作做出符合双方利益的制度安排。（黄梅波 陈冰林 2015）就台湾参与“亚投行”问题，与会大陆专家认为，加入“亚投行”对台湾地区的经济发展具有积极影响，台湾可获极大的经济利益，尤其对台湾地区的人民币离岸市场的发展有明显的促进作用。该专家同时认为，台湾虽没有成功成为“亚投行”创始成员，但大陆对台湾参与“亚投行”始终持开放态度，并将在“亚投行”框架下做出妥善安排。（杨权 刘紫荷 2015）就两岸资本市场对接的效益，与会台湾专家从实证角度进行了阐释。该专家认为，中国大陆在开放 QFII 之前，其股票市场与国际之联动性较不密切，造成以 CBOE 所编制 VIX 指数作为中国大陆上海综合指数之投资的成功率较低。开放 QFII 之后，中国大陆的股票市场与国际之联动性较为密切，使得以 CBOE 所编制 VIX 指数作为中国大陆上海综合指数之投资的择时指标之成功率较高。以台湾与大陆市场的实证结果而言，CBOE 所编制之 VIX 指数可以作为投资股票市场之择时指标，特别是在开放 QFII 之后，其成功率较高。（李建兴 2015）

三、两岸合作面向国际推动“一带一路”建设

与会专家一致认为，“一带一路”建设为两岸合作面向国际提供了纽带，创造了契机，也将为两岸在国际经济空间的合作探索全新模式，有助于解决两岸共同参与亚太经济合作这一结构性问题。

1. 构筑两岸特色产业链有助开拓“一带一路”沿线市场

与会大陆专家对台商产业转型路径进行了分析，认为，“一带一路”建设为台商带来了发展机遇，能促进台商与“一带一路”沿线地区的经贸发展。要抓住发展机遇，台商需要提升就地转型的意愿，增大转型成功的概率，也可借机推动内销和国际化，还应积极利用大陆出台的扶植政策，利用大陆平台“借船出海”。对于选择区域转移的台商，可考虑将“一带一路”沿线重要省份作为过渡，充分利用其既贴近大陆市场又贴近欧亚市场的优势。（熊俊莉 2015）另有大陆专家指出，两岸可以一种全新的模式携手国际产能合作，在将资本、技术、装备和管理“打包”，与合作对象进行深度融合的同时，将产能合作同产业链和价值链的“加长”工程结合起来。对一些产能需求不强，且有有限需求的国家和地区，可为其量身定做地提供一定的产能市场。（桑登平 邵宝明 2015）就两岸与国际的互联互通，与会大陆专家认为，在中国与周边国家和地区共同推进新丝绸之路建设的进程中，两岸之间应该通过基础设施互联互通与贸易、金融、市场、货币、人文等领域的合作促进两岸之间地区的互利共赢，最终形成不可分割的利益共同体、命运共同体。（张晋山 2015）

2. 两岸共同参与亚太经济合作的国际因素与应对之道

与会专家认为，两岸共同参与亚太经济合作是“一带一路”建设的关键指标，台湾对参与路径的选择应基于对合作效应的科学判断。与会大陆专家分析了东盟在亚太区域及台海两岸关系网的中心性，发现东盟的中心性地位受到了挑战。该专家认为，从国际合作的网络关系分析出发，面对推进其中心性战略所存在的政治与经济多重障碍，要成为真正的区域合作中心或持续主导者、推动者，东盟应注重强化自身以及与大国的网状合作关系。（李红 覃巧玲等 2015）就“台湾”加入 TPP 的影响，与会大陆专家分析了台湾加入 TPP 的战略考量、美国对于台湾加入 TPP 的政策，认为台湾加入 TPP 的前景不明朗，台湾试图加入 TPP 将冲击两岸经贸合作，影响两岸政治关系并引发台湾地区“国际空间问题”，同时，也会提升美国对台影响力，也有可能影响到台湾南海政策。（孔小惠 2015）与会大陆专家运用全球贸易分析模型（GTAP）从宏观经济和产业发展两个层面对台湾加入 RCEP 和 TPP 的经济效应进行定量评估，研究表明，台湾既加入 RCEP 又加入 TPP 可以最大限度地促进其经济增长与产业结构优化。在二者不能兼得的情况下，台湾只加入 RCEP 比只加入 TPP 更有利于其经济增长和产业竞争。若二者都未加入，台湾的经济将持续恶化，传统优势产业将遭受巨大冲击。据此，该专家进一步提出：台湾参与区域经济整合的合理路径应为“先两岸、后周边、再 RCEP、最后 TPP”。（邓利娟 黄燕萍等 2015）有大陆专家对上述观点予以支持性回应，并从大陆视角提出了具体的应对策略。该专家提出，共同参与亚太经济一体化是两岸面向国际应采择的思维，台湾脱离 ECFA 框架参与亚太经济合作从结果看是一个假议题。台湾参与“亚投行”与“一带一路”建设可为两岸共同参与亚太经济合作探索新模式，大陆应促进虚拟平台与实体平台衔接，积极支持台湾参与功能性区域经济合作。（刘澈元 2015）

参考文献：

[1] 全毅：《中国大陆“一带一路”建设构想与愿景解读》，“一带一路”与两岸学术研讨会，2015 年 11 月 19 日，广西桂林。

[2] 胡联国、杜建衡、谢静华：《从新常态经济的观点看“一带一路”的战略意涵——兼论台湾扮演的角色》，“一带一路”与两岸学术研讨会，2015 年 11 月 19 日，广西桂林。

[3] 谭瑾瑜：《中国大陆一带一路政策对台湾产业发展的影响及建议》，“一带一路”与两岸学术研讨会，2015 年 11 月 19 日，广西桂林。

[4] 徐毅：《逃离“贫困陷阱”，“海丝之路”沿岸国家的长期经济增长》，“一带一

路”与两岸学术研讨会，2015 年 11 月 19 日，广西桂林。

[5] 刘国奋：《“一带一路”战略与两岸关系的发展》，“一带一路”与两岸学术研讨会，2015 年 11 月 19 日，广西桂林。

[6] 桑登平、邵宝明：《“一带一路”建设对两岸关系的影响》，“一带一路”与两岸学术研讨会，2015 年 11 月 19 日，广西桂林。

[7] 李非、吴林婧、林子荣：《两岸共同参与“一带一路”建设研究》，“一带一路”与两岸学术研讨会，2015 年 11 月 19 日，广西桂林。

[8] 李鹏、陈晓晓：《台湾的海洋文化认同与参与“一带一路”之可能性》，“一带一路”与两岸学术研讨会，2015 年 11 月 19 日，广西桂林。

[9] 梁颖：《刍议“一带一路”战略对于两岸国族认同之影响——以“一个中国”论述为例》，“一带一路”与两岸学术研讨会，2015 年 11 月 19 日，广西桂林。

[10] 王英津：《2016 后的两岸关系走向及其对经贸往来的可能影响》，“一带一路”与两岸学术研讨会，2015 年 11 月 19 日，广西桂林。

[11] 国家发展改革委员会、外交部、商务部：《推动共建丝绸之路经济带和 21 世纪海上丝绸之路的愿景与行动》，新华社北京 2015 年 3 月 28 日电。

[12] 伍湘陵、邓启明：《台湾参与“21 世纪海上丝绸之路”战略中的角色与政策取向研究》，“一带一路”与两岸学术研讨会，2015 年 11 月 19 日，广西桂林。

[13] 林钰祥：《“一带一路”应重软件建设；与台企关系》，“一带一路”与两岸学术研讨会，2015 年 11 月 19 日，广西桂林。

[14] 庄淑琼：《水资源管理——再生水之台湾经验》，“一带一路”与两岸学术研讨会，2015 年 11 月 19 日，广西桂林。

[15] 邓启明、张薇、伍湘陵：《海洋休闲旅游：“海上丝绸之路”背景下中华文化传播与融合的重要载体及推进策略研究》，“一带一路”与两岸学术研讨会，2015 年 11 月 19 日，广西桂林。

[16] 周亚莉、郭凤青：《“一带一路”背景下甘肃省语言服务业发展战略探索》，“一带一路”与两岸学术研讨会，2015 年 11 月 19 日，广西桂林。

[17] 陈颐：《台湾产业转移大陆及其对接障碍分析：基于交易效率的视角》，“一带一路”与两岸学术研讨会，2015 年 11 月 19 日，广西桂林。

[18] 王勇：《自贸区建设背景下两岸共建“21 世纪海上丝绸之路”探讨》，“一带一路”与两岸学术研讨会，2015 年 11 月 19 日，广西桂林。

[19] 林子荣：《“厦雄”自贸区共生体构建初探．“一带一路”与两岸学术研讨会》，2015 年 11 月 19 日，广西桂林。

[20] 马祥佑：《从金厦合作的发展谈“一带一路”两岸可能的合作方式》，“一带一路”与两岸学术研讨会，2015 年 11 月 19 日，广西桂林。

[21] 黄梅波、陈冰林：《两岸资本市场合作的瓶颈和发展空间》，“一带一路”与两岸学术研讨会，2015 年 11 月 19 日，广西桂林。

[22] 杨权、刘紫荷:《加入亚投行对台湾地区经济金融的影响》,“一带一路”与两岸学术研讨会,2015 年 11 月 19 日,广西桂林。

[23] 李建兴:《VIX 指数作为两岸股市择时指标之探讨》,“一带一路”与两岸学术研讨会,2015 年 11 月 19 日,广西桂林。

[24] 熊俊莉:《“一带一路”建设与台商转型机遇》,“一带一路”与两岸学术研讨会,2015 年 11 月 19 日,广西桂林。

[25] 张晋山:《“一带一路”与两岸命运共同体的话语建构》,“一带一路”与两岸学术研讨会,2015 年 11 月 19 日,广西桂林。

[26] 李红、覃巧玲、农方:《东盟在区域及台海两岸关系网的中心性分析》,“一带一路”与两岸学术研讨会,2015 年 11 月 19 日,广西桂林。

[27] 孔小惠:《台湾加入 TPP 议题及其对两岸关系的影响》,“一带一路”与两岸学术研讨会,2015 年 11 月 19 日,广西桂林。

[28] 邓利娟、侯丹丹、黄燕萍:《台湾加入 RCEP 与 TPP 的经济效应——基于 GTAP 模型的模拟分析》,“一带一路”与两岸学术研讨会,2015 年 11 月 19 日,广西桂林。

[29] 刘澈元:《东亚体系演化视角下台湾参与区域经济合作的空间与路径:大陆视角》,“一带一路”与两岸学术研讨会,2015 年 11 月 19 日,广西桂林。

从新常态经济的观点看“一带一路”的战略意涵——兼论台湾扮演的角色

胡联国① 杜建衡② 谢静华③

一、前言

自2008金融危机以来，全球经济陷入一片阴影，虽有一阵短暂局部的复苏，但无可讳言地全球各国都面临有效需求不足而调降GDP成长率的处境。在这期间中国适时提出推动“一带一路”的战略，许多学者认为与美国“前进亚洲”战略是相对应的。除了政治战略的角度及意义外，中国推出的“一带一路”是延续中国过往的“走出去”战略，具有经济的战略价值。面对中国内部极力推动的“新常态”经济发展目标，“一带一路”扮演着协助“调结构”的角色。

本文拟从新常态的经济发展目标及规划，探讨“一带一路”的战略意涵，以及如何与国外及两岸产业和市场的联结，俾便早日实践中国的“中国梦、世界梦”。

二、新常态经济模式的思维

中国过去经济的高速成长来自两大红利的驱动，在供给面上，内部的人口红利带来丰富的廉价劳动力以及充沛的储蓄，推升经济的增速。从需求面看，全球化的红利带来外部需求的超速增长，奠定了外向型经济发展模式的坚实基础。目前这两大红利正快速衰退，势必严重影响中国经济成长的比率。

（一）供给面的新常态：中国劳动力人口（即15—64岁）之占比在过去的四十年期间从57%升至74.5%，在此带动下，国民总储蓄率从30%左右大幅攀

---

① 台湾政治大学国际经营与贸易学系教授。

② 台湾高雄应用科技大学金融系副教授。

③ 台湾淡江大学国际事务与战略研究所博士生。

升至2008年的53.4%。但是从2011年开始，劳动力人口比例开始下降，老年人口占比加速上升。人口结构的恶化会拉低国民的总储蓄，① 提高国内的劳动成本，促使世界生产工厂向东南亚、金砖其他四国、拉丁美洲、非洲国家转移。

（二）需求面的新常态：金融危机促使国际保护主义加温，各国加大力度抢外需，美欧推动TPP（跨太平洋伙伴关系协议）、TTIP（跨大西洋贸易与投资伙伴协议），实质上是变相的保护主义。未来WTO带给中国的红利将逐渐消失，取而代之的是所谓ABC WTO（Any But China WTO）的挑战，此外中国的服务贸易逆差以及货物贸易中的能源逆差正逐步抵减一般货物贸易逐渐缩减的顺差，甚至未来中国的经常账可能陷入全面逆差。

从资本账来看，维持国际收支账户的平衡，均衡的汇率应调整至经常账的盈余（或逆差）与资本账的逆差（或盈余）相互抵销。换句话说，中国过去经常账顺差应该带动资本的净流入，但是发达国家的宽松货币政策，尤其一轮又一轮的QE（量化宽松政策）浪潮，造成全球流动性迅速扩张，大量外资涌入以中国为代表的新兴国家，同时也造成人民币的大幅升值。但是金融危机以后，尤其是QE的退场，此趋势已逐步逆转。

（三）结构调整的新常态：过去十年是结构失衡的十年。从产业结构而言，以加工制造业为主的工业产能严重过剩，服务业产能却严重不足。从需求结构而言，政府以GDP为纲的考核机制引发了投资和出口的超常增长，而消费占比不断下滑。从地区结构而言，东部沿海地区快速崛起，中西部地区发展滞后。

未来的重点正如习近平所说的“区域一体化乃大势所趋”，从点到面逐步实现“一弓双箭”的战略布局。“一弓”指贯穿东部一线的东北老工业基地、京津冀经济圈和21世纪海上丝绸之路，基本上包括中国经济最发达的地区；“双箭”指横贯东西部地区的丝绸之路经济带和长江经济带，两支箭包括广大且资源丰富的中西部地区。“一弓双箭”包含所有省市区，向东联结东北亚、东南亚、澳洲，向西联结中亚、中东、欧洲，不仅是中国国内经济发展的重要引擎，也是对外开放的重要窗口，在政治、经济、外交战略上均具重要意义。

（四）金融结构的新常态：金融机构推动实体经济转型升级的作用更形重要。过去金融行业享受政策红利，2013年金融类上市公司的利润占全部A股上市公司的比重超过55%，但上市公司的数量占比不足2%。未来金融机构的角色必须有所调整，加快利率市场化、机构改革、业务创新，为实体经济让利。

① 不论从传统的经济成长理论或是从现实的国际经验来看，储蓄率与经济成长率有显著的正相关。

其次，资本市场是国企改革的重要战场，透过资本市场引入民资发展混合所有制，透过并购重组进行产业或技术的整合，股权分散强化治理结构，推动传统产业的转型升级，满足新兴产业的投融资需求。未来创业板、新三版、场外市场等服务于中小创新型企业的作用将更加强化，债券市场的融资功能将更凸显，期货、大宗商品、衍生品等市场的金融创新将更加快。

（五）财政政策的新常态：政府过去偏向建设型财政，财政资金大量投向“铁公基”等基础设施建设，但这模式已遇到瓶颈。从现在到2020年，城镇化带来的投资需求约为42万亿元，仅靠现存的财政模式会带来巨大的缺口，而且可能加剧效率低下、权力寻租、政府债务等风险，未来随着政府的简政放权、转变职能，财政也必须从“挖坑放水”式的建设型财政向“开渠引水”式的服务型财政过渡。

“开渠”旨在解决财政资金来源的问题，总体的思路是“开正门，堵歪门”。“开正门”，适度扩大地方政府的举债权限，引导地方政府以市场化原则在资本市场发行地方债；“堵歪门”加强对银行同业业务和影子银行的监管。有效解决融资平台政企不分、预算软约束造成的实体融资成本高涨，私人部门金融资源被排挤的扭曲现象。

“引水”有两层意涵，一是搭建平台与渠道，引入更多的社会资本参与公共建设和服务。2014年4月国务院常务会议宣布向社会资本推出首批80个基础设施建设项目，PPP（公私合营）模式已经进入实质推广阶段。二是引导财政资金和社会资本的投资重点从经济建设向服务民生转移，2014年中央财政支出预算中与民生关系最密切的社保、医疗、教育占比已从2010年的15.3%攀升至19.1%，但仍远低于欧盟的47.8%和美国的48.0%。

（六）货币政策的新常态：过去宽松的货币政策已经不再适用，当前需要的是稳健的货币政策框架。所谓稳健即“保持政策的连续性、稳定性，既不放松也不收紧银根”。货币政策不能大幅宽松，因为中国经济减速属于结构性的增速下移，而非周期性产出缺口，盲目地宽松易引发滞胀；货币政策也不宜过度收紧，因为经济结构调整过程中，传统行业存在下行压力，而新的经济增长尚未大规模形成，货币政策必须维持适度，避免经济出现“硬着陆”。政策工具从过去的总准备金率和利率调控转变为精细的公开市场操作，将信贷资源配置到三农、小微企业、现代服务业等重点领域和薄弱环节，实现“总量稳定，结构优化”的目标。

（七）供给管理的新常态：改革的核心是从制度面打破未来经济增长的供给瓶颈，GDP的成长不再单纯倚赖资本和劳动量的增加，而是要靠全要素生产力

(TFP) 的大幅提升，对冲潜在增速的下行压力。第一，改革基本经济制度，包括国资国企改革（提高国企运行效率）、财税体制改革（理顺中央和地方政府的关系）、行政管理体制改革（简政放权、强化市场）和涉外经济体制改革（从贸易开放到投资开放、从制造业开放到服务业开放）四大关键领域。第二，改革人口和户籍制度，改善劳动力供给，放开“单独俩孩”，放宽户籍限制等。第三，改革金融体系，改善资本供给，包括理顺价格（利率和汇率市场化）、健全市场（多层次资本市场建设，新国九条）和深化开放（推进资本账户开放和人民币国际化）等。第四，改革土地制度和城乡管理体制，改善土地供给，建立城乡统一的建设用地市场，推进要素公平交换和公共资源的均衡配置。

三、“一带一路”的战略意涵

第二次世界大战之后，亚洲曾经发生过两次产业转移。第一次发生在20世纪70年代，是劳动密集型制造业从日本向“亚洲四小龙”（新加坡、中国香港、中国台湾、韩国）转移。第二次产业转移发生在20世纪90年代，是这些产业从“亚洲四小龙”向中国内地转移。如今经过二十年的快速成长，中国经济也开始面临新一轮产业转移的时候了。

目前中国已步入中等偏高收入国家，全球收入水平排名，1990年比中国贫穷的国家只有20个，到了2013年已超过110个。如果中国经济继续维持7%的成长率，中国的人均GDP两年内就超过8000美金，五年内超过10000美金，届时中国在劳动力成本的优势就会变成劣势。劳动密集型的产业会从中国转向更低收入的开发中国家。

或许会有人认为，劳动密集型制造业可以从东部沿海地区向中西部内陆省份转移，而不需迁到国外。然而，根据国家统计局公布的资料，2013年中国东部、中部与西部地区的农民工平均工资仅相差5%—6%（东部为2693元，中部为2534元，西部为2551元），而各地区农民工平均工资的年增长率都超过12%。显然将工厂内迁并不能解决劳动成本快速上升的问题。

相比之下，中国与一些东盟经济体的劳动成本差距则远远超过中国沿海与内陆省份的差距。2005年，中国与泰国、菲律宾的人均工资水平基本一致，大约2300美元，比印度尼西亚、越南稍高，但差距不超过1000美元。但到2012年，中国的人均年工资已经超过6500美元，比泰国和菲律宾高出2000美元，是印度尼西亚和越南的2至3倍，是柬埔寨的5至6倍。在未来五年内，跨国公司和中国国内企业会把生产基地加速迁向东盟及其他低收入国家，形成二次大战后亚洲的第三次产业转移。

“一带一路”的构想由习近平于2013年9月访问哈萨克时提出、并于同年10月在印度尼西亚参加APEC时正式倡议建设海上丝绸之路。时至2014年11月4日，习近平主持中央财经领导小组第八次会议，除了进一步提出“一带一路”的规划研究外，并发起建立亚洲基础设施投资银行（简称“亚投行”）（Asian Infrastructure Investment Bank，AIIB）和设立丝路基金，为“一带一路”沿线国家的基础设施建设，提供资金之挹注。此构想的适时提出，乃因应中国经济发展的长远策略，期能一举达到（一）推动“一弓双箭”平衡区域发展，（二）强化中国在亚洲区域经济整合的关键地位，（三）消化过剩产能促进中国产业升级转型等多元的战略目标。可谓一石多鸟。

一时间“一带一路”成为全球最响亮的政策口号，从中国西北经中亚、南亚、中东到欧洲的“丝绸之路经济带”，和福建经东南亚、南亚、非洲到欧洲的“21世纪海上丝绸之路”，号称涵盖全球六十多国、三分之二人口、三成GDP。一言以蔽之，“一带一路”是以改善亚洲基础建设、提振全球经济为外衣，解决中国内部经济社会问题为衬里的“中国崛起2.0版”。

对内而言，“一带一路”扮演新常态经济发动机的角色。一位派驻北京八年的外国资深记者观察，中国经济高速发展的四具马达：外来投资、对外出口、国内消费、政府公共投资，在这两年同时熄火，“一带一路”是下一轮成长的新发动机。另外中国累积了四兆美元的外汇存底，不能全部押注在美外债，必须找到其他多元投资的组合，“一带一路”成为很好的投资选项。

对地方政府或对国、民营企业，“一带一路”意味着中央会下放更多的资源。中国三十四个省级行政区中，就有三十一个赶提计划，抢搭“一带一路”列车。截至2014年底，中国工商银行以提供109亿美金融资，给七十三个“一带一路”境外项目。今年中国国内还将有三四千亿人民币的相关投资。

四、“一带一路”的风险

“一带一路”事关中国与亚洲未来几十年的发展，如此巨额的资源需求，难免会产生以下几点连带的风险，不可不预先防范：

（1）牵涉如此大的金额投资，政府必然扮演关键性的角色。在国际透明组织的调查中，“一带一路”沿线不少的国家清廉度排名殿后。在中国，强力反腐，已有超过六十个省部级以上高官落马，但“一带一路”难免是另一轮贪腐浪费的开始。

（2）中国在“一带一路”国家盖港口、建高铁、买油田、盖水电站，愿景虽好，但具体落实需要面对难度极高的国际磋商。潜在的风险，来自中国重商主义、各国民族主义、大国地缘政治势力，这三股力量的交锋和冲突。中国如果自满、自大，会触动区域大国如美、日、印、俄的猜疑，也会挑动较不发达国家敏感的主权神经。

（3）此项投资的主要经费来源，虽非全靠中国的主导、但 AIIB 一半的种子基金（500 亿美金）及中国自筹的丝路基金（400 亿美金），全来自中国人民的血汗钱。面对中国新常态经济"缓增长、调结构"的关键时点，此项资金的应用是否过当，值得三思。虽然"一带一路"的投资可以消化部分政府过去过剩的公共投资支出，唯在未来平衡中央与地方以及区域均衡发展的努力上，仍需政府的大力财政挹注。目前如果中国地方政府的债务高筑，就可能形成隐形触动社会不安定的未爆弹，另外从制造业往服务业结构调整的过程中，再需要政府的资金调节。如果"一带一路"千亿美元的投资效益不如预期，甚而沦为国际烂尾工程，则民怨接踵而至，影响政治安定。

最近中国核定由福州平潭、厦门和泉州组建的福建自贸区计划，其背后目的除要"面对台湾"，准备把该自贸区作为深化两岸经济合作的新基地，也将作为推动"海上丝绸之路"战略构想的重要门户。未来台湾可运用福建自由贸易区的优势，搭着"海上丝绸之路"计划走出去，开创有别于过去传统欧美市场之外的"海上丝绸之路"新兴市场。

面对中国劳动力成本相对"一带一路"沿线国家为高的威胁，实施"中国制造二〇二五"，希望透过市场力量倒逼传统制造生产模式变革，淘汰高劳力、高耗能、低技术的产业，加速促进中国产业升级。除了发展机器人产业外，这个计划亦要从市场销售到生产全面运用信息技术、大数据，鼓励全面自动化、机械化，目标是未来十年内制造质量追上日本、德国，工业总产值达到美国两倍，从制造大国变成制造强国。

另外，为了吸收从前述制造业自动化、信息化过程中释放出来的大量劳动需求，中国必须大力推动服务业的发展。因为雇用大量人力的服务业如餐饮、零售的生产力，其实比许多的制造业部门为低，如果放任这样的产业发展与人口转移，中国国民所得将无法提高，因此必须大力推动创业及创新。

五、"一带一路"两大关键因素

当前"一带一路"所提出的具体做法，主要是以亚投行为中心，以促进亚洲区域内的互联互通建设和经济一体化进程，一方面可以将中国多年来所累积的外汇存底用在刀口上，另一方面也可以善加利用国内生产过剩的资源。除此之外，本文认为还有两大不可忽略的关键因素，应提出具体细部作法，以深化一带一路的宏伟目标。

（一）善加运用电子及网络科技的优势

自从20世纪70年代末期以来，中国从原本贫困落后的局面，以惊人的成长速度，短短三十年间，一跃成为经济大国，根据高盛的报告，中国将在2027年以后来居上之势，成为世界第一大经济体，其原因除了早期廉价而勤奋的劳动力外，中国及时搭上了计算机科技与互联网发展一日千里的难得机遇至为关键。

根据傅志华（2015）的统计，截至2014年6月止，中国网民规模达6.32亿，居世界之冠。根据工业和信息化部的统计显示，截至2014年5月底中国的手机用户数量已达到12.56亿人，几乎是人手一机。在所有使用手机的人中，使用3G网络的用户有4.64亿人（占比36.94%），所有使用手机上网的用户数量为8.57亿人，占总数量的68.24%。即使如此，中国的互联网普及率仅46.9%，相对于美国的83%、德国的87%，中国的网民数还有很大的发展空间。

随着互联网的迅速发展，中国在电子商务发展居全球之冠也就不足为奇了。根据速途研究院的调查显示，中国网民每周至少进行一次网购的比例占58%，远高于全球平均占比29%。其原因来自于互联网产业具有规模经济的特质，在一个拥有13亿人口庞大市场的中国，每单位的网购交易成本远低于其他国家，这就是中国的优势所在。此一优势不但表现在交易成本的降低上，同时也影响着民生、教育、科技、运输、国防等各类型产业的发展。具体而言，熟悉使用电子科技工具的广大人口，将有助于迅速学习最新知识与技能，创造产生价格更低廉、质量更优良、服务更快速的产业经营模式，进而逐步促进产业升级，相当程度舒缓因劳动成本提高而必须外移的劳动密集型制造业产业。

然而，互联网的规模经济现象不仅仅局限于国内，亦是跨越国际的，例如facebook在全球的使用人数超过14亿，google的使用人数也早已超过10亿以上，这显示互联网相关产业不能以国内市场为满足，必须跨出国境，挑战美国等先进国家的相关产业，“一带一路”战略，正是政府将中国的互联网上优势产业推向世界的最佳时机，也是“一带一路”战略成功的关键因素。

（二）善加运用中国源远流长的文化底蕴

在历史的长河中，武力的胜利往往是短暂的，文化的影响才能永续不坠。成吉思汗在八百年前以武力横扫欧亚大陆，建立了一个前所未有的大帝国，然而在其死后，帝国分崩离析，并未给后世留下实质的资产。反观当年被蒙古人征服的华夏文明，至今仍旧蓬勃昌盛，屹立不摇。

如今中国从经济上的崛起，进化到国力上的崛起，早已令世人惊叹。而真正伟大的国度，最终仍应以文化为依归，让老祖宗源远流长的文化遗产，能够不断地推陈出新，引领普世风潮。因此政府对外应继续强化“孔子学院”的功能，推广汉语和中华文化，对内则可扶助教育、文化、艺术、传播界与工商业界的跨领域整合，活化中华文字、节庆、典故、经典等等丰富的内涵，朝向“文化输出”的目标迈进。

六、台湾可以扮演的角色及贡献

台湾除了地缘位置的重要性，扮演对“一带一路”的贡献外，其在制造业转型升级、大力推动高素质劳力需求的服务业发展、生机蓬勃的创新创业活动，累积了宝贵的经验及成就。此外，台湾保留下来大量文化遗产，除了台北故宫博物院与官方的庞大馆藏外，在民间也有各类古董、字画、古籍、善本的收藏，可谓集结了中华文化的精华。而台湾当局普遍施行义务教育，使一般民众俱皆熟知中华文化。可惜近年来年轻一辈倾向“台独”、“去中国化”，对那些文化瑰宝视而不见。

最近国家主席习近平提倡“海峡两岸史学界共写史书”，这是一个很好的构想，在此基础上，我们认为两岸应进一步合作，共创中华文艺之复兴。台湾的优势除了大量的文化遗产外，拥有较大的创作空间，大陆的优势则在于庞大的市场，以及政府的大力支持。因此两岸有识之士应捐弃成见，号召海内外所有华人，有钱出钱、有力出力，成立各种专责机构、成立网络平台、成立各种文艺园区，来推动中华文艺之复兴，并有系统地、有计划地透过“一带一路”，将一个复古新生的、有深刻底蕴的中华文化带入东南亚、中亚，乃至于西方世界。

七、结语

过去三十多年来，改革开放政策带动中国经济的快速崛起。尤其由于中华文化所孕育的节俭储蓄美德，释放出大量的民间储蓄，供应蓬勃的私人投资、政府建设支出、从经常账盈余所引申出来的资本外溢，促使全球实质利率的空前下跌。此一波低利率的风行草偃，加上金融市场过度的推波助澜，造成许多国家的资产泡沫，尤其是房地产市场超出 GDP 成长率的飙涨，宛如黑洞般地汲取人民辛劳储蓄的果实。因为房地产的建设投入，对实质国民生产毛额的贡献有限，但它却排挤了其他私人投资及更重要的有形无形研发投入，如果再加上政府支出不如预期的有效率，整体的经济成长必然减速。

配合中国“调结构、稳成长”的新常态经济模式，“一带一路”的适时推动，希望能将益形珍贵的民间储蓄，导向更有建设性的投资方向。亚投行的设立本着互助共荣的合作精神，一反世界银行及亚洲开发银行过于着重计划投资报酬的放贷策略，希望能够巩固“一带一路”沿线国家的团结合作，达到可长可久、利己利人的多赢目标。本文特别强调中华文化扮演的关键角色，“为政以德，居其所而众星拱之”，消弭美日诸国所存猜疑观望的口实。

台湾位处海上丝绸之路的战略位置，加上两岸近年来在经济文化上热络的交流，建立了深厚的合作互信基础。美日所主导的TPP，将区域经济整合的浪潮抹上了政治角力的色彩，台湾为求国际经贸发展不被孤立，亟思突破解围之道。冀望在此“一带一路”波澜壮阔的规划中，台湾能有更积极的角色扮演，尤其在国际化丰沛的人力资源、科技研发的雄厚底质、互联网信息的发展经验及中华文化不被间断的悠久传承，再可为“一带一路”提供实质的贡献及作为。

参考文献：

［1］胡舒立主编：《新常态改变中国》，北京：民主与建设出版社，2014年。

［2］许峻宾：《中国大陆“一带一路”战略与产业发展连结研析》，太平洋企业论坛简讯，2015年。

［3］傅志华：《2015年中国互联网发展十大趋势》，雷锋网，http：//www.roam2free.com/discuz/forum.php？mod=viewthread&tid=23，2015年。

［4］詹满容：《台湾参与亚投行的动机与意义》专题报道，2015年8月号284期。

［5］萧富元：《一带一路全面解读》，《天下杂志》，2015年特刊169。

台湾的海洋文化认同与参与“一带一路”之可能性

李鹏[①] 陈晓晓[②]

21世纪是海洋的世纪。海洋是人类的生命之源。俗话常说：“海纳百川，有容乃大”“大海不择细流”，是故海洋具有吸收、包容、接纳、开放、宽阔、自由、谦虚、生命力等特色。[③] 谁最能掌握海洋资源，谁将是未来国际舞台的强者。现阶段各海洋大国在海洋经济、科技、资源、海权等方面的竞争日益激烈。种种激烈竞争的背后，实质上是海洋文化的竞争。2013年9月和10月由中国国家主席习近平分别提出建设“新丝绸之路经济带”和“21世纪海上丝绸之路”的战略构想，简称“一带一路”。该国家战略是中国在新形势下外交战略布局的一个重要组成部分。“一带一路”旨在建立一个从东亚、太平洋地区连接中亚、南亚、中东，直至欧洲的陆上与海上交通运输网络和经济、贸易、金融合作安排。在“一带一路”尤其在“海上丝绸之路”的建设过程中，台湾具有相当大的优势。台湾作为中国一个近海岛屿，天然属于“海上丝绸之路”的一部分。台湾长期以来与海洋具有相当密切的关联，大部分的人们都是经过海洋来到这座岛屿，台湾民众具有的海洋文化认同，对于其积极参与“一带一路”建设具有积极意义。

一、“海洋文化”的兴起

“海”，《说文》中的解释为“天池也，以纳百川者，从水每声”。“海”字由“水”和“每”构成，其中，“每”在上古时期，用来指氏族社会中年龄最长、生育儿孙最多的女性。用“每”做“海”的组字构建，并在《说文》中解

---

① 李鹏，两岸关系和平发展协同创新中心秘书长，厦门大学台湾研究院副院长。

② 陈晓晓，厦门大学台湾研究院政治学理论专业博士研究生。

③ 林美华：《运用资料探勘技术寻找海洋文化展览产业之游客需求因素》，台湾海洋大学硕士学位论文，2005年，第19页。

释为“纳百川”，并且喻为“天池”，可见从古代开始中国人对于海洋的尊崇与敬畏。世界各大文明的起源，几乎都与海洋有一定的关系，例如古埃及文明、古巴比伦文明、古希腊文明、古印度河文明、古代黄河中下游文明、古长江文明、古玛雅文明，都有其靠近海洋的区域文明，而且往往是其文明最发达的地区。由此可见，海洋对一个地方的文明发展起着至关重要的作用。①

“海洋文化”最早由黑格尔提出。“海洋文化”曾经被黑格尔当作区别于中西文明的一道界限。黑格尔在《历史哲学》一书中提到“西方文明是蓝色的海洋文化，而东方文明是土黄色的内陆文化”。当然，作为一个西方文明的代言人，尤其是生活在西方社会快速发展时代的黑格尔，他投向东方冷峻的目光里，不免带有一些西方文化的优越感；然而，海洋文化不只属于西方，也属于东方。②

中国在历史上是一个海洋文化十分发达的国家。中国本是一个发源于内陆黄土地的民族，但在向海洋扩张发展的过程中，不仅融入了许多民族不同的文化，而且在自身的改造与融合中逐渐形成一种既区别于西方科学文明，又具有东方神秘哲学的文明。

著名历史学者杨国桢在论及中华民族与中华文化时曾指出：“中华民族的形成经历过农业部族和海洋部族争胜融合的过程，中华古文明包含了向海洋发展的传统。在以传统农业文明为基础的王朝体系形成以后，沿海地区仍然继承了海洋发展的地方特色。在汉族中原移民开发南方的过程中，强盛的农业文明，吸收涵化了当地海洋发展传统，创造了与北方传统社会有所差异的文化形式。南中国的沿海地区，长期处于中央王朝控制的边缘地区，民间社会以海为田、经商异域的小传统，孕育了海洋经济和海洋社会的基因。”③

中国海洋性文化的主体来自于东夷和东南百越人。秦汉以后，中国海洋文化活动主要区域是山东半岛与江浙一带，之后逐渐南迁，闽越族境内的海洋文化逐渐成为中国海洋文化的主体。唐代中期以后，“海上丝绸之路”的开辟使闽台海洋文化得到了极大的发展。具有海洋文化特征的闽台地区，海岸线在闽台两地人们的生活中起到重要作用，也影响其思维的拓展。

中国是一个兼具陆海生态环境多样性的大国，海洋是中华民族生存发展的

---

① 李燕梅：《简论海洋文化对近现代闽台美术创作的影响》，福建师范大学硕士学位论文，2012年，第7页。

② 李燕梅：《简论海洋文化对近现代闽台美术创作的影响》，福建师范大学硕士学位论文，2012年，第1页。

③ 杨国桢：《明清中国沿海与海外移民》，北京：高等教育出版社，1997年，第1页。

重要环境，经过了许多岁月的累积，中国发展了自己独特的海洋经济、海洋社会和海洋人文模式，体现了中国文明海洋性的一面。①

二、台湾的海洋文化传统与认同

自20世纪80年代以来，台湾逐渐兴起了一股谈论“海洋文化”的热潮，至今仍方兴未艾。这股热潮不只局限于学术界，而是遍布社会各界，“海洋文化”、“海洋立国”的标语频频见诸台湾的报纸、电视等大众媒体。从许信良、吕秀莲等政治人物到余英时等学者作家，都纷纷著书撰文，发掘台湾的海洋文化历史，宣传台湾的海洋文化传统。“海洋文化”俨然被当作台湾文化的核心与代表。台湾这股全方位的“海洋文化”热潮，吸引了社会各界对海洋文化的关注，在一定程度上推动了台湾海洋文化研究的发展。

《台湾省通志稿》里有这样一段记述：“台湾历史之可稽考，为时较短，除原住民外，大多数来自于中国内地，尤以福建、广东两省为最，所以至清廷割台为止，台湾文化根本即为中国文化之延长与移植。”台湾中研院三民所1984年出版的《中国海洋发展史论文集》，陈昭南的引言指出：“中国不只是一个大陆国家，也是一个海洋国家”，“今日台湾乃是中国人向海洋发展所造成的历史事实”。李亦园的序言更明确地指出，中国海洋发展史“如从地理区域的观点而言，大致可以分为三个部分，其一是作为海外发展基地的沿海地区，其次是沿海的岛屿，包括台湾与海南岛，再次是非本地的海外地区”。② 余英时在《发现台湾》序《海洋中国的尖端——台湾》中指出，海洋中国“是从中国文化的长期演进中孕育出来的”，从16世纪以来，“中国已不仅是一个内陆农业的文明秩序，另一个海洋中国也开始出现了”。所谓“海洋中国”，包括东南沿海地区以及向海岛、海外的发展，郑芝龙、郑成功父子依靠海上商业力量建立的政权“象征了现代海洋中国的开始”。至于台湾“真正成为海洋中国的尖端则是最近四十多年的事”。③

当然，在20世纪80年代以来的台湾语境中，“海洋文化”议题的凸显，既是全球化以及21世纪是“海洋世纪”之类的“大势所趋”，却又在错误意识形

---

① 蔡泰山：《妈祖与海洋文化发展的关系》，《中国海洋大学学报（社会科学版）》，2005年第2期，第26页。

② 《中国海洋发展史论文集》，中研院三民所，1984年。

③ 《发现台湾》，台北：天下杂志出版社，1992年。

态的影响下，带有某种“去中国化”的政治文化意涵，① 这是值得注意的。

总之，台湾是“海洋中国”发展的产物。台湾是一个岛屿，它的发展必然与海洋有着紧密的联系。台湾，位于中国大陆架东南缘，北接日本、朝鲜和韩国，南抵东南亚各国，东越太平洋，通南北美洲，为环太平洋区域的海上交通与贸易的重要枢纽。从史前时代的渔猎生活；到16世纪台湾海峡成为国际贸易与冲突的水域，西班牙、荷兰占领台湾，郑氏海上集团崛起；清初大批闽南移民渡海来台，清末被迫开放通商港口，西方列强进入台湾，甚而为日本外来政权所统治，直至今日近海与远洋渔业发达、国际船运贸易兴盛，台湾各个时期的发展皆与海洋息息相关，也孕育出流动性、开放性、多元性、包涵性的海洋文化。②

文化乃人类为求生存而创造发明的一切总和。对于沿海地区居民而言，海洋是他们生存物资的来源，必须出海作业才能维持生活、创造经济；海洋也是生存最大的威胁，必须有相关的信仰与知识，才能有信心面对海洋带来的危机。台湾有着与海相邻的地理环境，人民在求生存的过程中，自然会形成丰富的海洋文化，尤其是融入日常民众生活的民间信仰，更充满与海洋有关的神祇、传说、风俗、仪式等。③ 事实上，台湾民间信仰的保生大帝、广泽尊王、清水祖师、观音佛祖、临水夫人等神明，皆自福建泉州、漳州而来，这些闽南原乡本来就是沿海地区，信仰本身即与海洋有所关联；而当先民将这些神明带入台湾，更因应本地的自然环境，凸显及深化其海洋文化的特色。④

近年来“海洋文化”的论题已受到台湾社会与学界相当的重视。2010年5月19日，马英九提出“台湾特色的中华文化”的外在表现就是海洋文化、多元文化、创新文化、志工文化和爱心文化。他指出，台湾在美国、中国大陆、日本三大经济体竞合中求发展，把博大精深的中华传统与开放进取的海洋文明，糅合成“具台湾特色的中华文化”。“海洋文化”，这是“开放与创新”的方面，是“创造”，特别是“吸收西方当代文明的精华”。⑤

同时，台湾还不断在教育上强化其海洋文化传统与认同。长期以来台湾地

---

① 朱双一：《中国海洋文化视野中的台湾海洋文学》，《台湾研究集刊》，2007年第4期，第87页。

② 庄万寿：《台湾文化论——主体性之建构》，台北：玉山社，2003年，第67页。

③ 谢贵文：《论台湾保生大帝信仰中的海洋文化》，《闽台文化交流》，2011年第4期，第103页。

④ 谢贵文：《论台湾保生大帝信仰中的海洋文化》，《闽台文化交流》，2011年第4期，第96页。

⑤ 陈孔立：《“台湾特色的中华文化”的建构》，《台湾研究》，2013年第6期，第1页。

区的教育以陆权思维为主，海洋文化发展至今尚未形成文化主轴。但在学术界，海洋文化研究已经成为一门新兴的显学。北部有海洋大学，南部有海洋科技大学，屏东靠海，也成立了海洋文化研究中心，高雄中山大学也有海洋研究。各高校基本都在将自己的研究与所处地理环境结合起来，以形成一个特色学科。①台湾教育部门更于2011年于九年一贯课程纲要中，将海洋课程列为重大课题，安排于教学课纲中。其基本理念是希望台湾民众具备充分认识海洋、善用海洋的能力；强化民众对整体自然环境的尊重及相容并蓄的“海陆平衡”思维。台湾教育部门期望通过向海洋延伸的教育政策，让民众能以台湾为立足点，并有能力分享珍惜全球海洋所赋予人类的宝贵资源。这显示海洋教育在台湾已被视为普遍教育，② 以达到为台湾传统海洋文化注入新血，培养“海洋世界公民”素养的目的。

三、台湾的海洋认同对其参与“一带一路”的积极意义

台湾地处祖国南部，属于亚热带、热带地区，诸多赋作中均展现其“海洋文化”特征。海岛四周无依，为保障物资供应，必须与大陆之间进行商贸往来，它们往往凭借长长的海岸线、各类港口，日益繁荣的航运，发展与外埠的商贸往来。林谦光《台湾赋》“尔乃以忠信为舟，以道德为橹；爰纵缆于铜山，泛一叶于厦浦”充分说明了各港口往来之密切；高拱乾《台湾赋》就提及台湾“贸易遍于三洲，资生凭乎一水”。③

明代中叶以后，大陆与台湾之间的贸易往来不断。荷据时期，大陆商人与当地居民进行广泛交易，这些商人的足迹就已遍及台湾岛。同时，岛民也纷纷走上经商之道。王克捷《台湾赋》云：“逐末既多，本务渐驰。工针绣而弃某营，轻寂粟而艳罗绮。”台湾的大米等农副产品输出到漳泉等地，蔗糖出口日本、波斯及欧洲，而漳泉等地也同样输送物资到台湾。④《噶玛兰厅志》记载：“兰中惟初稻谷，次则白苎，其余食货百物多取于漳、泉。”“其漳、泉来货，饮食则干果、麦、豆，杂具则磁器金楮，名轻船货。”⑤ 王克捷《台湾赋》：“若夫

① 《海洋文化在台湾已成为一门显学》，《社会科学报》，2013年11月7日，第008版。

② 郭大玄：《海洋教育中的文化思考：一个人文地理学的观点》，《海洋文化学刊》，2010年第9期，第52页。

③ 涂敏华：《海洋文化语境中的台湾赋》，《湖南科技学院学报》，2012年第33卷第10期，第65页。

④ 黄国盛：《论清代台湾社会“男有耕女无织”》，《东南学术》，2002年第1期。

⑤ ［清］陈淑均、李祺生：《中国方志丛书·风俗上·噶玛兰厅志》，台北：成文出版社，1970年。

市肆填咽，阡陌纵横。泉、漳数郡，资粟粒之运济。锦、盖诸州，分蔗浆之余赢。蜃蛤鱼盐，在在殷裕。瓜茄姜芥，种种早生。实海邦之膏壤，宜财赋之丰盈。”就其现实意义来说，赋中这条材料是对闽台区域经济互补交流的记载，也是台湾基于海洋认同，积极融入海上贸易的重要材料。

清代自嘉庆、道光年间以降，台湾素有“一府二鹿三艋舺”之称，这是因为面向台湾海峡的台湾台南，作为台湾府城，对中部的海港鹿港，以及台湾北部淡水河流域之艋舺，与来自福建和广东、浙江沿海来航之帆船，形成一重要港口。前揭台湾之三大港市，其蓬勃发展的历史是周知的事实，透过这些要港，以台湾的航运为依据所发展出之台湾经济，其主要是与大陆的沿海地域进行经济交流。①

要言之，台湾的海洋经济初步形成于明清时代，当其萌芽之际，台湾经济便受到了闽粤海洋文化的巨大影响，这一影响渗透到台湾经济的各个层面，从而铸就台湾海洋经济之个性。台湾作家吕则之称：“生于斯的子民，生命意义是和大海谈交易。”台湾“惟旁浅中深之鹿耳门，实联海东岛屿之七鲲身；藉咽喉以为呼吸，引此往彼来之楫若云屯”。

由于岛屿空间和历史时间的制约，从明郑以来，台湾海洋文化可分为两种形态：其一，开放型的海洋文化形态，岛屿四方先后受到南洋、东洋、西洋，以及中国文化深远影响，交织而成丰富多彩的海洋文化。其二，封闭型的海洋文化形态，岛国特质，政权更替，厉行海禁，沦为锁岛或半锁岛的海洋文化形态，将陆地型思维用于台湾岛上。② 前者外向开放，致力远洋航行、海外贸易、殖民活动，崇尚机遇、奋斗，具有征服和流动的特征，明郑时期之海洋文化似之。后者如清朝时期之“海禁”，台湾解严以来之“海禁”是也。③

海商追逐高额利润，冒险犯难的精神代代相传，并与海洋贸易形成一种文化的融合。台湾所表现的繁荣跨海贸易，充分显示了南国海岛开放式的海洋文化，造就了海岛民众具有大海般开阔的眼界，大海般开放、包容的心胸。渔民常与惊涛骇浪搏斗的生活，也锻炼了他们面对困难的勇气和冒险精神，其历史影响和现实意义都是不可忽视的。台湾对于海洋精神的认同与海上贸易的传统

---

① ［日］松浦章：《日据时期台湾与福建的帆船航运》，《海洋文化学刊》，2009 年第 7 期，第 49 页。

② 郑水萍：《台湾海洋文化资产》，陈哲聪主编，《2004 海洋“人文艺术与社会”研讨会会后论文集》，台北：华立图书，2005 年，第 66 页。

③ 张高评：《海洋诗赋与海洋性格——明末清初之台湾文学》，《台湾学研究》，2008 年第 5 期，第 1—2 页。

对其参与“一带一路”具有积极意义。

四、台湾参与“一带一路”的可行路径

2013年9月和10月由中国国家主席习近平分别提出建设“新丝绸之路经济带”和“21世纪海上丝绸之路”的战略构想，简称“一带一路”。该国家战略是中国大陆在新形势下外交战略布局的一个重要组成部分。“一带一路”旨在建立一个从东亚、太平洋地区连接中亚、南亚、中东，直至欧洲的海上交通运输网络和经济、贸易、金融合作安排。“一带一路”的主要内容是政策沟通、道路连通、贸易畅通、货币流通、民心相通等疏通与交流。“一带一路”实际上代表了一种海纳百川、对外开放、相互借鉴、互通有无、相互促进、共同发展的精神和文化。

而“一路”即“海上丝绸之路”，具有环球性，它不是地球上某一特定地域专有的海上通道，而是包括地球上所有海洋的全球性海上通道。它针对东半球提出这一宏伟构想，同时也对以拉美为首的西半球提出了重要的战略构想。“海上丝绸之路”的环球性始于“郑和下西洋”，距今已有六百多年的历史。“海上丝绸之路”是全球性的海上文明交流通道。①

（一）紧跟“一带一路”战略布局

世界经济中心正在转向亚洲。“一带一路”计划的推出表明，大陆经济的发展和欧亚大陆关系的变化正在撬动全球性的历史变迁，大陆与海洋的关系如果不发生逆转，也会产生巨变。17世纪之后，台湾由于海洋时代到来而形成的在全球和区域经济中的地位可能也将不可避免地发生变化。在这一变化过程中，台湾在是否参与“一带一路”、是否与大陆进行更深层次经济融合等议题上所做的战略选择，将对台湾的未来、台湾人民未来的福祉产生决定性影响。② 短期来讲，台湾要解决“闷经济”的问题，要解决对外贸易投资减缓的问题，积极参与“一带一路”与自贸区建设是最好的“搭便车”行为。从长期来看，加入亚投行及参与“一带一路”，等于是为台湾西向投资贸易市场，开辟了两条高速公路。③

与其他地区相较，台湾由于地理、历史、语言、文化及经济发展的阶段与

---

① 李艳丽：《海港都市的文化交涉学——第11届海港都市国际研讨会暨第5届世界海洋文化研究所协议会综述》，《上海文化》，2015年第6期，第122页。

② 刘宗义：《“一带一路”与台湾的机遇》，《两岸关系》，2015年第4期，第19页。

③ 陈晓晓：《向上提升还是向下沉沦：台湾如何应对“一带一路”、“自贸区”带来的机遇与挑战》，《海峡科学》，2015年第5期，第9页。

互补关系，应最能从中国的快速成长中得到利益，彼此相得益彰，关键在于台湾采取开放而顺应市场的政策，抑或是限制而违逆市场的政策。① 在“一带一路”、亚投行、自由贸易区等经济新常态的发展机遇下，台湾具有相当大的优势。台湾作为中国一个近海岛屿，天然属于“海上丝绸之路”的一部分，台湾经济与大陆经济已经成为一个不可分割的整体。在近景方面，福建作为“21世纪海上丝绸之路”的一个重要起点，正在加大开放力度建设福建自由贸易区，台湾参与具有地利和人文之便。同时，台商也应密切关注“一带一路”战略带来的沿线关税减免、交通便利化与新的产能需求，进入大陆中西部及周边地区。在远景方面，台湾可借“一带一路”计划加快参与区域经济整合，尤其是与东盟的经济整合，台湾以前就曾提出过“南下战略”。②

岛内针对“一带一路”和亚投行的争议，主要集中在“是否过于依赖大陆经济”以及台湾加入亚投行的名称问题。自2014年底输掉“九合一选举”以来，台当局的两岸政策转趋退守，因而对相关议题表现谨慎。③ 台湾是否参与“一带一路”构想、是否与大陆通过两岸制度性协商进行更深层次经济融合等议题上的选择，无疑关乎岛内经济发展的路线与岛内民众未来的福祉，台当局需审慎对待。尤其在“21世纪海上丝绸之路”上，台湾与福建仅有一水之隔，更具有优势。台湾未来无法忽视这一趋势，必须顺势而为，紧密相系，才能重塑台湾在区域合作中的关键地位，避免被边缘化的趋势。④

台湾经济与大陆经济已经成为一个不可分割的整体。台湾拥有服务业、金融业的比较优势以及国际产业转移的经验，大有可为。“一带一路”沿线经过亚非欧26个国家及地区，合计44亿人口，21兆美元经济规模，十年内将在基建投资1.6兆美元的大商机。过去台湾地区曾一度想通过俄罗斯、新加坡等地区的地缘途径与周边国家及地区建构新的经贸关系，但均不得其门而入，大多半途而废。但若能通过“一带一路”串联这些国家及地区，强化消费产品出口动能来源，同时掌握庞大的基建供应链连接，显然有助于拓展台湾地区出口贸易的增长。倘若台湾地区没有加入“一带一路”战略的联结，未来将面临自我隔绝于数十亿人的经济版图之外，对未来经济发展造成不可

---

① 孙震：《海岛经济的优势与限制》，《海洋文化学刊》，2007年第3期，第7页。

② 刘宗义：《“一带一路”与台湾的机遇》，《两岸关系》，2015年第4期，第19页。

③ 王平、吴亚明：《台湾岂能坐视“一带一路”商机溜走?》，《人民日报海外版》，2015年4月1日，第003版。

④ 孙金诚：《台湾应顺势而为参与大陆“一带一路”建设》，《人民政协报》，2015年7月18日，第006版。

弥补的损失。①

大陆方面倡议主导的“一带一路”战略，无疑是未来十年全球最大经济版图的联结，台湾方面要有当仁不让的勇气与自信参与。

（二）融入福建自贸区建设

习近平总书记针对“一带一路”提出的“五通”问题（加强政策沟通、道路联通、贸易畅通、货币流通、民心相通）与自贸试验区的“四化”（投资自由化、贸易便利化、金融国际化、行政管理简化）相互吻合。当“一带一路”在构建新的开放格局时，作为改革新高点的四大自贸区，要尝试把改革开放纵向深化，在新常态下进行新一轮的体制机制创新。

四大自贸区都是“一带一路”的核心区，上海、广东、天津和福建拥有良好的资源禀赋，是我国的经济重镇，且都有重要的港口，是连接“一带一路”的桥头堡和重要支点，四大自贸区的布局对“一带一路”国内核心区域和相关国家具有较强的经济辐射和联动作用。自贸区建设与“一带一路”战略高度契合。因此，如何将两者综合考虑，整体布局，是当下最为关键的问题。② 而福建自贸区将更好地服务“21 世纪海上丝绸之路”战略，更加注重服务业开放和两岸贸易平衡。

根据规划，福建是“21 世纪海上丝绸之路”的核心区。福建自贸区涵盖厦门、福州、平潭三大片区，共 118.04 平方公里，分散在不同的市，地区跨度大。福建省省长苏树林在 2015 年“两会”记者会中宣布：福建自贸区建设要与海上丝路核心区结合，进一步突显自贸区的制度创新与实验功能。从国家层面考虑，福建自贸区最大的战略意义在于对台贸易投资，以“对台湾开放”和“全面合作”为方向，进一步深化两岸经济合作：一来吸引台资入驻，二来便利与台湾的经贸往来，促进两岸经济和人员更好地融合。

从全面深化改革角度而言，福建省作为海峡两岸的桥头堡，是“一带一路”的历史原点。而自贸区的建设是新时期深化改革、深化开放的重要举措。这样的举措给两岸合作提供了大潜力、大趋势、大舞台。③ 新时期两岸关系和平友好的发展以及政治上取得互利互惠的共识为闽台宽领域的合作打下了坚实基础。这具体表现在两地之间旅游、通讯、医疗、教育以及文化等方面合

① 《“一带一路”是台湾经济“新蓝海”》，《台声》，2015 年第 10 期，第 64 页。

② 周汉民：《我国四大自贸区的共性分析、战略定位和政策建议》，《国际商务研究》，2015 年第 36 卷第 204 期，第 43 页。

③ 蒋向利：《闽台企业家交流座谈会：共谋“一带一路”新商机 两岸合作赚世界的钱》，《中国科技产业》，2015 年第 5 期，第 53 页。

作逐步开展，而福建自贸区的设立更是直接促进这种宽领域合作的不断深化。未来随着福建自贸区的发展，两岸可以借助自贸园区平台，加大在航运物流，电子通讯和文化产业等领域尝试对接合作。① 福建自贸区使两岸的贸易更加自由，使货物通关更加便利，以及大陆对台湾给予更多优惠政策。更多的台湾商品将进入福建，以及福建的对台大陆免税市场将会吸引大量台企进驻福建。② 台湾和福建一水之隔，有天然的经济、文化、血缘联系，在“海上丝绸之路核心区”的建设过程中，台湾不能缺席，应该主动加入，成为积极的推动力量。③

（三）共同开发闽台区域海洋文化

2011 年 11 月，中共福建省第九次代表大会第一次明确提出了“爱国爱乡、海纳百川、乐善好施、敢拼会赢”的福建精神。“海洋性”是福建文化的最突出特征，海洋人群富于流动性、冒险性，生命的价值往往在于拼搏。同时，福建地处陆海交界地带，历史上融入了多种文化成分，海洋文化与内陆文化在这里碰撞交融，就形成了海纳百川的精神。福建地处西岸的特殊地理位置，也使得“爱国爱乡”被赋予了更高的精神内涵。

福建与台湾仅一水之隔，两地自然环境和语言文化有许多相似和相承的关系，闽台常被视为一体，台湾社会也与福建同步发展，作为其实现与内地一体化的标志。

海洋文化是一种缘于海洋而生成的文化，是一种与海洋息息相关的生活方式，是人们对海洋本身的认识、利用和因有海洋而创造出来有关精神的、行为的、社会的和物质的生活内涵。海洋文化不是独立存在的，它总是与区域或国家的整体文化形式紧密联系在一起，并且借着一个区域或国家的整体来展现。④

福建和台湾两地因其文化的高度相似性并兼具海洋性的特征，故而将两地及所辐射海域的所有文化内容统称为“闽台区域海洋文化”。“闽台区域海洋文化”亦是中国海洋文化不可或缺的组成部分。闽台区域文化的形成过程伴随海

---

① 刘忠珏、江振龙、万文忠：《福建自贸区的建立对两岸经贸关系的影响》，《现代商业》，2015 年第 11 期，第 121 页。

② 刘忠珏、江振龙、万文忠：《福建自贸区的建立对两岸经贸关系的影响》，《现代商业》，2015 年第 11 期，第 122 页。

③ 王义伟：《台湾不应缺席亚投行“一带一路”》，《中华工商时报》，2015 年 3 月 31 日，第 003 版。

④ 郭大玄：《海洋教育中的文化思考：一个人文地理学的观点》，《海洋文化学刊》，2010 年第 9 期，第 53 页。

洋文化的发展，特殊的地脉条件是闽台海洋文化和闽台文化区形成的共同基础，船政文化、海神信仰文化和海商文化等海洋文化特质共同推动了闽台文化区的发展。

在徐晓望所著《闽台海洋文化研究——妈祖的子民》一书中提到闽台区域文化的特点。“由于历史与地理的原因，台湾的开发与闽人的渊源最深，其实由于闽南社会的进步及其具有向海外发展的内在动力，造成了闽人对台湾的开发。”由此可见，若是没有闽人的海洋文化，不可预测台湾的开发尚要延迟多少年。台湾的开发是闽人海洋文化成就的展现。由此一点也就在其开发之初，形成了台湾区域文化的特点——它是闽人海洋文化的延伸。

虽然台湾地区的海洋文化因其历史特殊性，一度被认为是一种组合式的文化，代表既有本岛原住民的文化，又有来自日本和欧美地区的外来文化，呈现出文化多元的特点；但毕竟“台湾地区的文化是中原文化经由福建二度传播进入台湾的”,① 从影响力上看，其台湾文化的核心主体依然保留了中华民族传统文化的显著特点。

“一带一路”战略是结合时空的杰作，有着非常大的机遇。“地利”方面，从福建到东南亚、到中东、到欧洲，涵盖非常多人口，经济总量也很大。“天时”方面，我们现在重启“海上丝绸之路”和“郑和下西洋”走的路，福建就是其中的源头。“人和”方面，福建和台湾有共同的闽南文化，彼此间不管是讲普通话还是闽南话都可以沟通，最重要的还是大中华的文化。② 从各方面来说，两岸海洋文化都同出一源，同属一体，彼此之间有着密不可分的联系。台湾海洋文化可以看成是中国大陆海洋文化，具体地说是闽南海洋文化的延伸。这种历史文化纽带是无法否定的。海洋是全球经济的发展基础，也是人类生存与文化建构的重要环境。结合创意产业的多元联结，在闽台两岸完成具有强烈国际视野及外拓能力的“海洋文化创意产业”，作为两岸全民海洋文化发展的平台。③

所谓海洋精神，指对自我的不满足和对未知事物的不断探寻。闽台共同探讨海洋意识，体察海洋性格，提炼海洋文化，形塑海洋精神、海洋意识、海洋态度，发扬中华文化以及海洋人生哲学观，让海洋成为生活中的一部分，共享“海”味人生，让闽台之间形成“海陆共同体”。文化没有隔阂，文化没有政治

---

① 何绵山:《闽台区域文化》，厦门：厦门大学出版社，2004 年，第 25 页。

② 宗满意:《“一带一路”有非常大机遇》,《厦门日报》，2015 年 6 月 8 日，第 A12 版。

③ 曾树铭:《台湾的华舶遗存与复原重建》,《闽商文化研究》，2012 年第 1 期，第 67 页。

化的问题，这是两岸共有的资产，唯有两岸民众全力的维护与发扬，才能让“闽台区域海洋文化”在两岸间共存共荣。①

结语

航海家郑和说：“欲国家富强，不可置海洋不顾，财富取之于海，危险亦来自海上。”大陆欢迎各方来共襄“一带一路”盛举，当然不愿将台湾排除在外。台湾四面环海，不能保守地固守在陆地上。台湾应积极寻求有尊严、建设性和有意义的参与，甚至将“一带一路”拓展成“一带一路一岸”，对两岸关系的发展和进一步落实习近平主席“两岸一家亲”的理念，都有积极、重要的意义。②

两岸人民共享血缘、历史与文化，在此基础之上，台湾如能抓住“一带一路”建设的契机，抓住两岸文化经贸交流合作的新机遇，紧盯两岸产业合作新动向，进一步拓展产业合作领域，积极推动产业合作深入发展，必定能为两岸人民创造更多福祉，共享和平发展红利。

参考文献：

[1] 林美华：《运用资料探勘技术寻找海洋文化展览产业之游客需求因素》，台湾海洋大学硕士学位论文，2005 年。

[2] 李燕梅：《简论海洋文化对近现代闽台美术创作的影响》，福建师范大学硕士学位论文，2012 年。

[3] 杨国桢：《明清中国沿海与海外移民》，北京：高等教育出版社，1997 年。

[4] 蔡泰山：《妈祖与海洋文化发展的关系》，《中国海洋大学学报（社会科学版）》，2005 年第 2 期。

[5]《中国海洋发展史论文集》，中研院三民所，1984 年。

[6]《发现台湾》，台北：天下杂志，1992 年。

[7] 朱双一：《中国海洋文化视野中的台湾海洋文学》，《台湾研究集刊》，2007 年第 4 期。

[8] 庄万寿：《台湾文化论——主体性之建构》，台北：玉山社，2003 年。

[9] 谢贵文：《论台湾保生大帝信仰中的海洋文化》，《闽台文化交流》，2011 年第 4 期。

---

① 蔡泰山：《妈祖文化与两岸关系发展之研究》，厦门大学博士学位论文，2004 年，第 2 页。

② 陈晓晓：《向上提升还是向下沉沦：台湾如何应对“一带一路”、“自贸区”带来的机遇与挑战》，《海峡科学》，2015 年第 5 期，第 10 页。

[10] 陈孔立:《“台湾特色的中华文化”的建构》,《台湾研究》, 2013 年第 6 期。

[11]《海洋文化在台湾已成为一门显学》,《社会科学报》, 2013 年 11 月 7 日。

[12] 郭大玄:《海洋教育中的文化思考:一个人文地理学的观点》,《海洋文化学刊》, 2010 年第 9 期。

[13] 涂敏华:《海洋文化语境中的台湾赋》,《湖南科技学院学报》, 2012 年第 33 卷第 10 期。

[14] 黄国盛:《论清代台湾社会“男有耕女无织”》,《东南学术》, 2002 年第 1 期。

[15] [清] 陈淑均, 李祺生:《中国方志丛书 · 风俗上 · 噶玛兰厅志》, 台北: 成文出版社, 1970 年。

[16] [日] 松浦章:《日据时期台湾与福建的帆船航运》,《海洋文化学刊》, 2009 年第 7 期。

[17] 郑水萍:《台湾海洋文化资产》, 陈哲聪主编,《2004 海洋“人文艺术与社会”研讨会会后论文集》, 台北: 华立图书, 2005 年。

[18] 张高评:《海洋诗赋与海洋性格——明末清初之台湾文学》,《台湾学研究》, 2008 年第 5 期。

[19] 李艳丽:《海港都市的文化交涉学——第 11 届海港都市国际研讨会暨第 5 届世界海洋文化研究所协议会综述》,《上海文化》, 2015 年第 6 期。

[20] 刘宗义:《“一带一路”与台湾的机遇》,《两岸关系》, 2015 年第 4 期。

[21] 陈晓晓:《向上提升还是向下沉沦: 台湾如何应对“一带一路”、“自贸区”带来的机遇与挑战》,《海峡科学》, 2015 年第 5 期。

[22] 孙震:《海岛经济的优势与限制》,《海洋文化学刊》, 2007 年第 3 期。

[23] 王平、吴亚明:《台湾岂能坐视“一带一路”商机溜走?》,《人民日报海外版》, 2015 年 4 月 1 日。

[24] 孙金诚:《台湾应顺势而为参与大陆“一带一路”建设》,《人民政协报》, 2015 年 7 月 18 日。

[25]《“一带一路”是台湾经济“新蓝海”》,《台声》, 2015 年第 10 期。

[26] 周汉民:《我国四大自贸区的共性分析、战略定位和政策建议》,《国际商务研究》, 2015 年第 36 卷第 204 期。

[27] 蒋向利:《闽台企业家交流座谈会: 共谋“一带一路”新商机两岸合作赚世界的钱》,《中国科技产业》, 2015 年第 5 期。

[28] 刘忠珏、江振龙、万文忠:《福建自贸区的建立对两岸经贸关系的影响》,《现代商业》, 2015 年第 11 期。

[29] 王义伟:《台湾不应缺席亚投行“一带一路”》,《中华工商时报》, 2015 年 3 月 31 日。

[30] 郭大玄:《海洋教育中的文化思考: 一个人文地理学的观点》,《海洋文化学刊》, 2010 年第 9 期。

[31] 何绵山：《闽台区域文化》，厦门：厦门大学出版社，2004 年。
[32] 宗满意：《“一带一路”有非常大机遇》，《厦门日报》，2015 年 6 月 8 日。
[33] 曾树铭：《台湾的华舶遗存与复原重建》，《闽商文化研究》，2012 年第 1 期。

“一带一路”战略与两岸关系的发展

刘国奋[1]

自2013年提出“一带一路”战略以来，中国大陆从未将台湾排除在这一战略之外，也印证了大陆对台方针政策一贯提倡的与台湾同胞共创、共享中华民族繁荣昌盛与发展成果的主张。然而，2014年3、4月间台湾发生“反服贸运动”后，不但两岸服务贸易协议被搁置，连对两岸协议的“监督条例”都在台湾地区立法机构未有结果，扩大和深化两岸经贸交流合作的步伐被人为放缓。在这样的形势下，对于大陆推动“一带一路”战略，台湾有关方面的态度为何，今后将采取何种应对措施，“一带一路”战略的实施将对深化发展两岸关系产生怎样的影响等问题，本文将逐一展开探讨。

一、“一带一路”战略的提出及台湾在此战略中的地位

大陆在改革开放过程中始终考虑到台湾的利益，在“一带一路”战略中，大陆乐于与台湾分享改革开放与发展取得的成果。换句话说，台湾在“一带一路”战略中有其位置，可以发挥优势作用，并有分享更多成果的机会。

（一）“一带一路”战略的提出及其成形

2013年9月和10月，习近平总书记分别在哈萨克斯坦和印度尼西亚提出共同建设“丝绸之路经济带”和“21世纪海上丝绸之路”的战略（即“一带一路”战略）。国务院在2015年3月28日授权发布的《推动共建丝绸之路经济带和21世纪海上丝绸之路的愿景与行动》中提出：“‘一带一路’是促进共同发展、实现共同繁荣的合作共赢之路，是增进理解信任、加强全方位交流的和平友谊之路。中国政府倡议，秉持和平合作、开放包容、互学互鉴、互利共赢的理念，全方位推进务实合作，打造政治互信、经济融合、文化包容的利益共同

---

[1] 中国社会科学院台湾研究所研究员。

体、命运共同体和责任共同体。”① 两年来大陆积极推动“一带一路”战略的实施，逐渐使其具体化。“一带一路”战略设想是，它贯穿亚欧非大陆，一头连接着发达的欧洲经济圈，另一头连接着活跃的东亚经济圈，中间有经济发展潜力巨大的广大腹地国家。具体讲，“一路”建设是指，建立中蒙俄经济合作走廊，形成新亚欧大陆桥；建立中国—中亚—西亚经济合作走廊，直通地中海沿海国家；建立中国—东南亚—南亚经济合作走廊，直达印度洋。“一带”建设是指，以中国大陆沿海地区重点港口为起点，一条海上通道是经过南海、穿过印度洋和地中海，到达欧洲地区；另一条是通过南海，到达南太平洋地区。据报道，沿线有近60个国家、90多个城市，拥有约70%的世界人口和约75%已探明的能源资源，其生产总值大约占全世界的55%，是世界上最具发展潜力的经济带。②

2014年11月4日，习近平主持召开中央财经领导小组第八次会议，研究丝绸之路经济带和21世纪海上丝绸之路规划、发起建立亚洲基础设施投资银行和设立丝路基金。11月8日，在北京举行的“加强互联互通伙伴关系”东道主伙伴对话会上，习近平宣布，中国将出资400亿美元成立丝路基金，为“一带一路”沿线国家基础设施、资源开发、产业合作和金融合作等与互联互通有关的项目提供投融资支持。③ 2014年12月29日，丝路基金有限责任公司在北京成立，首期资本金为100亿美元。丝路基金是开放的，欢迎亚洲域内外的投资者积极参与。2015年6月29日，《亚洲基础设施投资银行协定》签署仪式在北京举行，亚投行有57个意向创始成员国，在年底之前如经合法数量的国家批准后，《亚投行协定》即告生效，亚投行正式成立。丝路基金和亚投行的启动，将使“一带一路”建设更添新动能，它们为“一带一路”建设提供投资渠道，搭建融资平台，尤其是亚投行的成立，可在金融方面以多边框架落实“一带一路”建设。

随着中巴经济走廊、福建等自贸区建设的落实，大陆“一带一路”战略实施在已稳步展开。此外，中国正和相关国家合力推动以基础设施将欧亚大陆相连接的构想。中国政府已申请加入欧洲复兴开发银行，亚投行和欧洲复兴开发银行的银团贷款将被提上议事日程。

---

① 《推动共建丝绸之路经济带和21世纪海上丝绸之路的愿景与行动》，国家发展改革委、外交部、商务部（经国务院授权发布）2015年3月28日发布。

② 《“一带一路”开局在即 台湾何去何从》，中国台湾网，2015年3月9日，09：01：18。

③ 《丝路基金的“五个W和一个H”》，新华网，2015年4月21日23：08：29。

（二）“一带一路”战略中的台湾机遇及相关安排

在“一带一路”战略中，台湾的机遇是多方面的，将会对台湾经济产生短期的和长期的利好影响。

1. 从短期利益看，台湾参与“一带一路”建设具有地利和人文等便利条件，不少台商已瞄准大陆福建自由贸易区及海上丝绸之路商机，积极参与大陆相关商贸活动，为赢得商机提早布局。

2. 从长远利益看，有利于台湾产业结构调整和经济转型升级，摆脱经济欲振乏力状况。

3. 从受益人群来看，在大陆“三中一青”的政策下，大陆鼓励台湾年轻人登陆创业，这对许多有创业意向的台湾青年来说是较好的机会。

4. 从受益产业来看，服务业、金融业、物流业等产业，及其与之相关的产能需求都将迎来好时机。

5. 在大陆活动范围看，有利于台商进入大陆中西部及周边地区。大陆2015年第三季度经济数据相继出台，从相关数据来看，增速高的主要集中在中西部地区，特别是在长江中上游地区。

6. 在大陆以外活动范围看，有利于台湾扩大对“一带一路”沿线国家的出口、投资和基础建设的机会，开拓新的市场，并加快台湾参与区域经济整合步伐，特别是与东盟地区的经济整合。

大陆强调“一带一路”相关国家和地区要打造互利共赢的“利益共同体”和共同发展繁荣的“命运共同体”，同属一中的海峡对岸——台湾自然不会被排除在外，大陆在《推动共建丝绸之路经济带和21世纪海上丝绸之路的愿景与行动》中就指出：“为台湾地区参与‘一带一路’建设做出妥善安排”。大陆正在积极推进上海、广东、天津、福建自由贸易区的建设，各个自贸区的侧重点有所不同，而福建自贸区则是贯彻落实“一带一路”战略、探索闽台经贸合作新模式的试验场。如果台湾还有一定的顾虑，不妨先从其参与福建自贸区“一带一路”建设做起，逐渐为其经济发展增加新动力。

二、台湾的困境及其相关选择

受到多种因素影响，台湾经济从21世纪以来处于下行通道，经济欲振乏力，问题较多。台湾经济是外向型经济，选择何种对外经济发展战略摆脱经济疲软状况，对台湾经济发展和民众福祉至关重要。

（一）台湾面临的经济社会困境

自2000年以来，台湾面临经济增长持续下滑局面。2008年金融危机让台湾雪上加霜，所幸马英九上台后，回归"九二共识"，两岸经贸关系快速发展使台湾经济避免大的波折。但总体而言，由于台湾经济结构转型困难，民间投资不振，产业外移等问题较严重。在此背景下，台湾人口老龄化加剧，社会福利支出增加，官方债务攀升，而就业年龄结构老化，劳动力供需结构失衡，年轻人薪资过低，工资增加迟缓，社会收入差距拉大。今年10月30日，据台湾"行政院"公布的第三季度经济数据，台湾的生产总值较2014年同期增长－1.01%，是近6年来首次出现季度GDP负增长；台湾失业率上升至3.79%，创近几年来的新高。面对这些经济社会问题，急需想法改善与解决。

台湾是一个岛屿型经济体，其腹地狭窄，资源有限，必须靠与外界交流交往才能保持经济的竞争优势。但要解决台湾目前的经济与社会问题，有必要处理好两个方面的问题：

一是"必须走出去"，即参加包括大陆在内的区域经济整合，但对台湾来说，如何整合既是一个重大的经济问题，更是一个复杂的政治问题。

二是"必须请进来"，即吸引包括大陆在内的资本入岛投资，而不是对陆资进行种种限制。

（二）台湾的选择

台湾的对外经济发展道路如何走，在台湾有两种不同的主张：一种是主张"从大陆走向世界"，即先搭上大陆高速发展快车，与大陆发展好经贸关系，再经由大陆参与区域经济整合活动。国民党大体认同这种主张。另一种主张是"从国际走向大陆"，即通过发展与外国的经贸关系、参与区域经济整合等，壮大台湾经济实力，然后再与大陆发展经济联系。民进党则持这一主张。

在20世纪60—70年代，台湾经济与美国、日本相联系，创下了经济高速发展的奇迹。然而时势发生了变化，当今推动世界经济发展的主要引擎由美国转向了中国大陆。但是，我们遗憾地看到，自上世90年代后期以来，囿于政治因素，台湾有关方面无视大陆经济对于台湾的重要性，不是由当局主导"戒急用忍"、"积极管理"，就是由民进党对两岸经贸关系的深化发展不时踩刹车。

在涉及与中国大陆关系的议题上，台湾方面常不能持相对中肯的立场，尤其是一些民进党人士和"台独"分子，他们不但反对两岸扩大和深化交流合作，而且也时常附和西方各种版本的中国大陆政治经济"崩溃论"，看坏、看衰中国大陆的政治经济。以蔡英文为代表的民进党主张"从国际走向大陆"，而不是"从大陆走向世界"，因此，他们对大陆的"一带一路"战略有着天然的排斥感，这对马英九当局的对外经济战略选择有相当多的牵制作用。由于台湾政党恶斗，尤其是民进党死守"台独"立场，对于马英九当局任何深化两岸关系的举措均持反对态度。民进党曾对马英九的十年内加入《跨太平洋伙伴关系协定》（TPP）的说法很不满意，要求马英九当局尽快采取行动加入 TPP。在这种压力下，马英九当局近两年来对于台湾加入 TPP 转趋积极，希望通过加入美国主导的 TPP 和以东南亚为主导的《区域全面经济伙伴关系》（RCEP）来解决台湾的经济难题。马英九在“习马会”的国际记者会上表示，他已向习近平提出台湾加入 TPP 的意愿。最近，马英九又表示台湾要在两年内加入 TPP。而对于加入亚投行和“一带一路”建设，台湾方面则仍在“研讨”之中。

台湾有关方面对大陆“一带一路”战略的态度有从疑虑排斥到弹性接受的过程。台湾财经高层曾强烈质疑认为“那是大陆的对外政经阴谋”，但从今年 3 月随着大陆“一带一路”战略的逐步具体化，台湾有关方面开始对亚投行的态度转趋弹性务实。对于亚投行和“一带一路”，来自绿营的反对声音不多，其原因有三：一是民进党忙于选战无暇顾及，且某些民进党人士对这一战略能否成功还有疑虑；二是民进党为骗取选票，在两岸关系议题上尽可能藏拙回避，以免露出破绽，吓走中间选民；三是认为如果明年选举取胜，参与亚投行和“一带一路”建设可能不会在民进党的近期战略规划之内，因为民进党的对外经济战略是“从国际走向大陆”。

三、“一带一路”战略与两岸关系之发展

经过多年的两岸经贸交流合作，台湾经济与大陆经济已在相当程度上成为一个不可分割的整体。但是，囿于意识形态因素，从近期马英九当局的言行看，其在台湾加入区域经济整合问题上，首选 TPP，其次是 RCEP，而对于亚投行和“一带一路”只是口头表示，还没有实际行动。也就是说，为避免招致反对党的批评攻击，马英九当局对采用避开大陆的方式加入区域经济整合更为积极主动。不过，我们要指出的是，台湾必须从本身产业结构状况出发，选择与自我产业互补性强的合作对象签订自由贸易合作协议。此外，经济的自由化与国际化也并不全然是能救台湾经济的灵丹妙药。所以，台湾必须抛弃意识形态的观念，正确面对大陆的变化与发展。

自 20 世纪 90 年代以来，西方国家出现过各种各样的中国政治经济“崩溃论”，然而中国政治经济非但没在崩溃，反而日益发展强大，成为当今世界不可忽视的重要政治经济力量。现在越来越多的人开始以更加理性和长远的眼光来审视中国大陆的经济发展大势，正是从这种理性、长远的视角，对 TPP、RCEP 和亚投行、“一带一路”建设的选项上，也并非是非此即彼的关系。要解决这些问题，融入区域经济一体化中是台湾摆脱经济困境的关键，但这个区域经济一

体化也应包括与大陆经济的一体化。大陆与台湾在科技创新、产业结构等方面有很强的互补性，仅如本文前述的，在“一带一路”战略下台湾有较多机会。为此，台湾方面应以积极理性的态度看待“一带一路”战略，尽可能参与到相关建设中，这样既有利于两岸经济一体化结构的营造，更有利于台湾经济的发展。

相较于两岸服贸协议，台湾若参与“一带一路”建设，无论在大陆范围内经营，还是参与到大陆以外“一带一路”沿线国家和地区的建设，对台湾来说都是十分有利的。

1. 有助于打破目前两岸因“反服贸运动”造成的两岸经贸关系深化迟滞的状态，推动两岸经贸关系向更大范围、更深层次方向发展。

2. 有助于扩大台湾企业的商机，特别是台湾年轻人有更多的发展空间，从而有利于化解部分台湾人士认为的两岸经济“普惠不平衡”的疑虑。

3. 通过发挥台湾优势，尤其是以中华文化为基础的文化创意等活动，将可较大程度地增强台湾民众的自豪感，增加台湾经济发展新动能。

4. 通过参与“一带一路”建设，一定程度上有助于消解台湾的“反中”思维，增进两岸民众的相互了解，扩大两岸民众的心灵契合度。

5. 有利于两岸民众通过创新两岸合作模式，让两岸社会各界走得更近，形成命运共同体。

在对待两岸经贸关系问题上，除了政治因素，台湾还须破除旧思维的影响，即沉浸在台湾经济快速发展的昔日辉煌里，认为台湾以往经济高速发展期没有大陆照样发展。然而，持这种观点的人没有看到一个事实是，世界政治经济形势发生很大变化，世界政治经济发展的重心在转移，转向亚太地区，尤其是中国大陆在相当程度上扮演世界经济引擎的角色。我们认为，没有与大陆市场连接，台湾人民的日子可以过下去；失去大陆这么好的市场，台湾人民的日子会过得不那么舒坦，这是不可否认的事实。

大陆的“一路一带”战略在实施过程中可能会遇到这样那样的困难，但它绝不是在炒作概念。大陆的“一带一路”战略实施已启动，大陆与周边国家和地区正在合力积极推动“一带一路”建设，英国、法国、德国、澳大利亚等国为搭上“一带一路”建设列车，也都纷纷采取相关行动争取更多的参与机会。为此，在地理相近文化相同、与大陆同为一个国家的台湾，对于“一带一路”的疑虑应可消除，积极参与“一带一路”建设，这是一个双赢的选择，更是一个对台湾发展前途十分有利的选择。

参考文献:

[1]《推动共建丝绸之路经济带和21世纪海上丝绸之路的愿景与行动》，国家发展改革委、外交部、商务部（经国务院授权发布）2015年3月28日发布。

[2]《“一带一路”开局在即 台湾何去何从》，中国台湾网，2015年3月9日。

[3]《丝路基金的“五个W和一个H”》，新华网，2015年4月21日。

“一带一路”政策对台湾产业发展的影响及建议

谭瑾瑜①

2015年3月28日公布《推动共建丝绸之路经济带和21世纪海上丝绸之路的愿景与行动》(以下简称“一带一路”路线图),正式发布“一带一路”路线图,希望透过丝绸之路经济带及21世纪海上丝绸之路,贯穿亚欧非大陆。“一带一路”路线图倡议亦纳入今年11月3日公布的《中共中央关于制定国民经济和社会发展第十三个五年规划的建议》(《十三五规划建议稿》)之中,成为中国大陆未来五年(2016至2020年)经济发展的重要推动项目之一。本文拟就“一带一路”路线图内容进行分析,归纳出“一带一路”特色,并提出台湾产业在“一带一路”中的商机及建议。

一、“一带一路”路线图之内容

中国于2013年提出“一带一路”策略,并于2015年3月28日公布《推动共建丝绸之路经济带和21世纪海上丝绸之路的愿景与行动》,正式发布“一带一路”路线图。希望透过丝绸之路经济带及21世纪海上丝绸之路,以政策沟通、设施联通、贸易畅通、资金融通、民心相通五大内容,贯穿亚欧非大陆,透过加强中国与沿线国家合作,发展内陆沿线发展,建构联结东亚经济圈及欧洲经济圈的新陆权时代。

中国提出的“一带一路”路线图,希望透过丝绸之路经济带及21世纪海上丝绸之路,从中国辐射贯穿亚欧非大陆。丝绸之路经济带包括三大路线,路线一是经过中亚及俄罗斯,到达欧洲(波罗的海);路线二是经中亚、西亚,到达波斯湾及地中海;路线三则是往东南亚、南亚、印度洋。21世纪海上丝绸之路则分两路,从中国沿海港口过南海后,路线一到印度洋再延伸至欧洲,路线二

① 台湾经济研究院两岸发展研究中心研究员兼副主任。

则延伸至南太平洋。

从路线可以看出，丝绸之路经济带难度高过21世纪海上丝绸之路，在“一带一路”路线图中提及的亚欧大陆桥、中蒙俄国际经济合作走廊、中国大陆—中亚—西亚国际经济合作走廊、中国大陆—中南半岛国际经济合作走廊、中巴经济走廊、孟中印缅经济走廊等，都需横越中国边防险峻大山，因此打破自然屏障向西向南拓展，是中国“一带一路”路线图的出发点。

除了天然屏障之外，丝绸之路经济带周边国家之国情、语言、文化各异，相较之下，21世纪海上丝绸之路受益于中国大陆—东盟自由贸易区已然形成，中国大陆与东盟十国较为密切的经贸互动关系，有助于进一步实现21世纪海上丝绸之路。

“一带一路”路线图强调共商共建共享，在政策沟通、设施联通、贸易畅通、资金融通、民心相通等部分加强合作，媒合联结欧亚非大陆所需的资源与需求，达成推进沿线国家发展的目标。

为了展现中国实施“一带一路”的决心，中国于2015年7月14日发布《“一带一路”中国企业路线图》，盘点截至2014年底中央企业进驻“一带一路”沿线国家的现况，国务院国有资产监督管理委员会监管的中央企业约有七成已在“一带一路”沿线国家设立分支机构。

若以建设内容观察，主要以电力建设、建材生产为主，除了在周边国家建设的水电相关建设总装机容量近1000万千瓦之外，央企在马来西亚、柬埔寨、蒙古等亦有钢材、水泥、玻璃等建材生产线，并以水泥技术工程及装备全球市场占有率达到45%以上为最多。且将积极推动中俄、中哈、中缅原油管道，中俄、中亚、中缅天然气管道，俄罗斯等周边国家的10条互联互通输电线路，以及中缅、中泰、中老铁路、中巴喀喇昆仑公路、斯里兰卡汉班托塔港等项目。

《十三五规划建议稿》更具体提出“一带一路”路线图未来五年重点工作。在国际面向方面，“一带一路”透过与相关国家进行政策沟通、设施联通、贸易畅通、资金融通、民心相通等五大内容，将可扩大中国的国际市场及投资领域，十三五规划之相关重点包括：第一，以共商共建共享原则，以企业为主体，推进基础设施互联互通和国际大通道建设，共同建设国际经济合作走廊；第二，加强能源资源合作，提高就地加工转化率；第三，共建境外产业集聚区，推动建立当地产业体系；第四，吸引国际资金共建开放多元共赢的金融合作平台，包括加强与国际金融机构合作、参与亚洲基础设施投资银行、金砖国家新开发银行建设、发挥丝路基金作用等。

对于中国大陆而言，透过十三五规划期间推动“一带一路”，将可促进产业结构调整与转型升级，并深化经济体制改革，其内容包括：第一，透过“一带一路”建设，优化发展京津冀、长三角、珠三角三大城市群，支持绿色城市、智慧城市、森林城市建设和城际基础设施互联互通，并推动城乡一体化。第二，实施重大公共设施和基础设施工程，除完善水利、铁路、公路、水运、民航、通用航空、管道、邮政等基础设施网络及能源安全储备制度之外，亦将加快电力、电信、交通、石油、天然气、市政公用等民营化时程；第三，支持香港参与国家双向开放、“一带一路”建设。

二、“一带一路”的发展重点

综观“一带一路”策略，对于中国当前经济及区域战略发展，有以下三项发展重点。首先，“一带一路”有助于为中国新常态现况寻找成长动能。新常态显示中国正从开发中阶段迈向已开发阶段，中国长期依靠外贸和外资两大成长引擎带动成长的模式，在当前欧美先进国家经济成长力道薄弱之下，内需成长必须迅速支撑外需疲弱，才有可能在当前全球经济还没有复苏之际，维持稳定成长局面。

为了因应新常态，我们可以看出中国已经提出若干因应新常态的策略，包括推动经贸自由化因应自身结构调整、实践城镇化以扩大内需、持续提升战略性新兴产业比重带动产业升级等，而透过“一带一路”及亚投行战略，拓展外交之余增加向邻国输出基础建设的机会，提升自身基础建设产能，进一步加深和东盟及周围国家的经贸关系，也为新常态时期注入新成长动能。

其次，“一带一路”策略有助于协寻技术合作，促进调结构。中国在调结构的产业转型阶段，除了提升服务业质量之外，中国亦于 2015 年 5 月 8 日正式提出《中国制造 2025》行动纲领，以三十年为期，希望从制造大国转型成为制造强国。由于成为制造强国的关键之一在于技术升级，必须掌握关键核心技术，除了自身潜心研发之外，与国际企业合作引进技术，仍是较为快速的方法。因此，提高中国制造业国际合作的比重，借由技术合作及交换掌握关键技术，才是真正成功与否的关键。

在“一带一路”策略之下，“中国制造 2025”仿造德国工业 4.0 方式撰拟，欧洲国家也积极支持亚投行，未来透过欧亚大陆之间的加强技术合作及分享资源，将提升“中国制造 2025”成功的概率，透过“一带一路”及亚投行策略，将有助于中国在调结构中进行技术合作提升制造水平。

第三，“一带一路”策略有助于以陆权思维突围海权思维所引发的区域经济整合封锁困境。就亚洲而言，亚洲区域经济整合原本以太平洋为中心，长期以太平洋为主的环太平洋的亚太地区海权思维，形成过往的东亚区域经济整合及亚太区域经济整合。

“一带一路”路线图希望联结东亚经济圈及欧洲经济圈，全球海权时代将转为新陆权时代。以欧亚大陆为主的新陆权时代，有助于提升中国大陆与欧洲大陆的联结，借由欧洲参与亚洲事务，进一步稀释东盟国家在东亚区域经济整合中的话语权，在向西及向南拓展的同时，突破美国以推动 TPP、拓展亚太区域经济整合的方式以封锁中国向东北及西南拓展经贸影响力的可能。

三、“一带一路”之经济效益

综合“一带一路”相关政策内容，可以发现“一带一路”具有明确的空间概念，以联结欧亚非大陆为主，透过与沿边国家友好方式，降低边境冲突，保障能源安全，达成以欧亚大陆为中心的新陆权时代。在目标宏大之下，“一带一路”策略是一长期目标，因而在未来五年将以项目投资促进欧亚大陆合作方式为主，以创造需求带动成长为目的。

中国倡议并成功成立亚洲基础设施投资银行（AIIB，以下简称亚投行），其主要目的便是集资挹注“一带一路”所需资金，促进欧亚大陆基础设施之建设，并进一步舒缓亚太国家因为基础建设不足所导致的发展瓶颈。

因此，汇整“一带一路”之商机，主要为亚投行所建构的金融互联体系，以及“一带一路”的基础建设互建体系。首先，中国以释出边防基础建设合作诱因，吸引欧洲资金注入亚投行，透过亚投行所建立的国际联贷体系，可以补足亚洲开发银行（ADB）职能，增加溢注于亚太地区基础建设的额度，提供亟须改善基础建设的国家财源。因此，就亚洲开发中国家而言，中国倡议成立亚投行，对于正需资金改善基础设施的东南亚及非洲国家，犹如止旱甘霖。对于亚洲国家而言，参与亚投行等于多了一个融资管道。对于欧洲先进国家，加入亚投行有贷款获利预期，并加入亚洲金融互联体系，对于欧洲国家金融服务业进驻亚洲有其帮助。因此，亚投行的倡议对于融资需求及供给者都有好处。

其次，“一带一路”策略首重打通欧亚大陆之间阻碍，由于打破自然屏障所费不赀，加上陆路拓展设及邻国边防，“一带一路”采用共建原则降低自身及邻国财政负担，并以共同商讨及共同享用的一同参与方式，降低“一带一路”建设边防的阻碍。

其中最引起大家兴趣的，仍在于基础设施互联互通，希望借由共同建设国际骨干通道建设，逐步连接亚欧非之间的基础设施网络，而能源基础建设及跨境光缆等通信干线网络建设，也是当前全球经贸组织及区域贸易协议所难突破的合作重点，倘若成功于“一带一路”策略中合作，将对联结欧亚大陆软硬件设施大有帮助。

事实上，除却“一带一路”项目投资对于金融体系及基础建设之商机，“一带一路”政策可以联结周边国家需求，对于沿线国家总体经济成长及产业产值都有正面效益。刘名寰等（2015）运用全球可计算一般均衡模型（GTAP 第九版），以亚洲公路网（Asian Highway Network）的计划成员国为基础，初估亚投行投入之后对于“一带一路”的经济效益，可以作为“一带一路”政策经济效益之参考。① 此研究显示，若亚投行对亚洲公路网计划进行融资，进而使计划成员国运输技术效率改善，全球贸易量将增加 0.141%，纺织及成衣、机械、汽车的产量增幅成长最大。

若观察亚太国家的实质 GDP 成长可以发现，增幅最大的前三名为蒙古（0.433%）、越南（0.205%）及柬埔寨（0.122%），中国大陆则成长 0.034%，台湾地区成长 0.001%。另在贸易方面，出口量增幅最大的前三名依序为：巴基斯坦（0.641%）、中国大陆（0.584%）、印度（0.477%），台湾地区为 0.032%；进口量增幅最大的前三名依序为：蒙古（4.504%）、尼泊尔（2.184%）、佐治亚（2.041%），中国大陆成长 1.101%，台湾地区成长 0.122%。

四、台湾在“一带一路”中的商机

依据“一带一路”路线图的规划，台湾被划分于沿海和港澳台地区的发展，另在十三五规划中，仅在开放内容中特别提及支持香港参与“一带一路”建设，涉及等同于推动台湾参与“一带一路”之相关策略内容，则包括台湾将推进海峡西岸经济区建设，打造平潭等对台合作平台。

事实上，沿海地区自改革开放后便已吸引许多台商进驻投资，因此在既有的贸易及投资基础上，未来在十三五规划中仍希望深化两岸经济合作的共识下，的确可以利用长三角、珠三角、海峡西岸、环渤海等经济区优势，深化两岸经济合作。因此，目前中国正在上述区域所推动的上海、广东、天津、福建等自贸区，以及深圳前海、广州南沙、珠海横琴、福建平潭等开放合作区，均应进

① 亚洲公路网计划成员包括阿富汗、亚美尼亚、阿塞拜疆、孟加拉国、不丹、柬埔寨、中国、朝鲜、格鲁吉亚、印度、印度尼西亚、伊朗、日本、哈萨克斯坦、吉尔吉斯斯坦、老挝、马来西亚、蒙古、缅甸、尼泊尔、巴基斯坦、菲律宾、韩国、俄罗斯、新加坡、斯里兰卡、塔吉克斯坦、泰国、土耳其、土库曼斯坦、乌兹别克斯坦、越南等三十二个成员。

一步提出合作路径，发挥两岸优势促进合作。

在四大自贸区的合作上，有鉴于福建自贸区强调与台湾先行先试的特色，在“一带一路”上应当强化此一特色，争取福建自贸区为两岸服务贸易协议的先行全试区。事实上，目前福建自贸区在推动两岸服务贸易协议先行先试的立意甚佳，然而尚未全面推动服贸先行全试，目前仍以金融服务承诺为主，并以扩大通信运输及旅游医疗之开放为辅，实属可惜。建议充分运用福建自贸区强调与台湾先行先试的特色，争取福建自贸区为两岸服贸先行全试区，提前开放大陆在海峡两岸服务贸易协议承诺开放内容，落实嘉惠台商之承诺，作为“一带一路”21 世纪海上丝绸之路首要优先开放之具体合作路径。

其次，除了福建自贸区之外，有鉴于台商在四大自贸区中都有其产业聚落，并有进一步拓展服务业之需求与商机，加上中国大陆目前正积极推动“一带一路”策略，四大自贸区与海上丝绸经济带关系密切，为了使台湾能够参与，并进而在“一带一路”策略中抢得先机，除了福建自贸区之外，两岸在“一带一路”策略中，应当提出两岸在四大自贸区优惠合作措施，以作为两岸在“一带一路”中合作的第二步。

以服务业合作为例，由于四大自贸区中，在粤港澳自贸区有 CEPA 作为开放基础、香港服务业兴盛之下，两岸在“一带一路”若要规划服务业进一步开放，建议可以在四大自贸区中以 CEPA 开放内容作为考虑，作为“一带一路”中两岸在四大自贸区服务业开放之重要参考。

除了自贸区合作之外，两岸产业亦可透过“一带一路”沿线交通结点进行开发合作，争取“一带一路”促进城市化商机时的投资商机。这部分商机包括高铁站体商场共同合作与投资、内陆都市化发展等。

除了两岸之间的合作之外，事实上两岸可以透过“一带一路”策略合作，实现两岸合作拓展海外市场。在合作路径上，由于“一带一路”策略中的海上丝绸经济带与东南亚国家息息相关，中国亦在推动中国—东盟自贸区的过程中，加强东南亚地区沿边合作与建设，两岸若要一同向外参与“一带一路”建设，东南亚地区是一发展重点。

随着当地基础建设逐渐完善，台湾逐渐加大在东南亚地区的投资，并从劳力密集产业逐渐转为资本密集产业及重化工业，并从制造业扩展至服务业，如金融保险业、批发零售业等。面对“一带一路”的商机，台湾应重启南向政策，以过往投资东南亚的经验为基础，提供台商投资当地诱因，并有计划善用台湾新住民，提高台湾与东南亚经济合作机会，并透过“一带一路”策略，加大两岸在东南亚地区的合作可能。

其次，有鉴于中国倡议推动亚投行联结欧亚大陆合作，作为促进“一带一路”国际资金联通及基础建设互联的基础，两岸若要在“一带一路”中加强合作，台湾地区应当加入亚投行，大陆方面若能以中国台北名义支持台湾申请加入亚投行，对于落实两岸在“一带一路”合作绝对有相当大的帮助。

再者，两岸除了在21世纪海上丝绸之路之中具有商机之外，两岸亦有可能借由中国大陆落实丝绸之路经济带商机之下，一同拓展中亚市场。其做法可以透过中国大陆建构海外产业园区时，鼓励台商进入，透过整场整案输出方式，在贸易、医疗、资通讯、环保等领域一同拓展中亚市场，为两岸中小企业提供较有保障的新投资机会。

五、台湾产业在“一带一路”中的发展方向

面对“一带一路”策略，台湾必须衡量“一带一路”路线图实践之优先级，并依此考虑以欧亚大陆为主的新陆权时代来临的可能性及时程，预先做好准备，延展台湾在欧亚大陆的经贸实力。台湾产业在“一带一路”中的发展方向有以下几点合作契机。

（一）促进金融服务业发展

台湾参与“一带一路”的同时若能加入亚投行，除了多了一个融资建设的管道之外，更重要的是台湾因此进入亚投行资金互联体系。亚投行不但可以补足亚洲开发银行（ADB）资金不足之处，亦提供台湾多一份资金保障，加上台湾一直希望金融业能打亚洲杯，倘若进入亚投行参与国际联贷，绝对有助于银行走出门、走入亚洲、走向世界。

此外，台湾金融服务业亦可透过“一带一路”及亚投行的商机，从传统金融服务迈向租赁、跨域网络支付与清算、风险基金非典型金融服务业之发展。

（二）参与“一带一路”基础建设互联体系

台湾有雪山隧道、高铁、五杨高架、雪山隧道等大型公共工程经验，也累积了许多承包基础建设的能力及能量，实应利用此次“一带一路”商机，配合亚投行之设立，结合过往两岸经济合作模式，协助台湾工程运用“一带一路”商机走出国际，持续累积承做大型基础建设能力，进一步增大台湾承揽国际工程的能量与筹码。

参与“一带一路”基础建设，有助于强化台湾产业承接基础建设的能力，官方应在台湾企业参与“一带一路”基础设施合作上，扮演重要中介角色，协助厂商突破跨国承揽工程的困难度。有鉴于台湾营建工程厂商大多为中小企业，与大陆厂商一起承揽基础建设的机会较大，因此应透过两岸平台开放台湾营造

业参标大陆营造工程，并放宽资质限制，让台湾中小企业营造业可以承包特定工程，并同意与鼓励两岸营造业或工程技术服务业，以合资方式参与“一带一路”相关项目。

（三）寻求“一带一路”能源合作商机

台湾中油公司已与中海油、中石化、中化公司、中石油等有合作探勘开发经验，若能结合两岸资金、技术、市场等优势，两岸可连手进行海外勘探开发，扩大两岸石化市场的版图。

此外，中国大陆已有中缅油气管道、中俄原油管道等，已具备从中亚进口天然气东送的能力，两岸可以借镜两岸供应金门液化天然气的经验，进一步合作建设能源管网系统，促进两岸能源合作之虞，强化台湾能源储备之能量。

（四）寻求两岸绿色制造、智能城市、银发产业等新业态合作

“一带一路”策略可能提升中国大陆与欧洲各国技术合作的可能性，台湾也在进行“生产力 4.0”提出台湾未来新兴产业发展方向，因此，两岸应当拟出新业态合作方向，作为两岸产业增量合作的具体项目。

举例而言，“中国制造 2025”积极推动绿色制造，中国逐渐意识到环保的重要性，如果台湾能加入大陆的能源科技产业革命，并推动智慧电网、废旧回收、污水处理等低碳技术服务业赴大陆及沿线国家，透过绿色能源建构台湾产业发展的新引擎，不但可以带给台湾绿色生活形态，亦可带动两岸绿能产业合作契机。

其次，两岸都在推动智慧城市，也推动“一带一路”进行基础建设互联体系，可以看出两岸对于智慧生活的需求。以增进两岸人民生活质量为依归的两岸产业合作，建构智能城市所需的智能联网、智能交通、智能健康、智能安全、智能物流、智慧家庭、智慧育乐等，都是一种新业态的合作，属于增量合作形态，一方面两岸都需要，另一方面两岸尚未实际认真合作过，而智慧城市的建构也需要示范场域进行试点建构，借由建构智慧城市进行新业态及跨领域的试点，两岸产业合作将可提升两岸人民生活福祉。

再者，两岸都迈向老龄社会，银发需求剧增，银发产业商机无穷。举例而言，智慧照护机器人不约而同在“中国制造 2025”及“生产力 4.0”提出，既然两岸都有此共识，如果能够共同研发设计，将可在掌握商机之余，一同创造两岸产业合作契机，并造福两岸民众。

六、结语

中国推动“一带一路”区域发展战略，将开启亚太区域经济整合新的方向

与竞合，有可能形成新陆权时代。亚投行已经倡议成功，两岸应当积极研拟在“一带一路”的合作途径，一同参与联结欧亚非洲的大建设，掌握“一带一路”的新商机，透过合作提升两岸民众生活质量，造福海峡民众福祉。

台湾加入 TPP 议题及其对两岸关系的影响

孔小惠[①]

一、台湾加入 TPP 的战略考虑

10 月 5 日，TPP（跨太平洋伙伴关系协定）谈判一通过，台湾地区行政管理机构发言人孙立群就在接受媒体采访时表示台湾已经初步完成法律法规的梳理，希望在 TPP 开放第二轮谈判时申请加入。当天，民进党秘书长吴钊燮对外表示，“TPP 对台湾有战略意义，能让台湾不依赖单一市场”。紧接着在日本访问的蔡英文更说，“希望日本各界支持，让台湾可以加入 TPP 下一回合的谈判”。

台湾迫切希望加入 TPP，有着重要的战略考虑，既表现在经济层面也表现在政治层面。

第一，经济考虑。一是扩大台湾的对外贸易投资。2014 年 10 月 31 日，马英九接受美国《纽约时报》专访，说台湾在签署 FTA 或参与区域经济整合中处于边缘化的不利地位，“成绩是非常落后”，出口产品中 FTA 涵盖的总量不到 10%，远远落后于新加坡的 70%，“后果就是我们在对外竞争上没办法享受比较平等的待遇，在出口国的市场占有率就会逐渐萎缩，对我们来讲，这是生死攸关的事，因为我们 GDP 的成长有 70% 要靠对外贸易”。

TPP 成员国经济规模很大，占了全球经济产值的 38%，贸易额占全球的 30% 以上。台湾与 TPP 多数成员国经贸投资关系密切，根据台湾经济事务主管部门资料显示，2014 年 TPP 成员国占台湾贸易额约 35%，达 2046 亿美元。台湾若能加入 TPP 等于同时与美、日、澳、越南、马来西亚等数个主要贸易伙伴签署 FTA，可一次获得多国相互关税减免、服务业与投资市场开放，以及投资保障利益，可以说是一举数得。台湾经济事务主管部门于 2013 年 10 月发表的《“我国”推动加入〈跨太平洋伙伴协定（TPP）〉之经济影响评估报告》，结论

① 孔小惠，浙江大学台湾研究所副教授。

是：若未加入 TPP，台湾实质 GDP 将减少 0.27%，总产值及总就业分别减少 0.13%及0.07%，贸易总值下降 0.2%。反之若能加入 TPP，台湾实质 GDP 将提升 1.95%，总产值及总就业分别增加 1.91%及0.65%，贸易总值则可大幅提升6.57%。

二是提升台湾的全球经济竞争力。TPP 相较于过去的自贸区更有优势。传统自贸区是以消除边境的关税及投资障碍为主，强调提升本国产品在国外的竞争力。TPP 则更进一步消除会员国对于原料、资金、人才等生产要素移动的障碍及成本，使得各国彼此间的供应链及合作关系更加紧密、更有效率。TPP 协议有很多深入各国内部的法规透明、公营事业改革的要求，也有中小企业与竞争力提升的专门内容。这样不仅有利于成员国间的贸易投资成长，也有助于会员国对全球经济竞争力的提升。台湾可以借加入 TPP 提升其全球经济竞争力。

第二，政治考虑。一是减轻对大陆的经济依赖。对于岛内某些人士而言，减轻对两岸贸易依赖、避免两岸现状失衡是台湾加入 TPP 战略考虑中的重中之重。近年来两岸经济往来日益密切，双边贸易和投资额不断提升。自 20 世纪 90 年代以来，台商对大陆投资快速增长，大陆成为台商对外投资最大目的地。在台商投资带动下，台湾对外贸易重心也逐渐由欧美转向大陆，大陆在台湾对外出口及进口市场中的份额持续攀升，到 2013 年两岸贸易额（含香港）占台湾对外贸易总额的比重已达 28.7%，大陆在台湾对外出口及进口中的比重分别达 39.7%和16.4%，大陆已经成为台湾最大的贸易伙伴、出口市场及进口来源地。

这使得民进党对于台湾对大陆的经济依赖深怀忧虑，担心两岸经贸互动的深化会危及台湾的“经济安全”，进而影响政治和军事安全。赖清德宣称“若是过度依赖中国，台湾会变得更脆弱”。

蔡英文主张“与世界共同进入大陆”的发展路径，即先参与区域经济整合，再实现两岸经济整合。一贯的观点是“唯有透过平衡且多元经贸战略，让台湾在经济上保持自主，才能确保民主不受外力的影响、确保政治的自主性”，还多次表示一旦执政就会推动台湾积极加入 TPP。

值得注意的是，RCEP 对台湾经济增长的贡献率要高于 TPP，而台湾方面仍偏好 TPP。2014 年新年开始，马英九进一步明确了加入 TPP 与 RCEP 的战略，官方、民间“双轨并进”，“TPP 优先于 RCEP”。2014 年 4 月，台湾地区立法机构发布“当前亚太区域整合现况与台湾加入 TPP 及 RCEP 之策略”报告，明确建议在 RCEP 和 TPP 之间，台湾应该“优先考虑加入 TPP”。

二是通过加入 TPP 拉近美台关系。台湾一直采取所谓经济上依赖大陆、安全上依赖美国的战略。从台湾的战略需要来看，经济安全与军事安全如果都依赖同一对象，将能减少台湾被对立力量利用和沦为交易对象的可能。加入 TPP 是将台湾的经济安全与军事安全依赖对象合二为一的理想途径。2012 年 7 月 17 日，台《联合报》社论称“瞻望美台关系的前景，TPP 其实比军售更重要”，“台湾若能加入由美国主导的 TPP，则可借以融入国际社会，并获得经济上及政治上的平衡与安全”。

近年来美国高调重返亚太，美方虽未过多强调台湾的作用，但台湾方面却主动要求融入再平衡体系。2013 年 6 月 13 日，民进党主席苏贞昌在美演讲时就呼吁美国把台湾纳为“再平衡”的一员，与台湾签订自贸协定，并支持台湾加入 TPP。2014 年 4 月 2 日，台湾地区防务部门相关负责人夏立言在美国智库“新美国安全中心”举办的“美台安全关系”（U. S. – Taiwan Security Relations）研讨会上指出，台湾愿意在美国亚太再平衡战略实施中分担重负（share burden），贡献于亚太和平稳定。他呼吁美国继续支持台湾，因为这既是“台湾关系法”下美国的“法律义务”，也是美国对具有共同价值观和历史关系的台湾承诺的“道德义务”。民进党有关人士更是认为，美国的亚太再平衡战略和日本的右倾化，会让台湾的地位更加凸显，大陆对台湾的影响则可以被抵消，台湾应该被整合成为美国亚太再平衡的一员。

三是争取更大的国际空间。在成功以观察员身份参与国际卫生组织 WHA 之后，台湾仍试图在更大范围内参与国际组织，TPP 无疑是一个绝佳机会。一方面，TPP 现在仍处于扩军阶段，美国需要为 TPP 抬升人气，而另一方面，台湾则是看好 TPP 的巨大潜力，待日本等国加入，未来更具实质意义的 TPP 有望超越 APEC 成为有巨大影响力的区域经济自由协定。

二、美国对台湾加入 TPP 的政策

早在 2012 年 7 月 13 日，“美国在台协会”理事主席薄瑞光就表示：“美国支持台湾加入 TPP。”今年 6 月 6 日，美国商会发表“2013 年台湾白皮书”，意在“督促美国政府协助台湾加入 TPP”。美国欢迎台湾加入 TPP，背后隐藏着多重目的。

首先就是要扭转美台贸易逆差态势。作为美国第十大贸易伙伴、第十五大商品出口市场和第七大农产品出口市场，台湾在美国的对外贸易体系中占据着重要位置。但在美台双边贸易中，美国却处于逆差的不利地位，仅 2011 年美国逆差额就高达 154 亿美元，较之 2010 年增长 57.4%。对于美台贸易逆差，美国将之归咎于台湾关税过高。而台湾一旦加入 TPP，那么台湾就必须降低关税、开放市场，届时，美国在国际市场上占据绝对优势地位的农产品、电子配件等就可以畅通无阻地大举进军台湾，美台贸易逆差态势就可能出现根本性扭转。

其次，希望以TPP拉拢台湾融入亚太再平衡战略。美国重返亚太的重要目的之一即是对中国进行围堵遏制，因而美国对扮演对抗大陆急先锋角色的台湾寄予颇高期望。2011年10月，美国时任助理国务卿坎贝尔声称：“与台湾建立一个更加强健和多样的关系已成为美国亚太战略调整的重要组成部分。”为在经济层面深入实施重返亚太战略，达到“以台制华”的险恶用心，美国自然希望拉拢台湾尽快加入TPP。

三、台湾加入TPP的前景

台湾加入TPP还存在诸多障碍。首先就是岛内民意强烈反弹。长期以来，台湾当局对岛内农渔业一直采取保护政策，2011年台湾全部产品名义关税率约为6%，而农渔产品关税率则高达近14%。如果台湾加入TPP，被迫降低农渔产品关税，岛内农渔业将会受到严重冲击，从而引起400万农渔业从业者的强烈反弹。此举势必会造成马英九民意支持度急剧下滑，甚至直接导致国民党2014年“七合一”选举和2016年“大选”败北。

其次是美国对台湾开放程度的顾虑。“太阳花学运”的爆发，令美国大跌眼镜，深化了对台式民粹主义系台湾经贸谈判信誉的质疑。一直以来，美国对台湾开放程度高度不满。为扩大对台商品出口，美国一直对台湾施压，要求其提高开放程度。2013年3月1日，就连美国总统奥巴马都亲上火线，在向国会提交的“2013年贸易政策展望”报告中认为：“台湾未能遵守国际食品法典委员会决议，严重影响美猪输台，美国将会继续敦促台湾开放猪肉进口及牛肉全面进口。”而目前两岸已经正式签署的《海峡两岸服务贸易协议》，在台湾地区立法机构却遭到一定抵制，此举将加深美国对于台湾开放意愿的疑虑。

四、TPP议题对两岸关系的影响

即使台湾加入TPP的前景不够明朗，台湾试图加入TPP必然对两岸关系的未来发展产生重要影响，其主要表现为：

第一，冲击两岸经贸合作。2010年ECFA的签署和实施，标志着两岸经贸合作步入了制度化的新阶段，促进了两岸经济融合。但TPP的出现将冲击两岸经济融合进程。上海对外贸易学院法学院副教授黄洁在其发表的《美国推行TPP对两岸ECFA的影响和对策》一文中称，如果台湾加入TPP，而大陆没有加入，由于大陆劳动力成本不断上扬等问题，很可能有许多出口导向型的台资由于经济上的利益，转向越南和马来西亚。文章还指出，即便台湾未能加入TPP，就私人资本而言，台资很可能转移投资于TPP成员，在当地生产后就地销售或者出口到其他TPP成员，以避免高关税产生的额外成本，这就可能导致台湾地区对祖国大陆的投资减少。

第二，影响两岸政治关系。两岸经贸合作受到冲击，将会减轻台湾对大陆的经济依赖，削弱台湾对大陆的向心力，进而滞缓两岸通过经贸融合以及社会交往最终走向政治统一的步伐。

第三，引发台湾“国际空间”问题。台湾加入TPP，除希望提升对外经贸关系外，也希望“实质性”地参与国际事务和扩展“国际空间”。台湾以WTO成员身份加入TPP后，可以摆脱FTA设定的主权国家的身份限制，直接与越南、马来西亚等TPP成员建立更加紧密的经贸关系，从而引发“国际空间”问题。台湾“国际空间”问题的引发，增添了两岸关系的复杂性。在这个问题上，如果大陆不做出让步，岛内一些人士会批评大陆没有善意。但如果大陆有所让步的话，民进党执政后很有可能利用大陆所做出的让步为其在国际社会中制造“一中一台”、“两个中国”甚至追求“台独”的目的服务，酿成严重后果。

第四，提升美国对台影响力。美国一直不放弃在台湾问题的影响力，推行所谓“两岸平衡”政策。在以依靠对台军售来达到“两岸平衡”成为不可能完成的任务时，美国学者强调政治与经济因素在介入两岸关系中的作用。他们提议美国与台湾加强经贸合作，维持对台影响力，同时作为台湾抵抗大陆经济影响的有效防御手段。有美国学者担忧台湾对大陆经济依赖将对台湾自主性产生损害，建议“美国应该鼓励台湾成为一个重要的地区和国际贸易伙伴。这样华盛顿将帮助减少北京利用它的对台压倒性的经济影响力作为外交政策工具的可能性。”台湾加入TPP即可发挥这样的作用。

第五，有可能影响台湾南海政策。值得注意的是，TPP成员国包括越南、马来西亚和文莱等南海争端相关国家。蔡英文最近宣布“新南向政策”，欲图与印度、东南亚等国发展“多元化贸易关系”，并且首次喊出要强化“整体关系”。倘若蔡英文执政后，台湾加入TPP，又结合其“新南向政策”，发展与东南亚国家关系将是台湾对外战略的重要部分。在南海问题上，台湾很可能以维护与东南亚国家的关系为重，在涉及南海主权问题时表现消极。

“一带一路”建设对两岸关系的影响

桑登平[①]　邵宝明[②]

2013年9月，习近平总书记在访问中亚四国，10月在访问印度尼西亚时，分别提出建设“丝绸之路经济带”和“21世纪海上丝绸之路”的倡议。2014年的《政府工作报告》明确指出，“抓紧规划建设丝绸之路经济带、21世纪海上丝绸之路”，将“一带一路”上升到国家战略层面的高度。在2015年的《政府工作报告》中，则进一步地将“一带一路”构想实施“落地”，提出与区域协调发展进行有机结合。今年3月，国家发改委、外交部和商务部联合发布了《推动共建丝绸之路经济带和21世纪海上丝绸之路的愿景与行动》，标志着“一带一路”战略已经由构想、倡议进入到正式实施阶段。

一、“一带一路”的意涵

目前，中国经济社会的发展已步入到以中高速、优结构、新动力、多挑战为主要特征的新常态。在新常态下，不仅经济发展出现新的态势和特征，更重要的是在克服以往惯性思维与做法的同时，以新的思维和对策来积极进取，主动作为。中国经济持续稳定的发展，不仅成为世界第二大经济体，而且是亚洲经济的领头羊。随着中国综合国力的不断提升，在国际社会的影响力也与日俱增。“一带一路”的战略构想正是在这样的环境下应运而生的。“一带一路”是新时期中国统筹对内对外开放，协调向东向西开放，深化沿线各国经贸、人文、旅游和科技等各个领域合作的新计划，是把古老丝绸之路的精神跟现代发展理念和开放精神进行融合的产物。

（一）因应大陆新一轮改革开放和区域经济一体化

“一带一路”战略构想的根本意义在于通过丝绸之路经济带和海上丝绸之路

---

① 天津市台湾研究会研究员。

② 天津市台湾研究会研究员。

的建设，来支持周边国家经济社会的发展，同时加快中国与这些国家的经济融合，形成新的长期增长的动力。“一带一路”贯通欧亚，连接东西，沿线涵盖国家和地区 65 个，人口约 44 亿，经济规模可达 21 万亿美元，分别约占全球的 63% 和 30%；沿线贸易总额可达 2.5 万亿美元。这其中的任何一个数字，在世界经济版图中，都是撼天动地的。“一带一路”吸引着众多国家的响应与参与，充分体现出中国大陆对周边国家及国际社会在政治、经济、文化、社会等多方面的综合影响力。同时，也以这种扩大开放的方式来倒逼大陆经济的转型升级。

（二）加强与沿线国家在经贸领域内的全方位合作

中国推动“一带一路”战略构想，有着向外拓展经贸版图的决心和雄心。在实施过程中，通过先期的基础设施、海洋经济、医疗卫生等领域的合作和建设，以及自身机制体制的创新，达到改善区域内和相关国家经营环境的目的。这既有利于沿线国家和地区的安定团结，更重要的是中国对世界政治与经济的稳定发展做出了不可替代的贡献。

（三）通过国际产能合作来加大中国产业转型升级力度

随着中国经济的发展，结构性矛盾和新一轮产能过剩的压力业已形成。加之西方一些国家试图持续掌握全球经贸主导权，不断透过贸易壁垒的方式，以及贸易结构的调整和对相关贸易规则的重塑，来达到限制中国开放型经济发展的目的。“一带一路”战略构想的提出，除了可以帮助解决内部结构性矛盾外，对外可以争取经贸主导权。沿线国家和地区的工业化和“再工业化”正在加速推进，基于自身经济社会发展的实际需要，他们与中国开展产能合作的意愿正在不断增强，这是我们大力推进国际产能合作的良好机遇。

二、台湾眼里的“一带一路”

中国提出的“一带一路”战略构想，特别是现在付诸实施之际，必然引起岛内朝野各界的极大关注。

（一）台湾看中“一带一路”所带来的新机遇

“一带一路”的推出，让岛内舆论和业界普遍认为，这既有外交战略的考虑，更有大陆对于自身经济转型升级的坚定选择，同时也让台湾从中看到了极大商机。过去台湾把大陆作为转口贸易的加工厂和其产品的大市场。但近年来大陆经济的高速发展和科技进步的加速度，让台湾一些产业逐渐丧失了国际竞争力。为此，台湾需要做出自己的布局选择——向外面新兴市场转移，这对两岸来讲都有异曲同工的需要。这实际上也是台湾看中的，借助“一带一路”，达到“借船出海”的机遇目的。

台湾目前的出口成长几近枯竭，要想改变，势必就要找到新的出路。而“一带一路”的实施，正好为岛内经济发展开拓了“新蓝海”。台湾对陆上丝路所经国家和地区的出口量极少，除与印度的出口贸易额占到岛内整个出口比重的1%外，台湾对此地区其他国家的出口总和所占比重都低于1%。过去台湾曾一度想透过俄罗斯的途径与中亚、西亚和南亚的一些国家建立新的贸易关系，但没有成功。现在若能透过陆上丝路发展与这些国家的出口贸易，那么对台湾来说就找到了一个新市场，帮助弥补其出口成长的缺口。

台湾近年来虽然加强了对东协的出口与投资，但仍旧是依赖新加坡作为进入东协的枢纽。台湾在东协国家虽然布局了一些重要的产业代工，但始终没有能够真正地进入到东协内部市场，充其量只是布局了中国大陆以外的代工基地而已。台湾若是透过由福建自贸区为起点的海上丝路，就可依仗成本与地缘的优势，以一种全新的经济视野进入到东协内部市场，这可看作是台湾开拓亚太市场的最大引擎。①

（二）解不开的心结阻碍台湾参与“一带一路”的决心

祖国大陆欢迎各方共襄“一带一路”盛举，当然不愿将台湾排除在外。台湾的加入，有助于融入区域经济整合，增加参与国际事务的机会，避免孤立于十数亿人口的经济版图之外。台湾很清楚他们与其他参与国家和地区地显著不同之处在于，台湾是透过两岸共同的历史文化、文字语言，作为民族复兴主体的一分子参与进来的。② 然而，受岛内“台独”宣传的影响，一些人总对大陆的“让利”心存戒心。台湾内部，也十分在意是否会出现“被矮化的安排”，政治戒惧心态依然很沉重。③ 而大陆一方面对台湾有意参与“一带一路”表示出积极的姿态，同时也表示会在两岸共同政治基础之下协商讨论相关问题。台湾当局应该理性、务实地面对这一千载难逢的机遇，从长远发展着眼，以两岸关系大局为重，以两岸人民福祉为念，将有意参与的愿望早日转化为实际参与的具体行动。融入“一带一路”是符合台湾经济发展现实的，只要事关民众福祉的事情，哪一个政党都该去做。台湾若顺利加入“一带一路”，台湾人将会第一次真正地从全球角度及健康的心态理解自己的民族身份。④

---

① 《“一带一路”是台湾经济“新蓝海”》，中国台湾网2015年4月29日。

② 王平、吴亚明：《台湾岂能坐视“一带一路”商机溜走?》，《人民日报海外版》2015年4月1日第三版。

③ 文睿：《两岸应把握“一带一路”机遇共创新未来》，中评网2015年4月2日。

④ 王平、吴亚明：《台湾岂能坐视“一带一路”商机溜走?》，《人民日报海外版》2015年4月1日第三版。

三、两岸如何携手参与到“一带一路”中去

两岸经贸合作已近三十年，业已奠定了共同参与“一带一路”的坚实基础。两岸携手参与“一带一路”建设，为两岸更加紧密的经贸合作，共同迈向和平繁荣，提供了难得的机遇与发展空间，同时对两岸和平稳定和永续发展，也是一个极为重要的契机。

（一）两岸合作的基础所在

对台湾而言，“一带一路”是未来三十年中国大陆最为重大的国际经贸政策之一。台湾参与国际贸易比大陆早了近四十年，从1960年开始，台湾就积极从事国际贸易，取得了一定的成绩。而大陆自2001年加入WTO后才逐渐开始发展国际贸易，台湾中小企业丰富的国际贸易经验一直被大陆认为是有价值的借鉴。① 而且，台湾在高铁营运、高速公路计费系统、服务区经营、机场商业营运、物流系统信息管理等领域，都有全球领先的经验。另一方面，台湾也有一定的优势融入“海丝”，本身外向型经济的发展和其地理位置，完全可以同海上丝绸之路建设结合起来，作为祖国大陆面向大海的一个门户。

反观台湾周边区域，香港、韩国、新加坡等先进经济体，以及老挝、缅甸等发展中国家，均已成为“区域全面经济伙伴”（RCEP）的成员；马来西亚、越南更是成为TPP成员；中韩FTA的签订，已完全凸显出台湾目前的艰困处境。加之大陆“一带一路”转身西向，绕过太平洋岛链，更使得台湾贸易战略位置的重要性大打折扣，甚至可能会沦为海上孤岛。要改变这种难堪的局面，顺利度过经济转型提振关键期，融入“一带一路”是完全符合当今台湾提振经济的现实需要。

对大陆而言，“一带一路”战略构想已经获得了近90多个国家和地区的认可。这项已在实施的，涉及全球63%的人口、推动世界经济30%和贸易量30%的系统工程，已与沿线60多个国家互惠互利、合作共赢。2014年，中国大陆与沿线国家的双边贸易总额达到1.12万亿美元，占我贸易总额的26%；对外直接投资125亿美元，占我对外投资总额的12.1%，完成工程承包营业额643亿美元，接近总额的一半。今年1—8月，与沿线国家的双边贸易总额为6570亿美元，占同期进出口总额的25.7%。对沿线48个国家的直接投资额达到107亿美元，同比增长48.2%，占我非金融类对外直接投资的13.9%主要流向新加坡、哈萨克斯坦、老挝、印度尼西亚、俄罗斯等国家。在沿线60个国家新承揽对外

---

① 鞠先鹤：《融入“海丝”符合台湾发展现实》，海峡之声网2015年2月5日。

承包工程项目2665个，新签合同额为544.4亿美元，占同期我对外承包工程新签合同额的43.5%，同比增长33%。同沿线国家签订服务外包合同金额93亿美元，执行金额64.7亿美元，同比分别增长27.9%和10.4%. 为稳定国际投资环境和带动被投资国经济发展做出了巨大贡献。①

值得一提的是，中国大陆与东盟地理相近，血缘相亲、利益相融，近年来经贸合作发展尤为迅猛。根据商务部的数据显示，截至2015年6月底，大陆企业已在东盟累计签订承包工程合同总额已达2134亿美元。其中，与东盟在铁路、汽车、化工等领域里的投资合作项目最多。

（二）两岸合作的有利条件

“一带一路”战略构想显示，中国大陆经济的发展与欧亚大陆关系的变化，犹如对全球性历史变迁的撬动。在这一变革过程中，台湾是否可与大陆进行更深层次的经济融合呢？正确的选择必将会对台湾未来的经济发展产生决定性影响。台湾天然地属于“海上丝绸之路”一部分，两岸经济已成为不可分割的整体，而且台湾拥有服务业、金融业的比较优势，以及国际产业转移的经验。因此，台湾若能参与到“一带一路”建设中，必然就会发挥自己的绝对优势，并能得到良好的效益回报。

根据《推动共建丝绸之路经济带和21世纪海上丝绸之路的愿景与行动》，“一路”沿线的沪、浙、闽、粤、琼五省市是台资经济的集聚高地，2014年台湾与上述五省市的贸易额达到1123.52亿美元，约占当年两岸贸易总额的56.65%；台湾地区投资审查主管部门核定对上述五省市的项目投资额累计超过710亿美元，约占台资对大陆累计投资总额的50%。② 现在这些省市结合制订“十三五”规划，都有接轨“一带一路”的规划，就是将本地自主发展、创新发展、开放式发展的能力和潜力最大限度地释放出来。因为这些省市有着自己的定位，了解自己的短板和发展方向，更为重要的是这些台资经济高地都有着台我双方如何携手促进产业结构升级，如何能够满足国际市场竞争需要，如何能够促进区域经济协调发展的远景蓝图。因为，台商多半是海岛型经济形态的思维，对中亚内陆不甚了解。如今“一带一路”战略构想的实施，相关商机在海、陆、空基础设施建设、信息通讯、建筑建材，以至包括物流、管理、软件、

① 王珂：《我国开放型经济发展的辉煌成就》，《人民日报》2015年10月20日第十五版；《商务部：前八月“一带一路”建设势头良好》，《人民日报》2015年10月9日第十版。

② 曹小衡、黄利文：《“一带一路”视角下深化两岸经济合作的机遇与挑战》，第二十四届海峡两岸关系学术研讨会提交论文2015年7月。

电子商务、旅游、教育、人才培训等领域都可显现出来。两岸区域合作是在两岸经贸合作发展到一定水平和阶段基础上提出的一个新课题，两岸携手共创“一带一路”商机，实际上是为两岸经贸合作打开了一条创新发展的新路径。

从地理位置来看，台湾本身就位于海上丝绸之路起始的要冲地带，因属于浅碟形外向型经济，在相当程度上依赖于出口拉动。“一带一路”在深化扩大区域合作机制的基础上，与沿线各国共创繁荣愿景的趋势，台湾对此是无法忽视的。如果台湾顺势而为，融入“一带一路”中，岛内的工业、科技、金融、贸易、服务等各业都会因此而得到广阔的发展空间，在参与区域经济合作方面就能发挥较大的优势。只有这样，台湾才能重塑其在区域合作中的关键地位，避免陷入边缘化的境地。

当前，台湾与东盟经济合作日益紧密，尤其是台湾与新加坡签订的“经济伙伴协议”，更标志着台湾与东盟的经济关系进入到一个新的发展阶段。东盟是“一带一路”战略实施的重点区域，台湾与东盟紧密的经济合作关系，为台湾融入“一带一路”提供了有利条件。① 从台湾参与区域经济整合的角度来看，大陆与东协主导和推动的“区域全面经济伙伴关系”（RCEP），正是“一带一路”开发建设的重点之一，台湾若能融入“一带一路”，就会有更大的实力和更多的机会打开 RCEP 的大门。另外，“一带一路”也能够使台湾将经济触角更广泛地延伸到南亚、欧洲等地区。因此，“一带一路”不仅能够为台湾进一步打开欧洲传统市场，也能帮助打开东协等亚洲新兴市场。这对台湾外向型经济的发展具有十分重要的战略意义。

台湾融入“一带一路”，不但能为岛内业者带来无比巨大的商机，而且还有助于大陆台资经济的触角能更广泛地延伸到沿线地区。从长远看，台湾能否融入“一带一路”区域经济一体化的进程中，关系着台湾在全球经贸新一轮布局中能否占得先机，取得优势，也关系到台湾未来数十年经济社会发展的需求。

从两岸关系发展来看，如果两岸能够把握机遇，加强互信，增进合作，以中华民族和“两岸命运共同体”的身份，共同参与到“一带一路”建设中，那么两岸将会在国际舞台上，共同扮演促进区域和平稳定、推动亚洲经济繁荣发展的光彩角色。②

---

① 肖文：《“一带一路”战略背景下两岸经贸合作的新路径》，第十二届长三角对台经贸合作研讨会提交论文 2015 年 5 月。

② 文睿：《两岸应把握“一带一路”机遇共创新未来》，中评网 2015 年 4 月 2 日。

（三）两岸携手“一带一路”可从国际产能合作入手

当今世界经济格局中，中国已经进入工业化中期，且拥有处在世界中端的工业生产线和装备制造水平。而“一带一路”沿线大多数国家和地区尚处在工业化的初期。他们基于自身经济社会发展的实际需求，与中国开展产能合作的意愿正在不断提升。国际产能合作缘于中国与东盟日渐火热的经贸合作之中。目前，“一带一路”沿线的17个国家（仅东盟国家就有12个）① 已与中国建立开展产能合作的机制。这在一定程度上对我们推进国际产能合作，带来了发展机遇。国务院目前也已明确发展包括钢铁、冶金、建材、造船、铁路、电力在类的12个国际产能合作重点产业。

两岸经贸经过近三十年的合作，不仅有着有利的外部条件和坚实的合作基础，而且随着“一带一路”战略构想的实施，双方的经济优势将进一步挖掘出来，得到共同、可持续的发展。ECFA的实施能够使两岸经贸合作更加制度化，从而有利于区域经济一体化的进程。这一目标的实现也正契合了现阶段“一带一路”战略的实质内涵。“一带一路”沿线市场的产业商机很多，两岸完全可以携手与这些沿线国家和地区进行国际产能合作，以适应他们现代化、工业化进程中的实际需要。两岸企业在建立“产业联盟”的同时，结合自身产业结构调整，可先从一些事关民生的传统产业入手，以共同投资的方式，与沿线相关国家和地区进行国际产能合作。对于两岸都在积极发展的高端装备制造业，以及战略性新兴产业中的新能源、新材料、节能环保、生物医药等产业，也可联手与沿线相关国家和地区进行产业对接，在产业链和价值链的延伸上与这些地区展开合作。②

国际产能合作在一定程度上拓宽了两岸产业和资本合资合作的空间。现在两岸都拥有中端装备产能优势，性价比高，综合配套和工程建设能力强，外汇储备充裕，有利于发挥承上启下的桥梁和纽带作用，打通不同发展阶段国家产业发展的瓶颈，对接各方供给与需求，这既发挥了发达国家拥有的关键技术、装备先进的长处，又可以发挥发展中国家自然资源丰富，劳动力成本低的优势，开拓一个更大的国际合作市场。台湾目前的海外投资大多集中在祖国大陆，已届60%之多，而对亚洲其他国家的投资却不足15%。随着大陆生产运营成本的

① 赵展慧：《国新办举行吹风会：解析“一带一路”包容内涵和平台发展》，《人民日报》2015年10月16日第四版。

② 桑登平：《江苏对台经济合作如何走出“代工模式”》，《21世纪经济报道》2015年8月20日。

增加，台湾制造业有向成本更低廉的国家和地区转移的需求。而“一带一路”战略的实施，沿线国家和地区的新兴市场将给台湾带来更多的投资机会。

以最为普遍的制造业来看，两岸在产业化生产方面存有一定差距，台湾制造业起步较早，业已形成了成熟的产业化生产规模，而且在行业内已经形成优势互补、良性发展的区域集群效应。但其市场规模不大、人才数量不多、技术能量不强，这是制约台湾制造业转型升级的主要因素。大陆制造业规模生产的企业不算太多，专业化生产、社会化配套能力、市场营销能力和经营管理水平都不太高，同时还缺少完善的服务网络支撑体系。① 但大陆市场资源庞大、人才数量众多、科研实力正在不断增长。若两岸优势互补地携手与沿线相关国家和地区建立国际产能合作关系，这也许就是两岸经贸合作模式的一种创新性转型。它的意义在于：一是有利于提升两岸产业发展，为两岸实体经济打造新的增长点；二是为深化两岸产业合作提供了新平台和新路径；三是促进两岸营商环境与制度的对接和推动；四是以市场路径促进两岸社会文化认同的新方式。②

两岸可以一种全新的模式携手国际产能合作，在将资本、技术、装备和管理“打包”，与合作对象进行深度融合的同时，将产能合作同产业链和价值链的“加长”工程结合起来。对一些产能需求不强，且有有限需求的国家和地区，可为其量身定做地提供一定的产能市场。

---

① 孙金诚：《结合各自优势 建立合作平台 两岸机床产业合作从标准寻求新突破》，《人民政协报》2015 年 8 月 1 日第六版。

② 张爽：《两岸电子商务合作可以有效扩大贸易》，中评网 2015 年 8 月 3 日。

VIX 指数作为两岸股市择时指标之探讨

李建兴①

一、前言

“逢低买进，逢高卖出”（buy at the bottom and sell at the top）为投资者于股市中获取正报酬之核心概念，然而要确实掌握买进与卖出之时点实则不易。许多文献发现芝加哥选择权交易所（Chicago Board Options Exchange，以下简称 CBOE）所编制的波动率指数（volatility index，以下简称 VIX 指数）为股市择时之重要参考指标。因此，本研究欲验证 VIX 指数是否适合作为台湾与大陆股票市场投资人之“择时指标”（market timing indicator），并探讨如何运用 VIX 指数获取正报酬之成功率。

过去文献发现投资人之情绪与股价之间具有高度的相关性；其中，De Long et al.（1990）、Schmelling（2009）及 Rephael et al.（2012）认为，投资人之情绪将影响其投资策略。且 Baker and Stein（2004）及 Brown and Cliff（2004）亦指出，投资人过度乐观之情绪将使得股价被高估，反之，将造成股价被低估，这表示，投资人情绪将影响股价。此外，许溪南、郭玫秀与郑乃诚（2005）则发现，投资人之情绪受到股价指数之影响，且散户受影响之程度较法人来得大。再者，Simon（2003）认为，CBOE 所推行的 VIX 指数可视为投资人情绪之恐慌指标，借由 VIX 指数亦可反映出市场投资人对于未来股价走势之预期。

CBOE 为全世界最大之选择权交易所，其所交易商品之种类与选择权之交易量具相当之领导地位，而其推行的 VIX 指数在投资人情绪指标中亦有相当的代表性。Fleming et al.（1995）、Whaley（2000）及 Giot（2002）之研究发现，VIX 指数与大盘股价指数呈现负向关系。而 Copeland（1999）、Boscaljon et al.（2011）及 Qadan and Cohen（2011）均以 VIX 指数作为择时指标，实际建构出投

---

① 义守大学财务金融系主任暨所长，管理学院 EMBA 执行长。

资策略并观察其操作绩效，研究结果显示，将 VIX 指数运用于投资策略上均具有正报酬。又本研究发现，VIX 指数与台湾加权股价指数及上海综合指数大抵上似乎呈现反向变动之关系，如图 1 与图 2 所示，显示台湾与中国大陆之大盘股价指数与 VIX 指数之间似乎具有负向关系。因此，本研究进一步对于 VIX 指数与台湾加权股价指数及上海综合指数进行相关系数之探讨。本研究发现，当 VIX 指数高于 30 时，其与台湾加权股价指数以及上海综合指数之相关系数分别为 -0.82 以及 -0.76，这与 Whaley（1993）、Fleming et al.（1995）、Whaley（2000）、Simon and Wiggins（2001）及 Sarwar（2012）等研究皆发现："VIX 指数与大盘股价指数呈现负向关系"之结果一致。然而，本研究亦发现当 VIX 指数低于 20 时，其与台湾加权股价指数以及上海综合指数之相关系数分别仅为 -0.12 以及 -0.16，此与上述文献之发现"VIX 指数与大盘股价指数呈现负向关系"并不相同，显示要以 VIX 指数作为两岸大盘股价指数之择时指标，仍有进一步探讨的必要，故本研究将以 VIX 指数作为两岸股市之择时指标，并验证其绩效，以判断其适用性。

因此，本研究尝试以 Hartmann and Ramirez（2013）与 Treadway（2013）之实证方法，设定 VIX 指数之高低门槛值，分别作为买进与卖出股票之讯号。然而，此投资策略之初步实证结果于台湾与中国大陆股票市场并无良好之投资绩效。本研究认为可能原因与 Turner（2006）、Padley（2009）以及 Shover（2012）所指出之"急跌缓涨"（quick fall and slow rise）现象有关。急跌缓涨之现象是指大盘股价指数之波动具有上涨的期间较下跌的期间长之特性。亦即当大盘指数下跌，投资人产生恐慌情绪时，其强烈之不安情绪将使得股价于极短的时间内即迅速下跌至低点；然而当大盘指数逐渐上涨时，由于投资人之恐慌情绪尚未消除，故需要经过一段时间之后才会想要买进股票。基于上述原因，本研究亦将股市中因投资人情绪所造成之急跌缓涨特性纳入投资决策之考虑。

由于亚洲地区之经济成长逐渐受到国际重视，其中又以中国大陆之发展最受瞩目。而台湾与大陆之关系亦相当密切，因此，本研究以台湾与大陆之股票市场作为实证研究之对象，欲寻求一个能同时应用于两个市场之单一指标，以协助投资人能于进行投资决策时有良好的择时指标，进而达成"逢低买进，逢高卖出"之核心目标，获取较佳之投资绩效。

本研究之章节安排如下：第二节说明 VIX 指数及其与股价指数之关系，并进行假说推论；第三节为研究方法与研究设计之说明；第四节进行实证结果说明与稳健性测试；最后，第五节为本研究之总结。

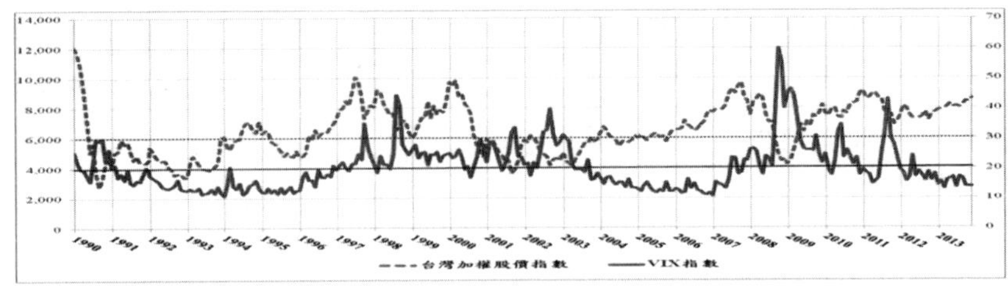

图1　VIX 指数与台湾加权股价指数关系图（1990 年 1 月至 2013 年 12 月）

数据源：本文整理自芝加哥选择权交易所及台湾经济新报数据库。

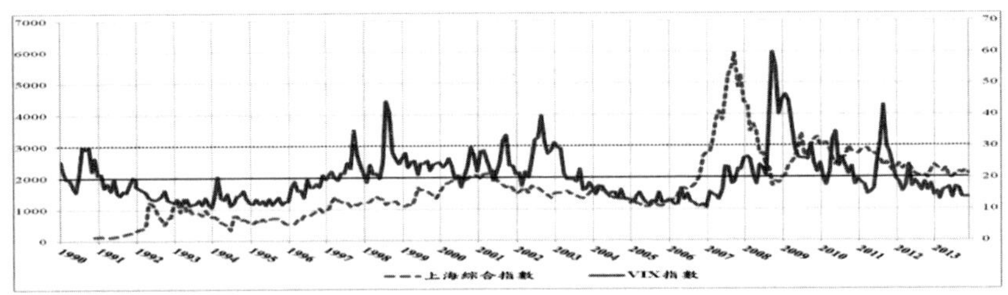

图2　VIX 指数与上海综合指数关系图（1990 年月 1 至 2013 年 12 月）

数据源：本文整理自芝加哥选择权交易所及台湾经济新报数据库。

二、文献回顾与假说推论

（一）VIX 指数及其与股价指数之关系

CBOE 于 1993 年依据 Whaley（1993）建构波动率指数之方式，以 S&P100 指数选择权之隐含波动率进行 VIX 指数之编制，提供市场参与者一个标准化的隐含波动率冲量标准。后续 CBOE 于 2003 年改以 S&P500 指数选择权为衡量目标，推出新的 VIX 指数，并将 1993 年所编制的波动率指标更名为 VXO 指数，而新的 VIX 指数之历史资料则推算至 1990 年。

VIX 指数表示投资人对于未来股票市场波动性之预期；当 VIX 指数愈高，显示投资人预期未来市场波动程度将会更加剧烈，亦同时反映投资人不安、悲观或恐慌的心理状况。反之，当 VIX 指数愈低，则代表投资人预期未来市场波动程度将会趋于缓和，投资人的心理状态偏向稳定与乐观。因此，VIX 指数可视为投资人或市场对于未来股票市场的预期指标（Fleming et al.，1995）。并且，由于 VIX 指数也具有显示投资人情绪变化之特性，故又将其称为“投资人恐慌指标”（Whaley，2000；Cramer，2009；Sincere，2010；Hartmann and Ramirez，2013；Treadway，2013）。此外，Whaley（1993）、Fleming et al.（1995）、Whaley（2000）、Simon and Wiggins（2001）及 Sarwar（2012）等研究皆发现，VIX 指数与各国股价指数之间具有负向相关。亦即，当 VIX 指数上升时，股价指数即开始下跌，而当 VIX 指数下跌时，股价指数则会上涨。再者，Lee et al.（2002）及 Brown and Cliff（2004）将股票市场状态区分为多头市场（bullish market）及空头市场（bearish market），其研究结果发现，不论在哪个市场状态，VIX 指数与股价指数皆呈现负向关系。而 Giot（2005）发现，VIX 指数与股票指数之未来报酬率呈现正向相关，亦即，当 VIX 指数极高时，未来报酬预期为正，反之亦然。另外，Skiadopoulos（2011）亦认为，VIX 指数之波动对于未来市场价格具有相当之影响力。

再者，Copeland（1999）、Boscaljon et al.（2011）及 Qadan and Cohen（2011）以 VIX 指数作为股票市场之择时指标，其结果发现，将 VIX 指数运用于投资策略时能获取正的报酬。此外，Cramer（2009）、Sincere（2010）、Qadan and Cohen（2011）、Hartmann and Ramirez（2013）及 Treadway（2013）则尝试利用 VIX 指数寻求于恐慌状态下之门槛值。其中，Hartmann and Ramirez（2013）以 VIX 指数值 30 与 40 作为买入股票之门槛值，以 VIX 指数值 20 作为卖出股票之门槛值。

最后，相较于过去文献，本研究于使用 VIX 指数为择时指标时，除了门槛值之设定外，于区分市场状态上，本研究参考 Lee et al.（2013）不仅考虑了多头市场及空头市场，并增加考虑盘整市场（neutral market）之状态。再者，于选择买卖讯号过程中，本研究增加考虑股票市场具有急跌缓涨之特性，并提出“再突破讯号”（break - out signal）作为卖出讯号，希冀经由上述之较完整考虑，能更准确地提供投资人适用于台湾与大陆股票市场之较佳择时指标。

（二）假说推论

综合上述相关文献，可以得知，当 VIX 指数上升至相对高点时，股价指数将处于相对的低点，而此时投资人进场购买股票将有机会获取正向的报酬率，据此推论假说 1 如下：

假说 1：VIX 指数可作为台湾与大陆股票市场之择时指标。

而在假说 1 的验证上，我们尝试以在所有投资方案中，具有正的报酬率的投资方案占总投资方案的比率达 70% 以上，则将判断以 VIX 作为择时指标是成功的。

此外，由于本研究之初步实证结果发现，大陆股票市场之投资绩效较低。且 Carrieri et al.（2007）指出，虽然新兴市场无法完全与全球市场分割，但地方风险因素亦为影响新兴市场报酬之重要因素。此与 McDonald 于 1973 年及 Solnik 于 1974 年所提出之“弱势区隔理论”相应证。弱势区隔理论是指，在国际金融市场之间的区隔或整合有程度上的差别。亦即，各国股票市场不仅受到共通的国际市场因素（国际间共同的因素）所影响，同时也受到其他独立因素的影响（区域因素或国家因素）。由于台湾是一个小型开放市场，因此，台湾的股票市场受到国际因素的影响较高，然而相较于台湾股票市场，大陆股票市场受到国内因素影响的可能性将较多，所以 VIX 指数不适用的可能性也将较高，据此本研究提出假说 2 如下：

假说 2：以 VIX 指数作为择时指标，大陆股票市场大盘指数报酬率为正的机率将低于台湾股票市场。

三、研究方法

（一）资料

本研究以台湾与大陆之大盘股价指数（台湾加权股价指数与上海综合指数）为研究对象，并以 CBOE 所发行之 VIX 指数作为择时指标。数据源为 CBOE 与台湾经济新报数据库（TEJ）。而由于 VIX 指数数据最早可以推算至 1990 年 1 月，故本研究以 1990 年 1 月至 2013 年 12 月为样本期间。又大陆股票市场自 1990 年 12 月才开始进行交易，因此，大陆大盘股价指数之样本期间自 1990 年 12 月开始。此外，本研究之样本频率为月数据，① 于上述样本期间内共有 288 个月之数据，全体样本数共计 853 笔。②

（二）研究设计

1. 买卖讯号之选择

Treadway（2013）指出，当 VIX 指数上升突破 30 时，投资人对于股票市场之情绪正处于一个恐慌不安的状态，而大盘股价指数则是位于相对低点，故此时点为进场之良好时机。因此，本研究将 VIX 指数上升达 30 之时点视为买进

① 本研究使用月数据主要考虑下列两点：（1）研究期间较长的文献，多数采用月频率的数据，例如，Brown and Cliff（2004）与 Schmelling（2009）等文献，而本研究的研究期间，台湾加权股价指数以及上海综合指数分别为 1990 年 1 月至 2013 年 12 月以及 1990 年 12 月 2013 年 12 月，数据期间高达 23 年以上，资料期间长于上述文献。此外，本研究考虑以较长期间作为研究期间的目的为，希冀探讨以 VIX 指数是否可以作为台湾股市及大陆股市择时指标，有一个较长期的期间来加以验证；（2）不同频率的数据之研究结果，适用参考的投资人可能有所不同，例如，高频率的数据其研究结果可能较适合作为短期进出之投资人的参考，而较低频率的数据之研究结果则可能较适合作为中长期进出之投资人的参考，本研究希冀本研究之研究结论能提供以较中长期投资为目的的之投资人作为参考，例如，相关退休基金之投资人的参考。

② 样本数计算方式：包含台湾加权股价指数与 VIX 指数共 288 个月之数据，再加上上海综合指数之 277 个月之数据，共计 853 笔样本数据。

讯号。

此外，Hartmann and Ramirez（2013）则认为，当 VIX 指数往下跌破 20 时，此时股票市场处于相对稳定之状态，因此投资人可考虑卖出手中之资产。然而，本文尝试参考 Hartmann and Ramirez（2013）之实证方法，以 VIX 指数跌破 20 作为卖出讯号来执行其投资策略，却发现执行绩效普遍不佳。其原因可能与前述股票市场中之急跌缓涨现象有关。

因此，本研究先行探讨研究样本是否具有急跌缓涨之特性。首先，本研究整理样本期间内多头市场与空头市场状态之笔数统计，如表 1 所示。而由表 1 可知，台湾与大陆股票市场平均上涨月数为 118 个月，平均下跌月数为 91 个月。再者，为了说明两岸的股价指数具有急跌缓涨之特性，因而造成“在 VIX 指数较低时，大盘指数并未处于波峰附近，而是在上涨波段的起涨点附近”的现象，以下以图 3 及图 4 进行说明。图 3 及图 4 分别表示 VIX 指数与台湾加权股价指数以及上海综合指数之趋势图，从图 3 及图 4 可以发现两岸股价指数在 VIX 指数低于 20 时（点 T2 及点 C2，股价指数分别为 6045.12 及 1348.30）均位于股价指数之起涨位置，直到 VIX 指数由下往上突破 20 之时（点 T3 及点 C3，股价指数分别为 8586.40 及 4471.03）股价指数才来到波峰附近。因此，由表 1、图 3 及图 4 可知，不论由数据或是趋势图来看，股票市场确实存有急跌缓涨之现象。故若投资人欲于股价高点时卖出股票，并达到降低投资损失、提升正报酬之目的，其投资策略就必须将急跌缓涨之现象纳入考虑。

表 1　多头市场与空头市场状态月数汇整表

市场	大盘股价指数	多头市场状态（月）	空头市场状态（月）
台湾	台湾加权股价指数	120	107
大陆	上海综合指数	115	75
	平均	118	91

说明：资料期间为 1990 年 1 月至 2013 年 12 月；由于大陆股票市场于 1990 年 12 月开始交易，其数据笔数为 277 笔，而台湾股票市场之资料自 1990 年 1 月开始计算，其数据笔数为 288 笔；于资料期间内若非属多头市场与空头市场状态者则为盘整市场状态，其中台湾市场与大陆市场分别有 61 及 87 个月为盘整市场状态。

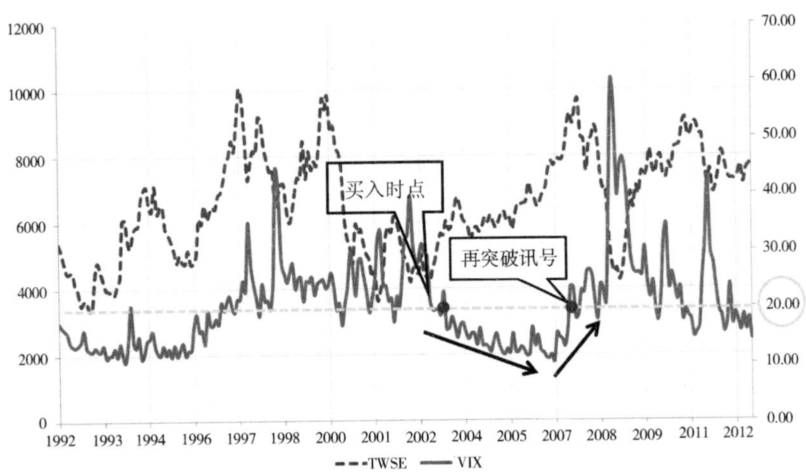

图3　台湾加权股价指数与 VIX 指数趋势图

说明：点 T1 为买入时点即 VIX 指数达 30 之时点；点 T2 为 VIX 指数低于 20 之时点；点 T3 为再突破讯号点，即 VIX 指数低于 20 后再由下往上反弹突破 20 之时点。

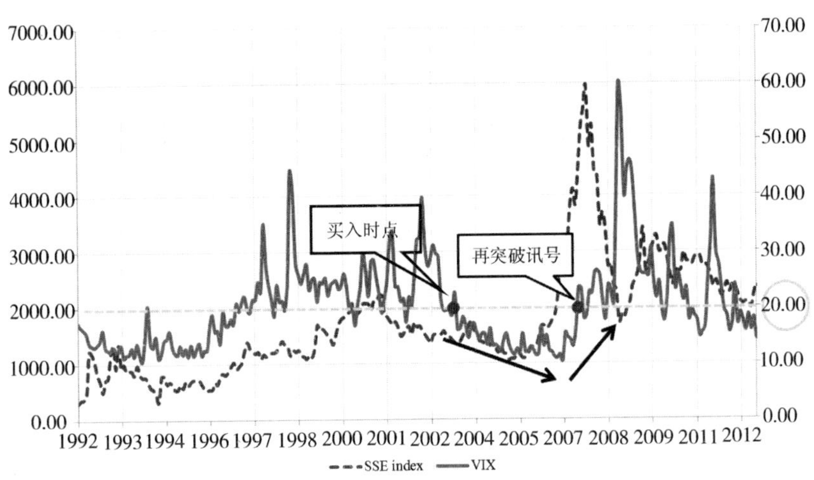

图4　上海综合指数与 VIX 指数趋势图

说明：点 C1 为买入时点即 VIX 指数达 30 之时点；点 C2 为 VIX 指数低于 20 之时点；点 C3 为再突破讯号点，即 VIX 指数低于 20 后再由下往上反弹突破 20 之时点。

因此，本研究提出于选择卖出讯号之过程中增加考虑急跌缓涨之特性，将 VIX 指数由低于 20 后再由下往上反弹突破 20 之时点定义为“再突破讯号”(break – out signal)，上述图 3 及图 4 中的点 T3 与点 C3 即为再突破讯号。由图可知再突破讯号（点T3与点C3）所对应之大盘股价指数位于波峰阶段，若以此讯号作为投资策略之卖出时机，投资人便可于相对高点卖出股票。

而本研究以VIX指数作为择时指标并考虑急跌缓涨之特性后，由研究样本中选出24个买进讯号①与8个卖出讯号。一个买进讯号搭配一个卖出讯号即构成一次投资机会。表2为买进讯号与卖出讯号汇整表。

表2 买进讯号与卖出讯号汇整表

<table>
<tr><th>投资机会</th><th>买进讯号</th><th>投资机会</th><th>买进讯号</th><th>卖出讯号</th><th>卖出讯号</th></tr>
<tr><td>1</td><td>Oct-90</td><td>13</td><td>Oct-08</td><td>Nov-91</td><td rowspan="8">Apr-10</td></tr>
<tr><td>2</td><td>Oct-97</td><td>14</td><td>Nov-08</td><td>Mar-98</td></tr>
<tr><td>3</td><td>Aug-98</td><td>15</td><td>Dec-08</td><td rowspan="2">Jul-00</td></tr>
<tr><td>4</td><td>Sep-98</td><td>16</td><td>Jan-09</td></tr>
<tr><td>5</td><td>Sep-01</td><td>17</td><td>Feb-09</td><td rowspan="2">Apr-02</td></tr>
<tr><td>6</td><td>Oct-01</td><td>18</td><td>Mar-09</td></tr>
<tr><td>7</td><td>Jul-02</td><td>19</td><td>Apr-09</td><td rowspan="5">Sep-03</td></tr>
<tr><td>8</td><td>Aug-02</td><td>20</td><td>Oct-09</td></tr>
<tr><td>9</td><td>Sep-02</td><td>21</td><td>May-10</td><td rowspan="2">Jul-10</td></tr>
<tr><td>10</td><td>Oct-02</td><td>22</td><td>Jun-10</td></tr>
<tr><td>11</td><td>Jan-03</td><td>23</td><td>Aug-11</td><td rowspan="2">May-12</td></tr>
<tr><td>12</td><td>Sep-08</td><td>24</td><td>Sep-11</td><td>Apr-10</td></tr>
</table>

说明：本研究将VIX指数达30时视为买进讯号；将VIX指数下降至20后再由下往上反弹突破20之时视为卖出讯号；本研究共选出24个买进讯号与8个卖出讯号，一个买进讯号搭配一个卖出讯号即构成一次投资机会。

2. 市场状态

为能更准确的衡量以VIX指数作为择时指标之适当性，本研究将以两种不同区分市场状态之方法，建构两个实证模块。模块一参考Hartmann and Ramirez（2013）之研究，以VIX指数30为门槛值，将市场状态区分为恐慌状态（panic state）及非恐慌状态（non-panic state）。并且定义VIX指数突破30之期间为恐慌状态，而VIX指数小于30之期间则为非恐慌状态。

此外，Brown and Cliff（2004）将股票市场状态区分为多头市场状态及空头市场状态，而本研究为考虑市场状态之完整性，特别于模块二中参考Lee et al.（2013）区分市场状态之方式，加入盘整市场状态。意即本研究之模块二以大盘

① 其中由于大陆之样本期间由1990年12月开始，因此，投资机会为23个。

股价指数区分市场状态，将其区分为多头市场、空头市场与盘整市场状态。

而 Lee et al.（2013）区分市场状态之方法如下：首先，找出大盘股价指数处于波峰、波谷之时点。其判别方式为，当某一时点所对应之大盘股价指数较前 8 期与后 8 期高（低）时，则将此时点定义为波峰（谷）。其次，当大盘股价指数之趋势由波谷转至波峰时，若此期间维持 4 个月（含）以上，且由波谷转至波峰之涨幅至少须累积 20%，则文献将此市场状态定义为多头市场。第三，当大盘股价指数趋势由波峰转至波谷，若此期间维持 4 个月（含）以上，且由波峰转至波谷之跌幅至少须累积 20%，则文献将此市场状态定义为空头市场。最后，若某段期间其大盘股价指数之涨跌幅度未累积至 20%，则将此市场状态定义为盘整市场。另外，若波峰、波谷状态持续未达 4 个月，则将此不足 4 个月之样本期间并入前一段之市场状态。表 3 为模块一与模块二之市场状态区分结果。

表 3　模块一与模块二市场状态区分结果一览表

市场	模块一		模块一		
	市场状态				
	恐慌(VIX≥30)	非恐慌(VIX<30)	多头市场	空头市场	盘整市场
	样本个数(比例)				
台湾加权股价指数	24(8%)	264(92%)	120(42%)	107(37%)	61(21%)
上海综合指数	23(8%)	254(92%)	115(42%)	75(27%)	87(31%)

说明：资料期间为 1990 年 1 月至 2013 年 12 月；由于大陆股票市场于 1990 年 12 月开始交易，其数据笔数为 277 笔，而台湾股票市场之资料自 1990 年 1 月开始计算，其数据笔数为 288 笔；模块一以 VIX 指数突破 30 之期间为恐慌状态，而 VIX 指数小于 30 之期间则为非恐慌状态；模块二将股票市场状态区分为多头市场状态、空头市场状态及盘整市场状态。

3. VAR 模型

Fleming et al.（1995）研究指出 VIX 指数可作为股票市场未来波动率之领先指标。而本研究考虑 VIX 指数对于台湾与大陆大盘股价指数之递延效果，因此利用向量自我回归（vector auto – regression，以下简称 VAR）模型进行研究实证。本研究建构大盘股价指数与 VIX 指数的 VAR 模型，借由 VAR 模型来计算在不同市场状态下大盘股价指数与 VIX 指数之最适落后期数。式 1 及式 2 为台湾与大陆之大盘股价指数与 VIX 指数之 VAR 模型。

$$SPINDEX_{s,t} = \alpha_1 + \sum_{j=1}^{n_s} \gamma_{1,s,j} SPINDEX_{s,t,j} + \sum_{i=1}^{n} \beta_{1,i} VIX_{t,i} + \varepsilon_{1,s,t} \quad (1)$$

$$VIX_t = \alpha_2 + \sum_{i=1}^{n} \beta_{2,i} VIX_{t,i} + \sum_{j=1}^{n_s} \gamma_{2,s,j} SPINDEX_{s,t,j} + \varepsilon_{2,s,t} \quad (2)$$

其中，s与t分别为第s个大盘股价指数与第t期的变量；$SPINDEX$：代表大盘股价指数；ε：为残差项。

本文以 AIC 与 SC 两项准则，针对台湾加权股价指数与上海综合指数所对应之 VIX 指数之最适落后期数进行选择，并进一步将 VAR 模型所估计之最适落后期数运用于买进讯号之建构中。而由于本研究初步实证结果发现以 SC 准则所计算之投资绩效较 AIC 准则佳，故于实证分析时将采用 SC 准则来进行最适落后期数之选择，并作为主要分析之依据。而 AIC 准则运用于投资策略设计之投资绩效，将于稳健性测试中说明。式 3 及式 4 分别为 AIC 准则与 SC 准则之公式。表 4 为 VAR 模型所估计出之模块一与模块二之最适落后期数结果汇整表。

$$AIC = 12 \left[\frac{\log L}{T}\right] + \frac{2k}{T} \quad (3)$$

$$SC = 12 \left[\frac{\log L}{T}\right] + \frac{k\log T}{T} \quad (4)$$

其中，k：代表最适落后期数；L：代表对数统计量；T：代表样本数量。

表 4　模块一与模块二最适落后期数汇整表

市场	AIC 准则				SC 准则			
	恐慌	多头	空头	盘整	恐慌	多头	空头	盘整
台湾加权股价指数	1	0	0	6	1	0	0	6
上海综合指数	2	6	0	6	1	0	0	0

（三）研究步骤

如前所述，本研究以 VIX 指数选择买进讯号与卖出讯号，并将 VAR 模型所计算之最适落后期数应用于买进时点之判断，藉此建构出投资机会并进行实证分析。以下为本研究实证进行之三大步骤：

步骤一：寻找买进时点（买进讯号加上最适落后期数）

当 VIX 指数达 30 即视为买进讯号。

模块一：买进讯号加上恐慌市场状态之最适落后期数即视为买进时点。

模块二：先判断买进讯号所处之市场状态为多头、空头或盘整市场状态，如为多头市场状态，则以买进讯号加上多头市场状态之最适落后期数为买进时点，以此类推。

确定模块一、二之买进时点，其计算方式如下：

模块一之买进时点 = 买进讯号发生时点 + 恐慌市场状态估计之最适落后期数。

模块二之买进时点 = 买进讯号发生时点 + 买进讯号所处市场状态估计之最适落后期数。

步骤二：寻找卖出时点

在卖出时间的决定上，过去文献，例如 Hartmann and Ramirez（2013）等，以 VIX 指数跌破 20 作为卖出讯号来执行其投资策略，但如前所述，本研究发现于 VIX 跌破 20 时，股价指数大多偏向于较低的起涨点，选择于 VIX 指数跌破 20 来卖出持股，将容易造成投资绩效不佳的现象；因此，相对于过去文献，本研究增加考虑股价指数具有急跌缓涨的特性，由于股价指数上涨具有缓涨的现象，所以，股价指数上涨需要一段时间，故本研究提出“当 VIX 指数下降跌破 20 后再由下往上反弹突破 20 之时”再卖出持股，此时卖出持股较可能卖在股价指数之波峰附近，因此较能获得较高的获利。

另外，值得注意的是：在 VIX 指数下降跌破 20 后再由下往上反弹突破 20 之时，此段期间已大于 VIX 指数领先大盘股价指数之期数，所以，在本研究于卖出讯号之判断仅考虑股票市场之急跌缓涨特性，而未将 VAR 模型所估计之最适落后期数纳入考虑。

步骤三：计算投资机会之执行绩效

本研究共有五项绩效指标。首先，使用买进时点股价指数与卖出时点股价指数来计算原始报酬率。再者，计算投资执行之期间并计算月报酬率与年报酬率，并且利用月报酬率之标准偏差来计算风险报酬率。最后，统计投资机会为正报酬之次数计算投资成功率。本研究结合上述之绩效指标并配合台湾与大陆之经济发展及时事进行分析与探讨。各绩效指标计算之方式如式 5 至式 9 所示。

1. 原始报酬率（raw return on investment）

$$ROI_{raw} = \frac{P_S - P_B}{P_B} \times 100\% \quad \cdots\cdots (5)$$

其中，ROI_{raw}：代表各投资方案之原始报酬率；P_S：代表卖出时点之股价指数；P_B：代表买进时点之股价指数。

2. 月报酬率（monthly return on investment）

$$ROI_{monthly} = \frac{ROI_{raw}}{T} \quad \cdots\cdots (6)$$

其中，$ROI_{monthly}$：代表各投资方案之月报酬率；ROI_{raw}：代表各投资方案之原始之报酬率；T：代表执行各投资方案所持有的时间。

3. 年报酬率（yearly return on investment）

$$ROI_{yearly} = ROI_{monthly} \times 12 \quad \cdots\cdots (7)$$

其中，ROI_{yearly}：代表各投资方案之年报酬率；$ROI_{monthly}$：代表各投资方案之月报酬率。

4. 风险报酬率（risk adjusted return ）

$$RAR = \frac{ROI_{yearly}}{standard\ deviation\ (ROI_{monthly})} \quad \cdots\cdots (8)$$

其中，RAR：代表各投资方案之风险报酬率；ROI_{yearly}：代表各投资方案之年报酬率；$standard\ deviation\ (ROI_{monthly})$：代表各投资方案之月报酬率标准偏差。

5. 投资成功率（Investment Success Rate）

$$ISR = \frac{Count\ (ROI_{raw} > 0)}{Sum\ (investment\ opportunities)} \quad \cdots\cdots (9)$$

其中，$Count\ (ROI_{raw} > 0)$：代表各投资方案之年报酬率为正之总数；$Sum\ (investment\ opportunities)$：台湾与大陆总投资次数。

四、实证结果与稳健性测试

（一）假说验证：基本实证结果分析

本研究以 VIX 指数为择时指标并考虑股市急跌缓涨之特性，针对台湾与大陆股票市场规划适当之投资策略。表 5 为研究期间台湾与大陆股票市场各项投资绩效指标之结果。结果显示，本研究所采取之投资策略其各项报酬率之平均值皆为正值，且平均投资成功率高达 77% 。亦即，本研究所采取之投资策略其投资绩效有高达 77% 的比率为正报酬。由上述结果可知，VIX 指数不仅可以精确掌握股票市场的波动程度，并有效反应投资人之情绪，且可作为台湾与大陆股票市场适用之择时指标。因此，综合上述，本研究假说 1 成立，即“VIX 指数可作为台湾与大陆股票市场之择时指标”。

表5 台湾与大陆各项投资绩效指标之结果

模块一单位:%					
市场	原始报酬率	月报酬率	年报酬率	风险报酬率	投资成功率
台湾加权股价指数	32.49	2.88	34.51	3.85	95.83 (23/24)
上海综合指数	16.70	0.88	10.54	0.61	60.87 (14/23)
模块二单位:%					
市场	原始报酬率	月报酬率	年报酬率	风险报酬率	投资成功率
台湾加权股价指数	34.91	2.95	35.42	3.95	91.67 (22/24)
上海综合指数	17.30	0.89	10.71	0.62	60.87 (14/23)

说明:投资成功率为投资机会中,正报酬次数占总投资机会次数之比例;模块一以VIX指数突破30之期间为恐慌状态,而VIX指数小于30之期间则为非恐慌状态;模块二将股票市场状态区分为多头市场状态、空头市场状态及盘整市场状态。

此外,由表5可知,大陆之投资成功率为60.87% (14/23),相较于台湾之投资成功率明显偏低。本研究探究其原因,推测可能因素有三:(1)大陆股票市场属于新兴股票市场;(2)大陆投资人具有“从众”之特性;(3)重大事件影响:严重急性呼吸道症候群(severe acute respiratory syndrome,以下简称SARS)、美国网络泡沫化事件与911恐怖攻击事件之影响。以下分别针对三项可能因素进行说明。有关“大陆股票市场属于新兴股票市场”的部分,由于大陆股票市场的发展较其他国家来得晚,且其对外开放程度受到国家政策的影响相当大,也因此伴随产生一些影响股票市场发展的问题。这些问题包括:法规体系尚未完备、行政干预明显以及股票市场开放程度偏低导致市场发展结构不够健全等问题。且Dongwei et al.(1997)亦认为,虽然目前大陆的经济贸易活动快速增长,进而促使其金融市场快速成长,然而,大陆股票市场因为各种投资限制,降低了与其他重要贸易伙伴国家股票市场的联动关系。

再者,有关“中国大陆投资人具有“从众”之特性”的部分,李才赋(2013)认为由于大陆投资人专业程度不足,使得投资人时常依据各种传播媒体之讯息来进行股票交易,因而产生投资人的从众效应。而曹慧红与何宜庆(2005)亦认为,大陆投资人的投资行为较不成熟,当股价下跌时即疯狂抛售,而当股价小幅上涨时便一窝蜂买进,也因此导致股市波动性较高之结果。上述研究之结果显示,由于投资人专业程度不足的关系,使得大陆股市对于新讯息冲击之承受力较差。

最后，有关“重大事件影响”的部分，本研究发现中国大陆于 Sep－01、Otc－01、Jul－02、Aug－02、Sep－02、Oct－02 与 Jan－03 这七个连续的投资机会之原始报酬率皆为负值。而这七个投资机会之时点正好与 SARS 事件、美国网络泡沫化事件与 911 恐怖攻击事件发生之时点重叠。其中，SARS 事件主要的发生地点即在广东省，又美国为中国主要贸易伙伴之一，因此，当美国经济受到网络泡沫化与 911 恐怖攻击事件影响时，大陆出口贸易受到波及，进而对股市产生负面影响。由前述可知，与中国大陆切身相关之重大事件将影响其股票市场之波动。

综合上述三个可能影响中国大陆投资成功率之因素可知，大陆股票市场波动受自身市场特性之影响较深，使得 VIX 指数适用的情况较不高，故本研究假说 2 成立，即“以 VIX 指数作为择时指标，大陆股票市场大盘指数报酬率为正的概率将低于台湾股票市场”。

（二）投资绩效分析

本研究依据原始报酬率之高低，分别针对台湾与大陆的投资机会进行排名，汇整绩效最优的五个投资机会时点于表 6。综观表 6 之结果可知，投资绩效排名前五名的投资时点集中分布于 Aug－98 至 Feb－09 这段时间，而此期间又与两次亚洲金融风暴（asia financial crisis）及全球金融危机（global financial crisis）发生之时点重叠。因此可推知，当市场遭遇国际重大金融危机时，投资人将陷入恐慌状态，股票市场相对低迷，而此时正是进场的好时机。此结果亦显示，本研究之研究方法确实掌握良好之买进时机，更证实了股神巴菲特的投资论点：“危机入市”之投资策略能使投资人获得高额报酬。

表 6　台湾与大陆投资绩效前五名之投资时点表

投资绩效时点排名：模块一					
市场	1	2	3	4	5
台湾加权股价指数	Jan－09	Nov－08	Feb－09	Dec－08	Sep－01
上海综合指数	Aug－98	Oct－08	Sep－98	Dec－08	Nov－08
投资绩效时点排名：模块二					
市场	1	2	3	4	5
台湾加权股价指数	Jan－09	Nov－08	Feb－09	Dec－08	Sep－01
上海综合指数	Aug－98	Oct－08	Sep－98	Dec－08	Nov－08

说明：模块一以 VIX 指数突破 30 之期间为恐慌状态，而 VIX 指数小于 30 之期间则为

非恐慌状态；模块二将股票市场状态区分为多头市场状态、空头市场状态及盘整市场状态。

以下将针对两次亚洲金融风暴及全球金融危机期间，台湾与大陆所对应之股价指数与投资绩效进行分析。首先有关亚洲金融风暴的部分，第一波亚洲金融风暴于1997年7月由泰国所引发，第二波亚洲金融风暴则于1998年初由印度尼西亚再起。两波亚洲金融风暴与本研究所对应之投资机会时点为Oct－97、Aug－98与Sep－98，相关资料汇整于表7与表8。由表7与表8可知，亚洲金融风暴使得投资人陷入恐慌状态，此时VIX指数分别大符提升至35.09、44.28及40.95，而大盘股价指数亦因之产生大幅下跌之现象。依据本研究之判断准则为当VIX指数上升突破30之时即为买进讯号，因此分别于Oct－97、Aug－98与Sep－98产生买进讯号，尔后考虑股票市场急跌缓涨之现象，再分别于Mar－98及Jul－00时点卖出，达到买低卖高的目标。由表7与表8之结果显示台湾与大陆之投资绩效皆为正值。

表7　亚洲金融风暴期间买进讯号Oct－97对应之股价指数与投资绩效表

市场	买进讯号	卖出讯号	投资绩效（%）
	Oct－97	Mar－98	
	VIX＝35.09	VIX＝24.22	
	模块一		
台湾加权股价指数	7797.19	9091.16	16.60
上海综合指数	1139.63	1243.02	9.07
	模块二		
台湾加权股价指数	7313.40	9091.16	24.31
上海综合指数	1174.85	1243.02	5.80

说明：表内所列之绩效为原始报酬率；模块一以VIX指数突破30之期间为恐慌状态，而VIX指数小于30之期间则为非恐慌状态；模块二将股票市场状态区分为多头市场状态、空头市场状态及盘整市场状态。

表 8　亚洲金融风暴期间买进讯号 Aug－98 及 Sep－98 对应之股价指数与投资绩效表

市场	买进讯号	买进讯号	卖出讯号	投资绩效（%）	
	Aug－98	Sep－98	Jul－00	Aug－98	
	VIX＝44.28	VIX＝40.95	VIX＝20.74		
	模块一				
台湾加权股价指数	6833.95	7165.98	8114.92	18.74	13.24
上海综合指数	1242.90	1217.32	2023.54	62.81	66.23
台湾加权股价指数	6318.52	6881.72	8114.92	28.43	17.92
上海综合指数	1150.22	1242.896	2023.54	75.93	62.81

说明：表内所列之绩效为原始报酬率；模块一以 VIX 指数突破 30 之期间为恐慌状态，而 VIX 指数小于 30 之期间则为非恐慌状态；模块二将股票市场状态区分为多头市场状态、空头市场状态及盘整市场状态。

再者，全球金融危机于 2007 年 8 月开始浮现，并于 2008 年 9 月雷曼兄弟（Lehman Brothers Holdings Inc.）倒闭后，这场金融危机开始失控，并开始蔓延至其他经济领域。全球金融危机期间与本研究所对应之投资机会时点分别为 Sep－08、Oct－08、Nov－08、Dec－08、Jan－09、Feb－09、Mar－09 与 Apr－09，相关资料汇整于表9。由表9 可知，自 2008 年9 月雷曼兄弟倒闭后，VIX 指数连续八个月达到 30 以上。此结果显示，全球金融危机发生后，台湾与大陆股票市场进入持续且强烈的恐慌状态，大盘股价指数也因此产生大幅下跌之情形。而依据本研究之判断准则，选择了 Sep－08 至 Apr－09 共八个买进时点，并于再突破讯号 Apr－10 之时点卖出。由表 9 之结果可知，本研究所列投资策略之投资绩效皆为正报酬，此结果显示本研究之逢低买进策略成效优良，不仅大幅增加投资报酬率，更可有效降低投资损失。

表 9　全球金融危机期间台湾与大陆之大盘股价指数投资绩效汇整表

市场		台湾加权股价指数		上海综合指数	
模块一					
卖出讯号	VIX	卖出价格		卖出价格	
Apr－10	22.05	8004.25		2870.61	
买进讯号	VIX	买进价格	投资绩效（%）	买进价格	投资绩效（%）
Sep－08	39.39	4870.66	64.34	1728.79	66.05

续表

市场		台湾加权股价指数		上海综合指数	
Oct－08	59.89	4460.49	79.45	1871.16	53.41
Nov－08	55.28	4591.22	74.34	1820.81	57.66
Dec－08	40.00	4247.97	88.43	1985.02	44.61
Jan－09	44.84	4557.15	75.64	2082.85	37.82
Feb－09	46.35	5210.84	53.61	2373.21	20.96
Mar－09	44.14	5992.57	33.57	2477.57	15.86
Apr－09	36.50	6890.44	16.16	2632.93	9.03
模块二					
卖出讯号	VIX	卖出价格		卖出价格	
Apr－10	22.05	8004.25		2870.61	
买进讯号	VIX	买进价格	投资绩效（%）	买进价格	投资绩效（%）
Sep－08	39.39	5719.28	39.95	2293.784	25.15
Oct－08	59.89	4870.66	64.34	1728.786	66.05
Nov－08	55.28	4460.49	79.45	1871.156	53.41
Dec－08	40.00	4591.22	74.34	1820.805	57.66
Jan－09	44.84	4247.97	88.43	1985.016	44.61
Feb－09	46.35	4557.15	75.64	2082.852	37.82
Mar－09	44.14	5210.84	53.61	2373.213	20.96
Apr－09	36.50	5992.57	33.57	2477.569	15.86

说明：表内所列之绩效为原始报酬率；模块一以VIX指数突破30之期间为恐慌状态，而VIX指数小于30之期间则为非恐慌状态；模块二将股票市场状态区分为多头市场状态、空头市场状态及盘整市场状态。

（三）稳健性测试

1. 考虑急跌缓涨与传统研究方法之比较

本研究曾尝试使用过去文献之传统实证方法，以VIX指数跌破20时作为卖出讯号，然其执行绩效不佳，推测原因可能与传统实证方法未考虑股市之急跌缓涨现象有关。经过比较由表10可知，考虑急跌缓涨因素之投资策略，其平均投资绩效较传统实证方法佳。因此，本研究于投资策略中纳入急跌缓涨因素之考虑。

表 10　急跌缓涨与传统实证投资绩效比较汇整表

模块	市场	平均原始报酬率（%）		平均成功率（%）	
		急跌缓涨	传统方式	急跌缓涨	传统方式
模块一	台湾加权股价指数	32.49	25.28	95.83	79.17
	上海综合指数	16.70	21.88	60.87	55.56
	平均	24.60	23.58	78.35	67.37
模块二	台湾加权股价指数	34.91	28.00	91.67	75.00
	上海综合指数	17.30	22.47	60.87	44.44
	平均	26.11	25.24	76.27	59.72

说明：表中之平均原始报酬率，分别为模块一、二投资机会之平均值；投资成功率为模块一、二投资机会中，获得正报酬次数之比例；模块一以 VIX 指数突破 30 之期间为恐慌状态，而 VIX 指数小于 30 之期间则为非恐慌状态；模块二将股票市场状态区分为多头市场状态、空头市场状态及盘整市场状态。

2. AIC 与 SC 准则之选定

此外，本研究依据 AIC 与 SC 准则来估计台湾加权股价指数与上海综合指数所对应 VIX 指数之最适落后期数，并将 VAR 模型所估计之最适落后期数应用于买进讯号之建构上。表 11 之结果显示，依据 SC 准则所计算之原始报酬率及成功率绩效略优于 AIC 准则。因此，本研究之实证分析依据 SC 准则来估计最适落后期数。

表 11　AIC 准则与 SC 准则之绩效比较汇整表　　　单位:%

市场	模块	AIC 准则		SC 准则	
		原始报酬率	成功率	原始报酬率	成功率
台湾加权股价指数	模块一	32.49	95.83（23/24）	32.49	95.83（23/24）
	模块二	34.91	91.67（22/24）	34.91	91.67（22/24）
上海综合指数	模块一	13.89	65.22（15/23）	16.70	60.87（14/23）
	模块二	9.22	50.00（11/22）	17.30	60.87（14/23）

说明：成功率为投资机会中，正报酬次数占总投资机会次数之比例；模块一以 VIX 指数突破 30 之期间为恐慌状态，而 VIX 指数小于 30 之期间则为非恐慌状态；模块二将股票市场状态区分为多头市场状态、空头市场状态及盘整市场状态。

3. 是否采用当地编制之波动率指数

一般而言，采用当地所编制之波动率指数将更能代表当地的投资人情绪，因此以当地所编制之波动率指数将可能更适合作为择时的指标，但我们发现有下列两个值得注意的现象，首先，CBOE 所编制之 VIX 指数可以追溯至 1990 年 1 月，而台湾及大陆之波动率指数编制时间则较晚，分别为 2006 年 12 月与 2011 年 3 月。因此，如果采用当地所编制之波动率指数，将造成研究样本期间由本研究之 1990 年 12 月大幅缩减至 2006 年 12 月与 2011 年 3 月。其次，由表 12 可以发现，台湾及大陆之波动率指数与 VIX 指数之相关系数高达 0.8 以上，显示台湾及大陆之波动率指数与 VIX 指数相关性极高；基于上述两个理由，故本研究选择以 CBOE 编制 VIX 指数作为择时指标而非当地所编制之波动率指数为主。

表 12　VIX 指数与台湾、大陆之波动率指数相关系数汇整表

市场	波动率指数名称	相关系数	样本数据起始时间
台湾	TVIX	0.84	2006.12
大陆	VXFXI	0.95	2011.03

4. 考虑不同 VIX 门槛值

本小节讨论不同 VIX 门槛值之实证结果的比较分析，根据文献上较常用的门槛值，买入部分为 30、35 与 40，卖出部分则有 15、18 与 20，且经过 VAR 模型以及考虑急跌缓涨情形下，各模块之最佳成功率与平均报酬率如下表 13 所示：由表 13 中可以发现不论台湾加权股价指数与上海综合指数，其成功率与报酬率最佳之模块均为前述之分地的门槛值，即以 VIX 指数买入为 30，而卖出则为 20，SC 准则下的模块一。

表 13　不同 VIX 门槛值之实证结果的比较分析

	模块一						
	买入 VIX	卖出 VIX	买入落后期数	卖出落后期数	判断准则	成功率	平均报酬率
台湾加权股价指数	30	15	1	0	SC	91.67(22/24)	25.68
		18	1	0	SC	95.83(23/24)	28.35
		20	1	0	SC	95.83(23/24)	32.49
	35	15	1	0	SC	91.67(22/24)	24.01
		18	1	0	SC	91.67(22/24)	28.12
		20	1	0	SC	95.83(23/24)	30.09
	40	15	1	0	SC	83.33(20/24)	20.21
		18	1	0	SC	87.50(21/24)	23.42
		20	1	0	SC	91.67(22/24)	26.57
上海综合指数	30	15	1	0	SC	57.14(8/14)	18.24
		18	1	0	SC	71.43(10/14)	19.42
		20	1	0	SC	78.57(11/14)	21.24
	35	15	2	0	AIC	64.29(9/14)	20.11
		18	1	0	SC	64.29(9/14)	20.04
		20	1	0	SC	78.57(11/14)	21.24
	40	15	2	0	AIC	42.86(6/14)	10.37
		18	1	0	SC	57.14(8/14)	18.40
		20	1	0	SC	64.29(9/14)	19.62

	模块二						
	买入 VIX	卖出 VIX	买入落后期数	卖出落后期数	判断准则	成功率	平均报酬率
台湾加权股价指数	30	15	0-6	0	SC	91.67(22/24)	26.72
		18	0-6	0	SC	95.83(23/24)	28.49
		20	0-6	0	SC	91.67(22/24)	34.91
	35	15	0-6	0	SC	91.67(22/24)	26.11
		18	0-6	0	SC	91.67(22/24)	29.32
		20	0-6	0	SC	95.83(23/24)	31.01
	40	15	0-6	0	SC	83.33(20/24)	22.20
		18	0-6	0	SC	87.50(21/24)	25.82
		20	0-6	0	SC	91.67(22/24)	27.02
上海综合指数	30	15	0-1	0	SC	64.29(9/14)	18.73
		18	0-1	0	SC	71.43(10/14)	20.05
		20	0	0	SC	78.57(11/14)	22.73
	35	15	0-6	0	AIC	57.14(8/14)	21.01
		18	0	0	SC	64.29(9/14)	22.10
		20	0-1	0	SC	78.57(11/14)	21.24
	40	15	0-6	0	AIC	42.86(6/14)	10.37
		18	0-1	0	SC	50.00(7/14)	17.32
		20	0	0	SC	64.29(9/14)	19.29

说明：1. 模块一以 VIX 指数达 30、35 与 40 之期间为恐慌状态，而 VIX 指数小于 30、35 与 40 之期间则为非恐慌状态；模块二将股票市场状态区分为多头市场状态、空头市场状态及盘整市场状态；2. 表内所列之平均报酬率为平均原始报酬率；3. 台湾加权股价指数之资料期间为 1990 年 12 月—2013 年 12 月、上海综合指数部分为以 QFII 开放之后的资

料期间，其期间为2002年11月至2013年12月；4. 由于每个投资机会皆有其买入与卖出的最适落后期数，因此，此表将列出所有最适落后期数的范围，台湾市场与大陆市场分别有24次与14次投资机会。

（四）进阶实证结果分析：考虑合格境外投资者QFII开放之影响

从上述的研究结果我们发现，本研究之投资策略于台湾股票市场的成功率较高，而于大陆股票市场的成功率则较低，以表11之模块一SC准则为例，① 两者的成功率分别为95.83%以及60.87%，两者有显著的差异。而本研究感到有兴趣的是：“造成两个市场成功率显著差异的主要原因为何?”因此，本研究尝试以合格境外投资者（qualified foreign institutional investors，以下简称QFII）②来加以分析。

台湾于1990年12月修正公布“华侨及外国人投资证券及其结汇办法”，开放外国专业投资机构，所以接近整个样本期间，台湾均是在开放QFII的状态下；然而大陆则迟至2002年才开放合格境外投资者。因此，我们以2002年11月开放QFII为分界点来计算成功率（即投资报酬率大于零），QFII开放前计有9次投资机会，其中仅有3次成功，成功率仅为33.33%；而在QFII开放之后计有14次投资机会，其中有11次成功，成功率高达78.57%；这表示在开放QFII之前，大陆的股票市场与国际之联动性较不密切，这将造成以CBOE所编制VIX指数作为上海综合指数之投资的成功率较低，反之，在开放QFII之后，大陆的股票市场与国际之联动性较为密切，使得以CBOE所编制VIX指数作为上海综合指数之投资的择时指标之成功率较高；亦即由于开放QFII可以提高股票市场与国际市场的联动性，因而可以提高以CBOE所编制VIX指数作为股价指数投资时之择时指标的成功率。因此，以本研究之全体样本期间观之，较早开放QFII的台湾市场其成功率为95.83%（24次投资机会中成功23次），高于大陆的60.87%（23次投资机会中成功14次），并且大陆开放QFII后的成功率为78.57%，较开放前远高出33.33%的成功率。

此外，若以两个市场开放QFII后的成功率来看，台湾市场与大陆市场的成功率分别为95.83%与78.57%，平均成功率为89.47%（38次投资机会中成功34次）；因此，假说1是成立的。而两个市场开放QFII后之每次投资机会的平

① 由于模块一与模块二之实证结果差异不大，因此以下之说明将以模块一之结果数据进行相关论述。

② QFII在法规上台湾称外国专业投资机构，大陆则称为合格境外投资者，两者名称略有差异。

均报酬率，台湾市场与大陆市场分别为32.49%与21.24%，两个市场的平均报酬率为28.35%，即平均年报酬率为27.13%。

五、结论与建议

许多文献发现CBOE所推行的VIX指数是股市择时之重要参考指标，本研究主要目的在验证VIX指数是否适合作为台湾与大陆股票市场之“择时指标”。然而，本研究发现依照过去文献所建议的指标方式，其投资绩效并不佳，这可能是过去文献并未考虑股价指数具有“急跌缓涨”之现象。为了使VIX指数更具择时效果以及提高投资绩效，故相对于过去文献本研究增加考虑“急跌缓涨”之特性纳入择时准则之衡量。

本研究有底下之重要发现：以CBOE所编制之VIX指数作为投资股票市场之择时指标，在台湾与大陆市场而言是成功的，特别是以两个市场开放QFII后的成功率，台湾市场与大陆市场的成功率分别为95.83%与78.57%，平均成功率为89.47%；且两个市场开放QFII后之每次投资机会的平均报酬率，台湾市场与大陆市场分别为32.49%与21.24%，两个市场的平均报酬率为28.35%，即平均年报酬率为27.13%。

本研究的重要投资意涵如下：以台湾与大陆市场的实证结果而言，CBOE所编制之VIX指数可以作为投资股票市场之择时指标，特别是在开放QFII之后，其成功率较高。其方法为：当VIX指数上升并突破30之时，这表股票市场之投资人情绪将进入恐慌状态，股价指数将下跌，此时投资人若买进股票，则可买在股价指数之相对低点。而当股票市场脱离恐慌状态时，本研究增加考虑股票市场具有急跌缓涨之现象，于VIX指数跌破20后再突破20之时再卖出，即可卖在相对的高点。

参考文献：

[1] 李才赋：《基于CSAD模型的我国创业板羊群效应研究》，Technology and Market，2013年第5期。

[2] 许溪南、郭玟秀、郑乃诚：《投资人情绪与股价报酬波动之互动关系：台湾股市之实证》，《台湾金融财务季刊》，2005年第3期。

[3] 曹慧红、何宜庆：《中国股票市场波动性分析研究》，南昌大学学报工科版，2005年第4期。

[4] Baker, M. and J. C. Stein, (2004) Market liquidity as a sentiment indicator, *Journal of Financial Markets*, 7, 271—299.

[5] Boscaljon, B. , G. Filbeck, and X. Zhao, (2011) Market timing using the VIX for style rotation, *Financial Services Review*, 20, 35—44.

[6] Brown, G. W. and M. T. Cliff, (2004) Investor sentiment and the near – term stock market, *Journal of Empirical Finance*, 11 (1), 1—27.

[7] Carrieri, F. , V. Errunza, and K. Hogan, (2007) Characterizing World Market Integration through Time, *Journal of Financial and Quantitative Analysis*, 42 (4), 915—940.

[8] Copeland, M. M. and T. E. Copeland, (1999) Market Timing: Style and Size Rotation Using the VIX, *Financial Analysts Journal*, 55, 73—81.

[9] Cramer, J. J. , (2009) *Jim Cramer's Real Money: Sane Investing in an Insane World*, New York: Simon & Schuster.

[10] De Long, J. B. , A. Shleifer, L. H. Summers, and R. J. Waldmann, (1990) Noise Trader Risk in Financial Markets, *Journal of Political Economy*, 98 (4), 703—738.

[11] Dongwei, S. and B. M. Fleisher, (1997) Risk, Return and Regulation in Chinese Stock Markets, *Journal of Economics and Business*, 50 (3), 239—256.

[12] Fleming, J. , B. Ostdiek, and R. E. Whaley, (1995) Predicting stock market volatility: A new measure, *Journal of Futures Market*, 15 (3), 265—302.

[13] Giot, P. (2002) Implied Volatility Indices as Leading Indicators of Stock Index Returns? Working Paper, CORE, University of Leuvain.

[14] Giot, P. , (2005) Relationships between implied volatility indexes and stock index returns: Are implied volatility indexes leading indicators, *Journal of Portfolio Management*, 31 (3), 92—100.

[15] Hartmann, U. , F. Ramirez, (2013) Real Time Detection of Turning Points in Financial Time Series, Munich: GRIN Verlag.

[16] Lee, J. S. , P. H. Yen, and K. C. Chan, (2013) Market states and disposition effect: evidence from Taiwan mutual fund investors, *Applied Economics*, 45 (10), 1331—1342.

[17] Lee, W. Y. , C. X. Jiang, and D. C. Indro, (2002) Stock market volatility, excess returns, and the role of investor sentiment, *Journal of Banking and Finance*, 26 (12), 2277—2299.

[18] Padley M. , (2009) Stock Markets Secret, Australia: Slattery Media Group.

[19] Qadan, M. and G. Cohen, (2011) Is It Profitable to Invest According to the VIX Fear Index, *Journal of Modern Accounting and Auditing*, 7 (1), 86—90.

[20] Rephael, A. B. , S. Kandel, and A. Wohl, (2012) Measuring Investor Sentiment with Mutual Fund Flows, *Journal of Financial Economic*, 104, 363—382.

[21] Sarwar, G. , (2012) Is VIX an investor fear gauge in BRIC equity markets?, *Journal of Multinational Financial Management*, 22 (3), 55—65.

[22] Schmelling, M. , (2009) Investor sentiment and stock returns: Some international evi-

dence, *Journal of Empirical Finance*, 16 (3), 394—408.

[23] Shover, L., (2012) *Trading Options in Turbulent Markets: Master Uncertainty through Active Volatility Management*, New York: Bloomberg.

[24] Simon, D. P. and R. A. Wiggins, (2001) S&P Futures Returns and Contrary Sentiment Indicators, *Journal of Futures Market*, 21 (5), 447—462.

[25] Simon, D. P., (2003) The Nasdaq Volatility Index During and After the Bubble, *Journal of Derivatives*, 11, 9—24.

[26] Sincere, M., (2010) *All about market indicators*, New York: The McGraw - Hill.

[27] Skiadopoulos, G. and G. Konstantinidi, (2011) Are VIX futures prices predictable? An empirical investigation, *International Journal of Forecasting*, 27, 543—560.

[28] Treadway, P. T. and M. C. S. Wong, (2013) *Investing in the Age of Sovereign Defaults: How to Preserve your Wealth in the Coming Crisis*, New Jersey: Wiley.

[29] Turner, T., (2006) *Short - Term Trading in the New Stock Market*, London: Macmillan.

[30] Whaley, R. E., (1993) Derivatives on Market Volatility: Hedging Tools Long Overdue, *Journal of Derivatives*, 1 (1), 71—84.

[31] Whaley, R. E., (2000) The Investor Fear Gauge, Journal of Portfolio Management, 26 (3), 12—17.

两岸资本市场合作的瓶颈和发展空间

黄梅波[1]　陈冰林[2]

一、引言

伴随着贸易、投资等经贸活动的日益频繁，两岸对资本市场的金融服务需求也越来越大。然而一直以来，两岸资本市场合作严重滞后于两岸经贸的发展，并约束了两岸相关制造及经贸企业的融资，限制了金融企业的发展。对台湾来说，两岸证券合作的脱节限制了台湾企业在大陆进行融资，也阻碍了台湾金融业对台资企业的支持，这既加大了台资企业融资发展的难度，也加剧了台湾金融市场活动停滞、金融企业竞争压力大、利润低的现状，因此两岸证券市场互通成为台湾制造业和金融业共同的诉求。对大陆来说，虽然目前大陆的证券市场比较活跃，交易量持续上升，但是大陆的资本市场起步较晚，仍然很不成熟，存在一系列制度性、结构性问题，导致资本市场投机活动和市场泡沫比较严重，过度波动现象比较明显；并且，大陆证券市场缺乏专业人才，对于证券市场的信息的捕捉和操作都远远落后于台湾，大陆证券市场迫切需要进一步开放两岸资本市场的呼声越来越高。

目前，两岸亟须进一步思考两岸资本市场合作的可行性方案和措施，改善现有的合作局面，推进两岸资本市场的合作。本文主要对两岸资本市场合作的障碍和空间进行研究。本文将深入分析两岸资本市场的特点、合作的现状及问题，在充分考虑两岸金融监管及证券实务界的动态和需求基础上，探讨两岸资本市场进一步合作的方向，推动两岸证券及期货方面的合作，并对其进行近中远期合作的可能性进行更深层次的判断和剖析。

---

① 厦门大学“两岸关系和平发展协同创新中心”兼职教授，厦门大学经济学院教授博士生导师。

② 厦门大学经济学院国际经济与贸易系研究生。

二、两岸多层次资本市场比较

1962年台湾证券交易所（TWSE）正式营业，经过五十多年的发展，台湾地区形成了由“集中交易市场—柜买中心—兴柜市场”构成的较为完善、成熟的多层次资本市场，有效促进了台湾地区金融资源的配置；而大陆主板于1990年设立，经过二十多年的发展，大陆也已具备了多层次资本市场的雏形，但同台湾相比，大陆资本市场层次性不够清晰、不同层次资本市场间升降转板机制尚未形成、场外市场发展相对滞后，在管理体制与市场建设方面与台湾存在不小差距。2009年11月两岸签署了包括银行业、证券业和保险业在内的三项金融监管合作备忘录（MOU），标志着两岸资本市场的合作进入实质性发展新阶段。

（一）台湾多层次资本市场结构

受台湾地区有关规定和当局认可的资本市场主要有三个层次，台湾证券交易所、柜买中心（即上柜GTSM）和兴柜市场（ESM）。台湾证券交易所（TWSE）于1962年2月9日正式对外营业，标志着台湾股票市场初具雏形；而作为第二层次的柜买中心（GTSM）主要是有价证券以双方议价的方式在营业柜台上进行交易所形成的市场，成立于1994年11月。台湾资本市场的第三大交易市场是兴柜市场（ESM），成立于2002年1月份，定位为上柜前的预备市场，为已公开发行的未上市或上柜股票提供交易平台。根据台湾证券交易所证券统计资料年报、台湾证券柜台买卖中心统计数据部分披露的结果（如下表1），截止到2014年年末，台湾三个层次市场共有挂牌公司1823家，其中证交所854家，上柜市场685家，兴柜市场284家；总市值达30.47兆新台币，证交所26.89兆新台币，占据了88%的份额，而上柜市场和兴柜市场总市值只占据了2.68兆和0.89兆新台币；成交总金额超过了28.65兆新台币，其中证交所成交总金额占据了76%，上柜市场和兴柜市场分别占据了22%和1%。总体看来，台湾的股票市场走势稳定，并伴随着逐年小规模的增长。

表 1　台湾资本市场历年交易情况（2005—2014 年）

年份	证交所			上柜股票市场			兴柜股票市场		
	上市公司家数	市值总额（NT $ Million）	成交总金额（NT $ 1000）	上柜公司家数	股票市值（NT $ Million）	成交总金额（NT $ 1000）	登录兴柜家数	市值总额（NT $ Million）	成交总金额（NT $ 1000）
2005	691	15，633，858	18，818，901，753	503	1，312，463	3，166，452，563	391	—	84，366，009
2006	688	19，376，975	23，900，362，445	531	1，899，447	5，129，111，879	304	—	150，127，329
2007	698	21，527，298	33，043，848，421	547	1，868，770	8，537，395，302	320	—	314，653，068
2008	718	11，706，527	26，115，407，562	539	772，107	3，285，462，800	291	—	89，428，509
2009	741	21，033，640	29，680，470，925	546	1，914，218	5，238，959，431	223	483，371	166，658，311
2010	758	23，811，416	28，218，675，690	564	1，984，636	5，633，588，458	285	808，618	233，298，596
2011	790	19，216，183	26，197，407，640	607	1，417，085	3，993，036，145	277	521，376	202，191，307
2012	809	21，352，161	20，238，166，009	638	1，737，981	2，951，904，682	285	538，832	153，874，087
2013	838	24，519，605	18，940，932，734	658	2，324，821	4，030，894，786	261	644，935	266，191，787
2014	854	26，891，503	21，898，537，473	685	2，680，560	6，355，871，564	284	893，018	396，605，119

数据来源：台湾证交所《证券统计年报》http：//www. twse. com. tw/ch/statistics/statistics. php？ tm = 07；台湾证券柜台买卖中心“上柜统计”http：//www. tpex. org. tw/web/link/index. php？ l = zh – tw&t = 1&s = 6 及“兴柜统计报表”

http：//www. tpex. org. tw/web/emergingstock/historical/yearly/EMYearly. php？ l = zh – tw 历年数据整理。

（二）大陆多层次资本市场结构

大陆的资本市场兴起于 20 世纪 90 年代，经过二十多年的发展，已经初步具备了多层次资本市场的雏形。大陆的多层次资本市场主要包括主板市场、二板市场和场外交易市场。主板市场是全国性的股权融资市场，能够在主板市场上市的公司主要是国有大中型企业。总体来说，主板市场交易制度成熟，信息相对透明，对上市企业的规模、盈利能力、财务报告有较高要求，目前大陆的主板市场主要包括上海证券交易所和深圳证券交易所；二板包括中小板和创业板，其数据也可以在深交所获得。由下表 2 可以看出，大路证券市场总体呈现蓬勃发展的趋势，证券总数连年增加，上交所和深交所的成交总金额也持续平稳上升。截止到 2015 年 10 月末，大陆上证主板上市公司数目达到 1071 家，上市证券数目达到 5274 支，总成交金额 221.38 兆人民币；深证主板、中小板和创业板三板总的上市公司达 1729 家，上市证券数目达到 3215 支，总成交金额 109.64 兆人民币。

表 2　大陆证券市场历年交易情况（2005－2014 年）

年份	上交所			深交所		
	上市公司家数	上市证券总数	成交总金额（亿元）	上市公司家数	上市证券总数	成交总金额（亿元）
2005	833	1073	49，776	544	708	13，276
2006	842	1126	91，912	579	768	38，738
2007	860	1125	380，026	670	868	187，646
2008	864	1184	271，842	740	964	99，388
2009	870	1351	441，874	830	1165	198，734
2010	894	1500	398，395	1169	1590	247，426
2011	931	1691	454，651	1411	1938	193，188
2012	954	2098	547，535	1540	2190	178，660
2013	953	2786	865，098	1536	2328	296，671
2014	995	3758	1，281，498	1618	2523	444，708
截止到 2015 年 10 月末	1071	5274	2，213，769	1729	3215	1，096，384

数据来源：《上海证券交易所统计年鉴》http：//www.sse.com.cn/researchpublications/publication/yearly/、《深圳证券交易所市场统计年鉴》http：//www.szse.cn/main/marketdata/wbw/marketstat/以及深交所统计月报历年数据整理。

（三）两岸多层次资本市场比较

虽然大陆的股票市场十分活跃，交易量巨大，但是市场还很不成熟，存在诸多的问题。

首先，大陆资本市场的多层次仍不够清晰，虽然已经形成了主板、中小板、创业板和场外交易市场等多个层次，但从发行、上市监控到退市制度等方面的实质性差异不大，上市门槛同质化情况较严重，准入条件严格，交易也不够活跃。

其次，大陆的多层次资本市场尚未形成升降转板机制。目前台湾已经形成了“集中交易市场—上柜市场—兴柜市场”从高到低的垂直分工、相互支持的阶梯市场体系。相比之下，大陆多层次资本市场尚未形成完善的升降转板机制。

再者，大陆的场外市场发展较为滞后。近年来，台湾场外市场特别是兴柜市场发展迅速，2002—2011 年，台湾兴柜市场挂牌企业数增 61%，高于同期台交所和上柜市场相关项目的增速。而大陆场外发展较滞后，新三板规模尚小，风险较大，经营失败的概率较高；同时，新三板到中小板或创业板上市并无直接转板通道，均需重新申请并走 IPO 程序，流程更加烦琐。

三、两岸资本市场合作的进程及瓶颈

两岸在证券市场各具特色且优势互补，一方面互补性体现在双方上市公司市值打的产业分布上，截至 2014 年 12 月底，台湾证券交易所上市公司电子类和金融保险行业企业分布占比 53. 44% 和 13. 47%，上海交易所则是金融业占 34. 10%，制造业企业占 26. 10%，深圳交易所上市公司中制造业占比 61. 90%，金融业占比 7. 28%，这种产业互补使得大中华证券市场一体化的可能性很高；另一方面，两岸文化及血缘的接近，宏观投资环境的差异化，使得两岸资本市场都有透过彼此合作壮大自身的驱动力量。总体而言，当前两岸资本市场的合作正在稳步推进，以下将从证券及期货业务合作的角度具体分析两岸资本市场合作的进程及现状。

2000 年台湾金融业务开始对大陆放松，两岸的资本市场合作也逐渐开始萌芽。2003 年 12 月 30 日，台湾国祥制冷在上交所挂牌，成为第一家在大陆 A 股上市的台资企业，表明大陆正式开放台资企业在大陆 A 股上市，同时，台湾券商也在政策允许下陆续到大陆设立代表处；台湾方面也逐步放宽了资本市场管制，2008 年允许大陆合格境内机构投资者（QDII）投资台湾股票。到了 2009 年 11 月，两岸签署了《海峡两岸证券及期货监督管理合作谅解备忘录》（MOU），标志着两岸证券及期货监管合作机制的建立。并且，2010 年 2 月，光大期货与宝来曼氏期货签署了合作意向书，双方拟在两岸监管政策许可并符合相关法律的前提下，进行相互股权投资及业务合作，除了股票市场的合作实现了实质性突破，期货市场的合作也开始稳步展开。

在随后的合作中，召开了两次两岸证券及期货监督合作会议。2013 年 1 月，两岸第一次召开证券及期货监管合作会议，主要是基于 ECFA 框架，积极讨论开放两岸的资本市场，其中大陆方面的措施主要包括：对台开展 RQFII 试点、进一步降低 QFII 门槛、允许在大陆设立合资证券公司、允许符合条件的台资期货公司在大陆设立合资期货公司，台资持股比例最高可达 49% 等；台湾方面相对应的开放措施包括：调整大陆证券期货机构在台湾设立代表处须具备的国际证券期货经验为两年以上，且包括港澳地区、放宽 QDII 额度限制、放宽大陆证券期货机构参股台湾证券期货机构的有关限制、考虑允许 QDII2 投资台湾资本市场。2014 年 12 月 25 日，两岸第二次证券及期货监管合作会议在北京举行，会议中两岸再一次重申了第一次会议的相关内容，除此之外，更进一步地深化了两岸开放的程度。大陆方面表示，进一步降低 QFII 资格门槛、允许 QFII 投资大陆国债期货、降低台资金融机构担任大陆 QDII 投资顾问门槛、尽快将 TWSE 列入大陆允许 QDII 投资金融衍生品的交易所名单等等；台湾方面的承诺同第一次会议内容一样，但强调将在服贸协议生效后公布实施上述承诺。虽然两次会议关于两岸股票市场开放的措施还在考虑当中，但两岸两次合作会议的顺利举行，对两岸股票市场保持持续良好的沟通和交流，了解借鉴彼此发展经验，具有重要意义。

目前两岸证券及期货领域已建立起良好的沟通机制，信息和人员交流日益频繁，形式更加多样，内容更加丰富。2014 年 8 月，上海证券交易所与台湾证券交易所正式签署了监管合作谅解备忘录（MOU），这是两岸交易所之间签署的首个 MOU，为两岸交易所之间的交流合作奠定了基础。截至 2015 年 3 月底，共有 30 家台资金融机构获批大陆的 QFII 资格，获得 QFII 投资额度合计 66.70 亿美元；批准了 4 家台资金融机构在大陆设立合资基金管理公司，分别是方正富邦基金、华润元大基金、国开泰富基金以及园信永丰基金，其中方正富邦的基金规模最大，达到了 78.13 亿元；12 家台资证券公司在大陆设立 25 个代表处，24 家台资企业在大陆 A 股市场上市。与此相对应，从 2011 年至 2015 年 5 月，39 家大陆企业陆续在台上市；并且，根据柜买中心统计，截止到 2015 年 8 月 14 日，“宝岛债”流通在外金额为 578.12 亿元人民币，台湾地区已发行人民币债券 264.12 亿元，共 46 档。但需要关注的是目前大陆机构还不能获批台湾地区的

QFII 资格，大陆券商也不能在台湾地区设立证券公司代表处。

现阶段两岸经贸关系日益密切，双方投资逐渐扩大，而两岸的金融合作特别是资本市场合作却相对滞后。而就目前两岸金融开放程度而言，双方对银行业的开放高于保险业，对保险业的开放又高于证券业，证券业成了合作进程中的“短腿”，两岸资本市场合作陷入瓶颈期。

首先，长期以来受制于台湾方面政策，两岸证券业合作呈现出了极大的对台倾斜，形成了不对等开放的局面。早在十多年前就允许台资证券公司在内地设立办事处，而台湾对大陆证券业的开放迄今为止还仅限于允许大陆通过 QDII 的方式进行台湾股票的买卖，证券机构至今无法进入台湾市场。同时，台湾当局一直存在大陆企业一旦进入台湾会对台湾金融市场造成较大冲击的顾虑，对于此前呼声甚高的“沪台通”也选择了搁置的方式。

其次，两岸对于证券业务中基金业务的管制都非常严格，大陆对 QFII 的管理办法中，规定申请金融机构必须有不少于 50 亿美元的资产管理规模，但是台湾的基金公司大多为中小基金公司，很难达到这个标；而台湾的基金市场则是长期对大陆实行限制，对大陆资金持有上市公司股权，在其交易过程存在所谓的“专案调查”和“资质性审查”，同时严格控制大陆基金公司参股台湾金融机构的比例。

最后，两岸证券及期货业合作的细分市场合作参差不齐，领头军是股票市场，但基金、债券以及期货方面发展的势头均不强。期货市场的合作寥寥无几，台湾的期货商在一定程度上已经进入了大陆的市场并展开相关的业务活动，然而大陆走向台湾的通道方却因为政治关系以及法规管制的原因迟迟未能打开；对于债券市场而言，台湾地区目前积存的人民币资金回流机构尚未形成，人民币滞留严重，“宝岛债”市场规模小、品种少、结构单一、期限结构不合理，导致台湾离岸人民币定价机制难以形成。此外，虽然人民币清算银行已在台湾建立，但是台湾的货币当局和金融监管机构的政策总体上比较严谨与苛刻，对于银行业务准入资格没有统一授权，很多由大陆发起的，以惠及两岸共同经贸发展的政策通常以台湾当局的消极应对而搁置，在一定程度上阻碍了清算银行效能的发挥，也限制了台湾地区人民币债券的竞争力。

四、两岸资本市场进一步合作的空间和方向

从市场来看，大陆宏观、金融环境良好，且很多证券机构都有国有商业银行或是其他大银行、集团持股，因此在关系网络、客户资源、资本和品牌等方面具有显著优势；而台湾由于资本市场发展时间较早，市场趋于饱和，在成熟

期的发展速度缓慢甚至停滞。但不可否认的是，台湾资本市场的运行机制更加规范，其在市场经验、专业人才培养和金融创新方面具有优势；反观大陆，虽然市场活跃，资金池巨大，但无论是股票、期货还是基金，其产品的风险性都较高，并且市场缺乏有效的监管。故而，两岸资本市场存在的这些明显的差异，构成两岸开展合作的利基。以下，将主要从大陆和台湾市场两个角度出发，提出两岸资本市场进一步合作的方向，并探讨其实施可行性。

（一）对大陆方面的诉求

1. 在自贸区新设两岸合资证券公司，适当放宽台湾证券公司申请的条件

相对于允许台资证券公司代表处升格为分公司，合资证券公司在短期内更有望实现。随着福建自贸区成立，合资证券公司的诉求再次被提出，若是利用一些优惠措施以及较宽松的准入条件，同时利用福建自贸区设置是厦门与台湾的历史亲缘关系，鼓励两岸机构在自贸区内新设合资证券公司，将会起到很大的引导作用，同时也能避免大市场环境的激烈竞争。从市场条件来看，可首选福建自贸区建立合资证券公司。福建自贸区的最大特色就是对接台湾，其政策优势明显，同时，福建地区目前的证券营业部相对不饱和，但是大陆基金公司比较集中，台湾券商不仅可以与大陆相对的券商合资，同时也可以选择与大陆基金公司合作成立合资证券公司，并根据自身情况安排合作对象与业务策略。基于实施难易程度，台湾方面可以先不考虑合资证券公司是否全牌照，而从投行业务等核心业务开始，做到先盈利，再逐步开放，最终实现全牌照的理想状态。

2. 在自贸区进一步放宽台湾证券公司 QFII 申请资格的限制

截至 2015 年 3 月底，共有 30 家台资金融机构获批大陆的 QFII 资格，获得 QFII 投资额度合计 66.70 亿美元，这表明台资证券公司对于投资大陆上市公司热情高涨。但需要指出的是，2012 年 7 月 27 日，证监会发布关于实施《合格境外机构投资者境内证券投资管理办法》有关问题的规定，指出申请 QFII 资格的证券公司必须满足：经营证券业务 5 年以上，净资产不少于 5 亿美元，最近一个会计年度管理的证券资产不少于 50 亿美元。这个规定对于台湾证券公司而言是一个很高的门槛，因为目前的台湾券商在计算其管理资产时，只考虑股票而不算现金行为，这就导致大多数台湾券商的规模小，无法达到大陆申请 QFII 资格的准入门槛。

为了促进两岸股票市场的合作和交流，大陆应该进一步放宽台资申请 QFII 资格的限制，具体可以考虑先在自贸区内试点，对于台湾券商的管理资产按照集团管理的资产规模计算，让台湾民众未来有机会可以透过台湾证券公司利用

QFII 额度进行大陆 A 股交易，从而加强两岸股票市场的联动效应。

3. 建立“沪台通”、“深台通”，进一步开放两岸资本市场

2014 年 11 月 17 日开通“沪港通”（上海证券交易所和香港联合交易所允许两地投资者通过当地证券公司或经纪商买卖规定范围内的对方交易所上市的股票）的顺利实施，为“沪台通”、“深台通”的建立提供借鉴。“沪台通”将扩大两地投资者的投资渠道，提升市场竞争力，增强我国两岸资本市场双向开放；同时，巩固上海和台北的金融中心地位；促进人民币国际化，推进两岸债券市场的合作。

从“沪港通”的运营模式来看，海峡两岸及港、澳地区的股民可以通过香港与上海两个交易所之间的桥梁作用实现跨境投资，因此“沪台通”的构想也被纳入商议范围。然而，从目前“沪台通”的进展情况十分不乐观，近一两年内从通过到实施基本难以实现，但是若将交易所之间的桥梁作用转为两岸券商的合作，在自贸区开放大陆券商与台湾地区券商进行 QDII2 与 QFII（RQFII）业务合作，这样两岸的机构和个人投资者也能实现跨境投资。

4. 优先开放大陆对台湾市场的 RQFII，同时允许在台湾设立的内地金融机构申请 RQFII 额度

RQFII 试点推出以来，市场各方高度关注，境外投资者反映积极。截止到 2015 年 6 月 27 日，中国 RQFII 试点已经扩大到香港、英国、新加坡、法国、韩国、德国、卡塔尔、加拿大、澳大利亚、瑞士、卢森堡、智利、匈牙利等 13 个国家和地区，总额度达 9700 亿元人民币。优先开放大陆对台湾市场的 RQFII，是大陆和台湾地区的共同诉求。早在 2013 年证监会国际部主任童道驰就表示，大陆将在 ECFA 框架下积极考虑 RQFII 在台试点，并且额度为 1000 亿元。对于大陆而言，允许境外投资者以人民币投资境内 A 股市场，将完善 A 股机构投资人多元化发展；同时，将增强人民币吸引力，实现人民币在国际业务中由结算职能转向投资职能，进一步奠定人民币国际货币的基础。而对于台湾地区而言，大陆对台湾开展 RQFII 试点，代表给了台湾金融机构直接参与大陆经济、直接投资大陆市场的一张门票，这意味着其中不再多一道货币兑换程序，可以减少汇兑风险；与此同时，有些看升人民币及看多陆股的投资者，可以享受人民币升值和陆股上涨红利；另外，这也代表台湾金融机构可推出更多元化的人民币理财和投资产品，以利于台湾投资者投资人民币产品便利化。但目前 RQRII 在台试点仍未投入实施。

大陆对台湾地区 RQFII 的开放具有很强的实操性。因为从离岸人民币角度出发，台湾的人民币存款金额巨大，据台湾当局货币政策主管机关最新统计，

截至2015年7月底，台湾地区外汇指定银行（DBU）及境外金融业务分行（OBU）的人民币存款合计达3366.45亿元，一旦对台RQFII试点成功建立，台湾巨额的人民币存款将可以支撑台湾投资者持续稳定地投资大陆A股市场，与大陆股票市场建立长久的合作。同时，应该对大陆证券业在台湾的银行、证券等机构给予一定的政策支持，有助于大陆金融机构发挥自身人民币产品设计方面的优势，也有利于加速建立两岸人民币回流机制。

5. 在大陆沪深交易所开放台资企业板，以独立板块提供台资企业IPO名额

在“沪台通”难以实施的情况下，大陆方可以率先单方面的进行让步和开放的引导，在大陆深户交易所现有的交易板块中，独立开辟“台湾板”，并给予一定的名额和注册条件的放宽，这种区域布局类似于正在推行的“国际版”，专门针对台湾开设板块，旨在增大台湾企业在A股上市发行的吸引力，减少其他境外来陆上市企业对台企的竞争和挤占，通过这种方式，大陆的机构和个人投资者就可以直接投资台湾的股票，从长期来看，在实践过程中自然实现了双方的交流和互通，可减少学习成本、降低业务经营风险、实现多元化业务金融创新以及两岸的金融长久合作。

6. 允许一定条件的台湾期货公司在大陆设立子公司

从战略层面看，台湾想要实现金融行业国际化的目标，综合考虑地理位置优势、市场开放的包容度、大陆台湾市场发展衔接和互补程度等因素，拓展大陆的市场无疑是最优的选择。此外，对于台湾来说，面对整个金融市场的饱和，以及过度激烈的竞争是台湾金融业不容乐观的现状，业界（包括期货市场主体）向境外拓展更大的市场则成为迫切的需求。考虑到大陆市场完全开放可能对台湾市场造成的冲击，可以考虑在福建自贸区内进行先试先行。

从大陆方面看，能吸引到台湾自治较好的台湾期货公司进入大陆无疑会带来更多交流与业务合作的机会，这些契机正是大陆期货公司和参与者正需要的。而对台湾方面来说，大陆广阔的市场和巨大的需求量则成为最大的吸引力，另外对于期货经营经验丰富的台湾期货公司来说，在大陆营业也具有很大的市场竞争优势和盈利空间。不仅如此，台湾期货市场的产品主要集中于金融期货和期权产品，而大陆的商品期货则十分盛行，这种业务上的互补对于双方共同的发展多样化产品组合、加强流动性和分散产品市场风险来说都是受益的。

7. 开放台湾银行设在大陆的分行从事基金代销、基金托管、证券保证金托管等业务

台湾银行在大陆设立的分行已经可以从事人民币业务，同时大陆对外资银行开放基金代销和托管业务，对台湾的银行开放相关证券业务，有利于大陆证

券公司与台湾的大陆分行进行业务上的联系。

（二）对台湾方面的诉求

1. 允许大陆证券期货机构在台设立代表处

开放大陆证券期货机构按照台湾有关规定申请在台湾设立代表人办事处。大陆允许台湾证券期货机构在陆设立代表处已有近十年的时间，然而台湾至今都未对大陆券商开放。开放大陆证券期货机构按照台湾有关规定申请在台湾设立代表人办事处早已在两岸服贸协议中被提出，然而却未被实施。台湾当局对于大陆券商会挤压台湾股票及期货市场的担忧是不必要的，因为对于大陆券商而言，两岸金融机构的互设，大陆证券公司在台湾设立代表处，其意并不在于开拓台湾的市场，更重要的在于可以及时获取台湾股票市场的信息，了解台湾期货市场的发展动态和信息，加强与台湾专业人士的交流，从而可以学习台湾的先进经验和成功做法。对于台湾而言，随着两岸金融合作和资本市场合作的不断深入，台湾对大陆证券期货机构的开放将是必然的趋势，大陆单方面的开放已经进行了很多年，不对等的开放势必会阻碍两岸资本市场的长足发展，台湾只有放宽限制才能唤起大陆对于台湾的信心，台湾证券及期货业者才可以享受大陆资本市场进一步的开放，两岸的互联互动才能够顺利开展。

2. 放宽 QDII 额度限制

台湾方面还可以考虑循序放宽大陆合格境内机构投资者投资台湾证券的额度。同大陆对台湾 QFII 额度的放宽相比，台湾的开放空间还很大。根据大陆外汇管理局资料，到 2014 年 6 月 30 日止，大陆主要的证券业、银行业、保险业 QDII 规模多达 800 亿美元，其中大陆对台 QDII 的规模却非常小。虽早在 2010 年大陆投资者就可以通过 QDII 投资台湾股市，但是台湾当局对于大陆 QDII 额度的限制一直十分严格，台湾地区金融监督机构规定，目前 QDII 来台投资总额上限 5 亿美元，单一 QDII 可投资额度是 1 亿美元。而此前搁置的服贸协议虽然关于 QDII 额度有过提高，但也只是考虑将初期的规模从 5 亿美元提高至 10 亿美元，远远不能满足大陆方面的需求。其实，对于台湾地区，尤其是台股而言，放宽大陆 QDII 额度是一个明智之举。因为面对沪港通带来的资金排挤效应，即使台湾地区金融监督机构屡屡采取措施活络台股，但成效仍十分有限。并且，从目前的成交量及市场规模来看，台股落后港股、陆股的距离越拉越远。因此，为了保证台股的稳健，台湾地区应该加速对大陆资本开放，吸引大陆机构为台股引进更多资金活水。

3. 开放大陆银行在台湾的分行从事相关证券业务，同时放宽大陆银行在台设代表处需要在 OECD 国家经营分行两年以上的限制适当降低大陆银行赴台设立银行分行的标准，可以使更多的大陆银行在台湾设立分支机构或者早日升格为分行；比照台湾对外资银行的政策，开放大陆银行在台湾的分行从事证券业务，可以在两岸银行业合作的基础上，促进两岸证券业的合作。

4. 调整或提高大陆证券公司、期货公司以及基金公司参股台湾券商、期货公司和投信公司的持股比例

大陆对台湾券商参股大陆证券公司的比例已经达到49%，并计划在特定地区达到51%；而台湾对外资参股台湾证券商的规定已不做限制，同时却对陆资企业要求诸多，其出台的“投资许可管理办法”更是对大陆期货公司的资质、申请文件以及流程和参股比例提出了严苛的要求，从两岸金融往来的公平性考虑，台湾应该上调大陆证券公司参股台湾证券商的持股比例。

参考文献

[1] 常远：《中国期货市场的发展历程与背景分析》，《中国经济史研究》，2007 年第 4 期。

[2] 陈莹：《我国台湾地区人民币债券市场发展动态与思考》，《国际金融》，2014 年第 2 期。

[3] 代中现：《海峡两岸证券业合作监管模式探讨》，《现代商贸工业》，2013 年第 9 期。

[4] 管金生：《大陆证券市场及海峡两岸证券界合作之展望》，《国际金融研究》，1993 年第 1 期。

[5] 黄伟：《两岸三地资本市场合作研究》，厦门大学博士学位论文，2009 年。

[6] 蓝颖频：《论两岸期货市场合作》，《广西财经学院学报》，2007 年第 2 期。

[7] 李鹏：《大陆与台湾债券市场对比研究》，《河南金融管理干部学院学报》，2008 年第 3 期。

[8] 林景沛：《台湾地区人民币债券市场发展契机与展望》，《福建金融》，2014 年第 9 期。

[9] 刘慧娇：《海峡两岸三地股票市场的比较研究》，南京财经大学硕士学位论文，2008 年。

[10] 栾雅钧：《台湾股票市场与祖国大陆股票市场的比较》，《亚太经济》，2001 年第 1 期。

[11]《台湾股票市场概况之一：发展历程》，中国台湾网，2009 年 10 月 9 日。

[12] 郑鸣、陈福生：《两岸 OTC 市场合作的模式路径研究》，《福建论坛》，2011 年第 10 期。

[13] 宋承国：《当代中国期货市场的发展研究》，《同济大学学报（社会科学版）》，

2012 年第 2 期。

[14] 汪志远：《两岸共同基金市场发展比较研究》，南开大学硕士学位论文，2012 年。

[15] 王蕾蕾：《中国基金市场的监管历程及完善监管对策》，《现代交际》，2015 年第 6 期。

[16] 吴晓灵：《中国债券市场的发展与开放》，《中国金融》，2008 年第 2 期。

[17] 赵和忠、黄涛、李伟：《人民币在台湾地区流通问题初探》，《福建金融》，2004 年第 2 期。

[18] 郑航滨：《两岸期货市场比较与合作对接》，《现代台湾研究》，2008 年第 2 期。

[19] 郑鸣、陈石、王云静：《两岸期货市场合作先行先试构想》，《福建论坛（人文社会科学版）》，2011 年第 1 期。

两岸共同参与“一带一路”建设研究

李非① 吴林婧② 林子荣③

一、引言

2013年9月和10月中国国家主席习近平分别提出建设“新丝绸之路经济带”和“21世纪海上丝绸之路”的倡议，借用古代“丝绸之路”的历史符号，依托合作与传承的理念，高举和平发展的旗帜，主动发展与沿线国家的经济合作伙伴关系，在中国与有关国家既有的双、多边机制基础上，借助行之有效的区域合作平台，共同打造政治互信、经济融合、文化包容的利益共同体、命运共同体和责任共同体。由中国主导的亚洲基础设施投资银行，作为“一带一路”基础设施建设的资金支持，旨在促进亚洲区域建设的互联互通化和经济一体化的进程。随着“一带一路”战略的全面推进，台湾各界均有“积极看待‘一带一路’发展”的呼声，大陆方面也表示“台湾不应缺席”,④ 欢迎台湾各界，尤其是企业界的加入。两岸共同参与“一带一路”建设，可以让两岸企业一起搭乘亚洲经济成长快车，分享经济发展的成果，从而拓宽两岸合作的途径和领域。

二、两岸共同参与“一带一路”建设的发展环境

国际金融危机后，全球市场大环境复苏后劲不足，欧美等国经济增长放缓导致大陆与台湾的出口市场缺少进一步开拓的空间。在世界经济不景气的大背景下，中国经济呈现“新常态”，即经济增长放缓，增速从高速转为中速，但增量与速度依然可观，且增长趋于稳定；经济结构升级，向中高端阶段优化升级，

---

① 厦门大学两岸协创中心经济平台主任委员、首席专家、闽江学者特聘教授、博士生导师。

② 厦门大学台湾研究院、两岸协创中心博士生。

③ 厦门大学台湾研究院、两岸协创中心博士生。

④ 张志军：《台湾不应缺席“一带一路”》，2015年6月11日。

标志着当前中国更注重经济发展的质量而非数量；经济动力多元化，增长动力从要素与投资驱动转向创新驱动；国际社会角色转变，努力使自身发展更好惠及亚太和世界。① 中国应从当前经济发展的阶段性特征出发，努力适应新常态，才能寻得新的经济增长点。

与此同时，产业转型升级与经济结构调整的压力、经济增速持续走低、出口乏力使台湾经济整体呈现低迷态势。“太阳花学运”后，“两岸服贸协议”被台湾民意机关搁置，“两岸货物贸易协议”谈判也随之后延，ECFA 后续实施乏力。另一方面，由于台湾强有力的竞争对手——韩国与中国大陆正式签署 FTA，台湾在亚洲区域一体化进程中被边缘化趋势愈发明显，转而积极谋求加入由美国主导的跨太平洋战略伙伴协议（TPP），同时台湾也表现出愿意加入由中国大陆发起的亚洲基础设施投资银行，在申请成为“亚投行”初创成员遭遇挫折后，仍争取以“亚开行”成员身份加入“亚投行”。

大陆经济新常态和台湾经济不景气深刻影响着海峡两岸经贸交流。从两岸经贸环境看，海峡两岸近年虽然陆续实现了全面双向“三通”，签署了海峡两岸经济合作框架协议（ECFA），经贸关系逐步迈入制度化整合阶段，但从发展现状看，仍存在以下几点问题：一是两岸经贸合作成效有待提升。在经贸交往中，大陆方面做出充分让利，但台湾方面出于政治角力、安全防务、贸易保护等方面的考虑，始终没有撤下对大陆的歧视性壁垒。ECFA 虽已签署，但由于四大配套协议，尤其服贸和货贸受阻，后续协议实施不力，对两岸经济的促进作用无法充分发挥，两岸产业合作与对接机制也仍未全面展开，目前还处于小范围、低层次的合作。二是两岸在国际市场上呈现同质竞争趋势。由于两岸产业分工梯度不断缩小，在大陆市场上，两岸产业对于资本技术的竞争日益激烈；在国际市场上，大陆与台湾部分产业进出口呈现出此消彼长的关系。两岸产业合作需要转变传统思维，谋求新的发展空间与合作模式。三是两岸政治互信不足制约经贸往来正常化、制度化、自由化。因此，两岸有必要协调好政治与经济之间的关系，从共同利益出发开展全面合作。

三、两岸共同参与“一带一路”建设的发展策略

在“一带一路”战略背景下，两岸通过“一带一路”联手开辟沿线国家市场，可解决产能过剩与巨额外汇储备等问题，降低对单一出口市场的依赖性，并通过资本输出带动沿线国家和地区的基础设施建设，推动经济增长。因此，

① 习近平：《谋求持久发展　共筑亚太梦想》，2014 年 11 月 9 日。

从台湾人才招募、两岸企业联手、资金共同筹措、跨国经营策略等多个层面提出两岸共同参与“一带一路”建设的对策与建议有着重要的现实意义。

（一）招募台湾人才参与“一带一路”建设

实施“一带一路”战略，大力招募台湾的国际化人才有其必要性。目前两岸产业合作仍主要停留在劳动密集型制造业阶段，产业链附加价值不高。随着大陆生产要素成本不断上升，加之经济结构调整，无论外资还是民营企业均处于升级转型的关口，未来或遵循两个方向：一是变“制造”为“智造”，提升产品的附加价值；二是由传统制造业向服务业转型，延伸至生产性服务业层面。结合“一带一路”战略实施的需求，上述两个转型升级方向，都急需大量招募人才。招募台湾人才既有助于大陆民营企业“走出去”，又有助于大陆台资企业转型，提升两岸经贸合作水平，优化两岸产业对接模式，更有助于解决台湾青年人才就业问题。

就人才招募方向而言，两岸各领域人才招募应以互利共赢为目的，以比较优势为基础。在双方互补的领域，如台湾的生产性服务业较为先进，在服务理念、经营模式与创新方式方面有一定的比较优势，而大陆在市场规模与劳动力方面较台湾有比较优势，人才招募需围绕以市场导向培育企业的国际竞争力、实施“走出去”的战略目标，因而重点需要服务业领域及市场运营等方面的人才；对于双方均处于探索阶段的领域，如新能源等，人才招募围绕提升竞争力，共同开拓“一带一路”沿线国家和地区市场这一目标，因而重点需要研发、营销等方面的人才；对于双方均有优势且梯度差异较小的领域，两岸应对的重点在于如何避免同质竞争，以同盟关系共同投资“一带一路”沿线国家和地区，应对国际市场中的挑战，因而需要对宏微观经济层面有深入分析的人才。

就双方企业合作意愿而言，大陆企业招募台湾人才有其可行性。根据相关问卷调查显示，① 台湾人才，尤其是近半数台湾青年有意愿赴大陆求学、就业；而大陆方面，官方及民间都对各种形式的台湾人才招募表示欢迎。2015 年 3 月，国务院总理李克强在回答台湾记者提问时表示：“我们欢迎台商包括年轻人到大陆来创业，并且愿意推动两岸人员交流，拉近两岸民众的心理距离。”② 同月，阿里巴巴董事局主席马云赴台湾与青年交流，提出将设立 100 亿新台币的创业

① 钟从定：《90 后的台湾大学生赴陆就业创业实证调查——对两岸经贸关系的意涵》，第六届“台湾研究新跨越学术研讨会”——两岸经济制度化合作：成效与展望论文集，2015 年 7 月。

② 李克强：《2015 年两会李克强总理答中外记者问》，2015 年 3 月 15 日。

基金，通过行动支持台湾青年创业。① 鼓励台湾人才招募参与“一带一路”建设，不仅能激励台湾人才来陆学习与就业，还为两岸青年人才提供了一个交流与沟通的广阔平台，增强两岸人才流动性，加深彼此了解，更有利于在“一带一路”背景下，两岸从中华文明共同传承者角度出发携手开拓国际市场。

就台湾人才招募途径而言，应构建官产学研间的联动机制：首先，由官方主导，提供多元化平台为有意愿来大陆求学深造及求职创业的台湾人才提供规范化的流动渠道，组织专项就业招聘会等活动，充分利用互联网平台等途径，提高台湾人才与用人单位间人力资源配置的效率，减少就业障碍；其次，由学研机构配合，学校和研究机构可开设“一带一路”相关课程，帮助台生熟悉两岸经济、大陆市场和“一带一路”沿线国家情况等，加速适应环境的过程，降低就业、创业风险；最后，台企也可参与联动，为台生提供实习、兼职等机会，提升自身形象与影响力。

（二）两岸企业联手参与“一带一路”建设

两岸经贸合作形成良性循环机制后，可将广大企业的利益落到实处，真正实现“一带一路”所倡导的普惠理念，整体提升在国际市场中的竞争力。两岸企业，尤其是中小企业具有从微观层面优化两岸产业对接模式的灵活性，鼓励两岸企业加强合作，有利于健全产业合作机制，避免内部市场与国际市场上的同质竞争，真正实现“你中有我，我中有你”。

就两岸企业合作的实施途径而言，一方面，通过官方与民间渠道增加交流，搭建规范的企业交流平台和高速的信息沟通渠道，改善互信不足、贸易规模不对等的情况，真正做到“一带一路”所倡导的“贸易畅通”，以良性竞争促进企业进步，重视动态利益、整体利益和长远利益。另一方面，未来产业合作范畴应更有综合性与兼容性。把握政策优势，结合“一带一路”战略、“十三五规划”等，发展现代农业和服务业，提升制造业的技术水平，走科学发展和可持续发展的道路，共同参与“一带一路”沿线国家和地区的投资和发展，实现“两岸联手赚世界的钱”。

（三）两岸共同筹措资金参与“一带一路”建设

就两岸资金共同筹措的意义而言，首先，两岸目前均不缺乏资金，都拥有巨额外汇储备，“一带一路”的“资金融通”为双方资金输出找到了新的渠道。若台湾加入亚投行，资金融入互联互通体系，或有望打破金融方面边缘化状态。

---

① 《阿里巴巴集团将在台湾提供资金扶植年轻企业家》，2015 - 03 - 02. http://www.alibabagroup.com/cn/news/article? news = p150302

其次，资金合作意味着风险共担，以经济互利共赢来搁置政治争议。两岸联手加强金融合作，有助于降低金融风险，共同应对国际金融危机。其三，资金合作代表两岸利益共享，两岸共同参与“一带一路”沿线国家基础设施建设、拓宽两岸金融合作空间，改善两岸“大经贸、小金融”的不平衡格局。

就两岸资金共同筹措的途径而言，首先，两岸可以“亚投行”为基础，就基础设施建设、能源建设、新兴产业等领域进行合作，携手开发沿线国家与地区的市场。由于台湾表现出积极加入的意愿，因此，亚投行也是台湾参与“一带一路”建设的重要切入点。基础设施建设是“一带一路”的重中之重。大陆可为“一带一路”中大量基础设施建设需求提供相应的产能，而台湾在大型基础设施建设方面亦积累了不少经验，双方有较大合作空间；在能源建设方面，两岸石油公司以往已有携手合作开发的经验，① 双方可进一步共同挖掘与拓展“一带一路”沿线国家的资源和市场；在新兴产业方面，环保、绿色等产业的发展水平是产业技术含量的体现，也是两岸产业升级转型的关键，更是可持续发展的必然需求，双方均处于探索阶段，潜力有待进一步发掘。其次，两岸可通过“区对区”模式构建资金融通渠道。在理念上，福建自贸区与台湾自经区都以自由化、国际化为核心，在园区模式上，福建自贸区采取“一区多园”，台湾自经区则采取“六港一空”，双方形式相近，在实施规划上，投资和金融自由化是两个园区共同的发展重点。因此，两岸可充分利用福建自贸区对台先行先试的政策特色，通过自贸区与自经区对接构建资金融通渠道，围绕人民币国际化、建设对台离岸金融中心、完善两岸中小企业融资体系等方面深化合作，② 而后由区对区模式向外辐射扩大范围。同时，也应注意加强两岸金融监管，建立规范化、制度化的资金流通渠道，为两岸资金共同筹措提供安全、有序、高效的合作环境。

（四）通过跨国（境）经营策略参与“一带一路”建设

就台商跨国（境）经营策略而言，从台湾角度出发，长期以来大陆不仅是台商重要的市场与生产要素来源地，更是台湾企业迈向国际市场的重要跳板，与大陆合作是符合其自身利益的。从大陆角度出发，台商来大陆经营，对于投资目标地的，尤其是中、西部等经济欠发达地区有拉动就业与推动经济增长作用，符合大陆协调发展东、中、西部经济的全面战略部署，也有利于大陆顺应

① 谭瑾瑜：《把握“一带一路”商机　改善两岸民众生活》，中评网，2015－07－31. http：//www.crntt.com/crn－webapp/mag/docDetail.jsp？coluid＝31&docid＝103870910

② 叶芳、朱孟楠：《闽台金融合作的新态势与对策》，《经济纵横》，2015年第8期。

全球发展格局变化主动实施对外开放。跨国（境）经营的目的都是为追求降低生产成本，而产业升级转型的关键是提升技术含量。

“一带”着力开发大陆中西部地区，两岸的跨国（境）经营合作主要侧重于双方内部互动。台资企业若沿“一带”路线向中西部地区转移，依靠技术资金与管理经验可开辟新的局面。目前台湾与大陆产业间梯度差虽越来越小，但大陆内部经济却呈现梯度发展趋势，台资西进将带来中西部地区劳动力资源和生产要素深度开发的机遇，在互联互通的保障下打通供销渠道，使产业链更好衔接，向南亚、中亚、西亚和东欧等新兴市场延伸。

“一路”向东南亚地区扩展，两岸合作侧重于联手向海外市场拓展。台资企业若沿“一路”线路南下，通过与福建合作，加速闽台产业对接与转移，共同开发东南亚市场乃至亚太市场。在区位方面，台湾与作为“海上丝绸之路”核心区的福建仅一水之隔，加入“一带一路”有其天然区位优势；在政策方面，福建自贸区“对台先行先试”特色为合作提供支撑；在经验方面，台湾赴东南亚投资发展有丰富经验，而福建作为侨乡，是许多东南亚华侨的故乡和投资地。

总之，在“一带一路”战略背景下，两岸合作水平与交流层次正逐步提高，招商引资相对于过去单纯的劳动力与资本进出，更加强调技术水平的提升与智力投入的增加，强调两岸企业联手进行有效的跨国经营，强调两岸资金共同筹措，利益和回报共享，同时也风险共担。另一方面，“一带一路”战略和区域整合也为两岸中小企业合作提供了广阔的平台，普惠中小型企业，推动两岸产业良性竞争，就需要从微观层面推动两岸产业合作体系、对接机制更加完善，台资企业既可沿“一带一路”内移大陆中西部地区，又可与福建海上丝绸之路核心区联合起来共同开拓东南亚市场，为双边经贸合作注入更多活力。

四、两岸共同参与“一带一路”建设的相关问题

（一）理性处理两岸政治因素

由于两岸政治关系的特殊性，在思考与处理两岸共同参与“一带一路”建设问题时，政治因素是无法忽视的。台湾以何种身份参与“一带一路”建设、台湾岛内蓝绿政党纷争对台湾参与“一带一路”建设有着怎样的影响，都在必须考虑的范畴。

首先，台湾在国际社会的身份定位一直处于尴尬的位置。台湾在加入国际性或区域性经济组织时，以“中国台北”的名义加入亚洲开发银行，以“中国台北”的名义参加 APEC、奥运会，以“台澎金马个别关税领域”的名义加入世界贸易组织。以什么样的身份加入“亚投行”，台湾内部也还存在争议。“一

带一路”是一个依托于“丝绸之路”与“海上丝绸之路”文化符号所提出、开放包容的合作倡议，包含了机制性合作与非机制性合作。因此，台湾可从两岸同为中华文明传承者的角度出发，以两岸共同的长远利益为目标，参与到“一带一路”建设中来，共享发展成果。

其次，台湾地区领导人在2016年即将进行换届选举，在2014年“九合一”选举中惨败的国民党与意图重获执政权的民进党谁能胜选仍存变数。当前，两岸关系发展面临两方面的问题：一是蓝营是否还有能力推动两岸关系继续向前迈进；二是绿营是否有意愿改变过去保守狭隘的大陆政策，谋求两岸关系新发展。这两方面事关未来一段时间内，两岸关系是需要努力维持现有成果，还是考虑如何进一步推进双方合作，共同参与“一带一路”建设。

对上述政治因素的影响，大陆方面在坚持“九二共识”的原则上，仍然将经济合作作为两岸交流合作中的重点和优先部分加以考虑。两岸交流是大势所趋，蓝绿两党在竞选中也无人公开反对这一点。2015年11月7日，两岸领导人在新加坡进行了历史性会面。坚持“九二共识”、扩大合作交流、两岸共谋中华民族伟大复兴等内容在双方致辞中均有体现。此外，落实普惠政策，充分调动台湾民间社会的意愿，加强“政策沟通”，释放善意，有利于促进两岸“民心相通”。

（二）客观看待全球大国博弈

“一带一路”沿线国家虽多为新兴经济体，但探讨“一带一路”背景下的多边合作，须从全球大局着眼，客观理性看待与美、日等传统强国间的关系。对于传统大国、强国的影响力和其与“一带一路”沿线国家及地区的既有关系，需予以理性对待，在以竞争促进自身实力提升的同时，也可谋求与传统大国、强国间的共同利益，协同参与全球治理、推动世界经济发展。① 欧洲国家对亚投行显示出浓厚的兴趣，在英国率先申请成为“亚投行”初创成员之后，法国、德国、意大利等欧洲传统发达国家也都纷纷加入，这表明欧洲国家对于“一带一路”建设前景的看好。同时，由日本主导的亚洲开发银行也表示，“亚投行”作为国际开发性金融体系的重要补充，可与“亚开行”形成互补，在符合标准的前提下，与“亚投行”展开合作，包括共同为基础设施项目融资，共享信息。

① 张建平：《“一带一路”：以东方智慧求解发展难题》，光明网，2015-02-28. http://news.gmw.cn/2015-02/28/content_14942059.htm

五、结论

从台湾人才招募、两岸企业联手、资金共同筹措、跨国经营策略等多个层面提出两岸开展合作的对策与建议，是基于全球经济大环境与两岸经贸往来的视角提出的，也是围绕“一带一路”倡议就“政策沟通、设施联通、贸易畅通、资金融通、民心相通”等内容展开的。两岸加强政府与民间多角度、宽渠道的合作，积极构建交流机制，是“政策沟通”的体现，也是促进政治互信的重要途径；以“设施联通”、“资金融通”为合作契机，加强资源整合，共同开拓“一带一路”沿线新兴经济体市场乃至全球市场，同时进一步推动两岸“贸易畅通”，逐步实现两岸贸易往来的正常化、制度化；两岸共享参与“一带一路”建设成果，将包括中小企业在内的民众利益落到实处，有利于促进两岸“民心相通”，贯彻了“两岸一家亲”，实现“你中有我，我中有你”的局面。

“厦雄”自贸区共生体构建初探

林子荣①

一、引言

福建自贸区的设立，是中国在新形势下推进改革开放和深化两岸经济合作的重要举措。《中国（福建）自由贸易试验区总体方案》明确指出，福建自贸区应立足两岸，充分发挥对台优势，探索闽台经济合作新模式，率先推进与台湾地区投资贸易自由化进程，把福建自贸试验区建设成为深化两岸经济合作的示范区。由此可见，福建自贸区能够在深化两岸经济合作的探索中取得多少突破和成效，累积多少可复制推广的有意经验，将是决定其建设成败的关键。近年来，为避免亚太经济一体化下被边缘化的危险，台湾当局也正积极推动“自由经济示范区”规划建设，并将其定位为台湾经济自由化的先行先试区域，其核心理念在于自由化、国际化及前瞻性的全面落实，在规划方案中也明确台湾自由经济示范区将进一步率先扩大对大陆的开放程度。值此两岸正试图通过“经济特区”建设，进一步扩大对彼此开放之际，福建自贸区如何对接台湾自由经济示范区，用好用足自贸区先行先试的政策优势，是当前福建自贸区启动建设所面临的迫切问题之一。

在中央着力推进“一带一路”建设的大背景下，在对台工作强调“向南移，向下沉”的情势下，地处闽南地区的福建自贸区厦门片区（以下简称厦门自贸区）与地处南台湾的高雄自由经济示范区（以下简称高雄自贸区）不仅都具有丰富的港口资源，而且在其腹地也都拥有厚实的制造业基础，目前所在城市也都面临产业转型的问题。因此，能否把握好当前的“时”与“势”，实现两区联手合作，互利共赢，是厦门与高雄，闽南地区与南台湾，能否实现经济蜕变的关键选择。本文引入种群生态学中的共生理论，提出构建“厦雄”自贸区共

---

① 厦门大学台湾研究院、两岸协创中心博士生。

生体的概念，并从共生单元、共生环境、共生模式以及共生信道四个维度加以分析。

二、“厦雄”自贸区共生体的基本单元

共生单元是构成共生体的基本能量生产和交换单位，它是形塑共生体的基本物质条件。① 本文所探讨的厦门自贸区与高雄自贸区共生关系（以下简称“厦雄”自贸区共生体）是由厦门自贸区以及高雄自贸区两个共生单元所构成的共生关系，而该共生体便是反映这两个组织体之间生产要素的移动与配置以及共生能量（两个自贸区协同合作所产生的效益）的生成与分配。作为共生的基本要素之一，认识和描述共生单元是构筑共生体的基础，对共生单元的深入分析可以从其质参量和象参量两个维度展开。

所谓质参量，是指决定共生单元内在性质及其变化的因素；所谓象参量，是指反映共生单元外部特征的因素。② 共生理论认为，共生关系得以形成与发展，其前提条件是共生单元之间，它们的质参量能够兼容。笔者以为，本文所探讨的“厦雄”自贸区共生体的构成单元，其质参量应涵盖两个自贸区的战略定位及功能定位而象参量则表现为两个自贸区的试点范围及地理区位。

（一）象参量分析

厦门自贸区位于福建东南沿海，总面积 43.78 平方公里，范围涵盖两岸贸易中心核心区（19.37 平方公里）和东南国际航运中心海沧港区域（24.41 平方公里）。地处南台湾经济重镇的高雄自贸区是以既有的高雄自由贸易港区为基础进行规划布局，目前面积仅为为 4.15 平方公里，范围涵盖高雄港第一至第六货柜储运中心，以及中岛商港区 30 至 39 号码头区。厦门自贸区与高雄自贸区相距仅 165 海里，隔海相望，扼台湾海峡通往南海、巴士海峡的航运要道，处我国南北航线和环太平洋航运要冲，地理位置得天独厚。

（二）质参量分析

1. 厦门自贸区质参量

（1）战略定位：围绕立足两岸、服务全国、面向世界的战略要求，充分发挥改革先行优势，营造国际化、市场化、法治化营商环境，把自贸试验区建设

---

① 袁纯清：《共生理论及其对小型经济的应用研究》（上），《改革》，1998 年第 2 期，第 101—105 页。

② 李刚等：《共生理论视角下的区域合作研究——以成渝综合试验区为例》，《兰州商学院学报》，2008 年第 3 期，第 39—45 页。

成为改革创新试验田；充分发挥对台优势，率先推进与台湾地区投资贸易自由化进程，把自贸试验区建设成为深化两岸经济合作的示范区；充分发挥对外开放前沿优势，建设21世纪海上丝绸之路核心区，打造面向21世纪海上丝绸之路沿线国家和地区开放合作新高地。①

（2）功能定位：着力发展高新技术研发、信息消费、临空产业、国际贸易服务、金融服务、专业服务、邮轮经济等新兴产业和高端服务业，构建两岸经贸合作最紧密区域，努力打造立足大陆，面向亚太地区的区域性国际贸易中心；功能定位为发展航运物流、口岸进出口、保税物流、加工增值、服务外包、大宗商品交易等现代临港产业，构建高效便捷、绿色低碳的物流网络和服务优质、功能完备的现代航运服务体系，成为立足海西、服务两岸、面向国际，具有全球航运资源配置能力的亚太地区重要的集装箱枢纽港。②

2. 高雄自贸区质参量

（1）战略定位：以“自由化”、“国际化”与“前瞻性”为核心理念，大幅松绑物流、人流、金流、资讯流及知识流等各项限制，打造便利的经商环境；落实市场开放，为台湾加入FTA/TPP创造条件；在示范区开展新形态的创新活动，引导台湾经济发展方向，让台湾加速迈向自由经济岛。③

（2）功能定位：以“高附加价值的高端服务业为主，促进服务业发展的制造业为辅”，充分利用台湾人力资源、技术、资通讯（ICT）、区位与两岸优势，发展高附加价值的经济活动，包括：智慧物流、国际健康、农业加值、金融服务及教育创新等，作为示范创新重点。

（三）小结

通过对两个共生单元象、质参量的分析，结果显示，厦门、高雄两个自贸区共生发展具备天然的区位优势，与此同时，两个共生单元的质参量相容，为两者共生创造了基础和条件：

厦门自贸区的设立是大陆为因应经济进入“新常态”的情势，期冀通过全面深化改革，进一步扩大开放，激发市场活力，为大陆经济成长创造新动能；高雄自贸区则是台当局为了摆脱近年来岛内经济持续低迷不振的困境而做出的政策选择，力求通过实施最大限度经济贸易自由化以接轨国际，强化台湾产业

---

① 国务院：《中国（福建）自由贸易试验区总体方案》，2015年4月8日。

② 《中国（福建）自由贸易试验区厦门片区简介》，厦门自贸网，[EB/OL]，(2015-03-20) [2015-06-28]，http://bbs.xiamenzimao.com/thread-1-1-1.html

③ 台湾地区行政管理机构：“自由经济示范区规划方案（核定本）”，2014年1月。

结构，为台湾经济增长注入新的动能。① 由此可见，虽然厦门自贸区和高雄自贸区所在经济体处在不同的经济发展阶段，都是政策制定者试图藉由市场的力量，透过自由化、国际化的制度安排，达到增强经济活力，提升发展品质的目的。厦门、高雄自贸区的战略定位使两个共生单元的质参量得以相容，这是两者共生的基础和前提。

再者，作为因台而设的自贸区，厦门自贸区从其规划到落地实施，都围绕着如何借由自贸区“境内关外”的政策优势以及改革创新的政策高地实现闽台融合发展。因此，厦门自贸区能够在深化两岸经济合作的探索中取得多少突破和成效，累积多少可复制推广的有意经验，将是决定其建设成败的关键。而高雄自贸区作为岛内的“经济特区”之一，对大陆先行先试更加开放、自由和便利的经贸政策是其作为试验区的应有之意。因此，与厦门自贸区遥相呼应，对接合作，是高雄自贸区建设发展的必然选择。厦门、高雄自贸区的功能定位使两个共生单元的质量差得以相容为两者共生的产生和维持创造了条件。

三、“厦雄”自贸区共生体的共生环境分析

共生环境是共生关系赖以维持的外部环境，对共生关系有着重要影响。一般来说，共生环境可以分为正向环境、中性环境和反向环境，良好的共生环境有利于共生关系从弱共生向强共生转化。② 另一方面，共生单元也会作用于共生环境，其影响也可以分为正向作用、中性作用和方向作用。“厦雄”自贸区共生体同样处于一个可能对其产生正向、中性抑或是反向作用的共生环境之中，其成长与发展也可作用于共生环境。笔者将主要影响厦雄自贸区共生体的外部环境划分为经济环境、政治环境以及文化环境并分别加以分析。

（一）政治环境

厦雄自贸区所面临的政治环境可以从宏观和微观两个层面探讨：

宏观层面，目前岛内已经呈现明显绿大于蓝的政治格局，民进党很有可能在明年赢得岛内的“执政”权，台海局势面临新的变化。鉴于民进党在可预见的未来没有意愿也缺乏动力（即便它面临如何维持“现状”的压力，但岛内的政治生态使其选择放弃或者冻结“台独”党纲缺乏必要性）放弃或者冻结“台

---

① 王勇：《台湾自由经济示范区规划建设及对两岸区域经济合作的影响》，《台湾研究集刊》，2014 年第 6 期，第 52—61 页。

② 司尚奇、曹振全、冯锋：《研究机构和企业共生机理研究——基于共生理论与框架》，《科学学与科学技术管理》，2009 年第 6 期，第 15—19 页。

独”党纲，这便意味着在民进党重返执政后，两岸整体对整体的交流合作将受到影响，国民党“执政”时期所呈现的两岸热络联系、紧密往来的“盛况”将很难维持。因此，矮化对接层级，加强两岸局部对局部的互动交流将会是未来深化两岸关系的主要形式。民进党已经显现试图通过“城际交流的模式来破解一旦民进党执政，如何和大陆打交道的问题”。①

微观层面，高雄市②是民进党在岛内的大本营，③ 也正因如此，大陆有关部门、机构或人士与高雄市的交流互动当然存在困难，许多活动不能参加或不便参加，“即使偶尔的交流，也会因政治的敏感性双方只是进行一些礼节性的、表面的互动交流，自然会影响到双方交流的效果”。④ 政治敏感性成为影响大陆相关地区与高雄交流互动的最大障碍。但是，高雄市府及基层村（里）负责人对于两岸交流都表现出积极的态度。在民进党的县市长中，高雄市长陈菊最为资深，她曾两次参访大陆。在晏扬清教授一份探测高雄市里长对两岸关系、交流及对大陆问题的态度与看法的研究报告中显示，作为高雄市最基层行政单位负责人的里长，绝大多数“对两岸交流的看法”及“对两岸关系未来的看法”持正面及乐观的态度。说明这些在台湾选举中扮演“桩脚”角色的里长们普遍能够较为理性务实地对面对高雄市与大陆相关地区的交流合作。⑤

以上分析显示，政治环境对“厦雄”自贸区共生体的影响是中性的。民进党顽固坚持“台独”主张，不仅为两岸合作也为其执政县市与大陆相关地域的交流互动制造政治障碍，这对厦雄自贸区共生体的形成与发展产生“环境反抗”。但是，大陆在处理两岸问题上渐趋成熟，有能力有定力理性务实地应对未来两岸关系发展中可能出现的各种新情况，加上当前大陆对台工作强调“向南移，向下沉”，而高雄市基层也正面看待两岸关系深化发展，这些因素累加使厦雄自贸区共生体的产生与发展获得了“环境激励”正向作用。因此，综合来看，政治环境对厦雄自贸区共生体的影响是中性的。

---

① 周志怀：《对柯文哲要综合性地来看》，http：//www. taiwan. cn/plzhx/zhjzhl/zhjlw/201508/t20150817_ 10488698. htm，中国台湾网，2015 年 8 月 15 日。

② 高雄县、市 2010 年合并为高雄市。

③ 自 1951 年台湾地区实施县市长选举以来，民进党（含党外）在高雄县的执政时间超过国民党，特别是近三十年来，都是民进党执政；而高雄市自 1994 年首次民选市长以来，只有第一任的市长是国民党，其后就一直是民进党执政。

④ 王建民：《大陆“向下沉、向南移”对台政策面临现实制约》，台海网，http：//www. taihainet. com/news/twnews/twmzmj/2014 - 07 - 02/1275357. html，2014 年 7 月 2 日。

⑤ 晏扬清：《高雄市基层意见领袖对两岸关系态度的研究》，《南台湾与两岸关系》，台北：时英出版社，2014 年。

（二）经济环境

厦门自贸区枕靠闽南金三角而高雄自贸区背倚南台湾，闽南地区与南台湾的经济环境是孕育厦雄自贸区共同体的“土壤”，也会持续影响其成长与发展。

首先，从产业面分析，制造业领域，笔者先前研究成果①显示南台湾在岛内较具竞争优势的制造业部门涵盖属于民生工业的纺织业、食品制造业、木竹制品制造业、家具制造业；属于化学工业的石油及煤制品制造业、化学制品制造业、化学材料制造业、橡胶制品制造业、塑胶制品制造业、皮革皮毛及其制品制造业；属于金属机械工业的机械设备制造业、基本金属制造业、金属制品制造业。而这些制造业部门绝大多数都是闽南地区的重要产业。服务业领域，厦门市与高雄市都强推高附加价值的高端服务业，都着力发展现代物流与服务金融（金融租赁等新业态）。由此可见，闽南地区与南台湾进一步拓展产业合作的广度和深度还有很大空间。

其次，园区作为产业集聚的载体，通过园区的对接合作，可以延伸产业链，使在地园区获得规模效益的同时，实现两地产业深度融合，联动发展。再者，园区发展带来的“制程”提升，使自贸区建设获得强大的“后方”资源，为实现“前店后厂委外加工模式”创造条件。福建目前正着力于打造闽台产业融合发展平台，已初步形成“五区十园”的战略布局。位于厦门自贸区附近的园区涵盖厦门、漳州、泉州三个国家级的台商投资区以及漳州古雷石化、泉州高端装备、南靖精密机械等专业园区。而临近高雄自贸区的产业聚落包括：以中油公司为中心的石化业、台湾造船公司的造船业、经济事务主管机关加工出口区、以光电、半导体、生物科技、精密机械为主的南部科学园区。两地园区发展处于不同阶段，互补性强，合作空间巨大，潜力无限。

再者，闽南地区在过去三十几年的改革开放过程中，不管是在经济体量、市场经济的发育程度，抑或是对外开放的水平上都明显落后长三角、珠三角。在对台经济合作方面，闽南地区虽然具有先天优势，但是后天发展，不管是合作的规模、合作的领域亦或是合作的水平上，相较于“长三角”、“珠三角”也略显不足。因此，除了区位优势外，闽南地区对于台商的吸引力并不显著。然而，南台湾同样在岛内经济发展格局中处于劣势的地位，在岛内实现了两次“政党轮替”之后，南北失衡的问题依然严峻。在两岸交流合作过程中，对于大陆企业、投资人来说，在区域选择上，经济较为发达，市场规模较大，科技、

① 林子荣：《台湾中南部制造业地理集聚及变化态势分析》，《台湾研究集刊》，2015 年第 4 期。

人才、资本较为雄厚，运销和行销通路更为便捷多元的北部地区肯定更受青睐，这使得大陆与南台湾交流面临结构障碍。

基于上述分析，笔者以为，囿于闽南地区与南台湾在各自所属经济体中居于劣势地位，厦雄自贸区共生体的形成与发展在一定程度会受到经济“环境反抗”的作用，但是，从长远来看，闽南地区与南台湾唯有联手合作，互利共赢，才能跳脱目前的经济格局，在祖国东南沿海创造新的经济增长极。因此，综合来看，目前的经济环境总体对厦雄自贸区共生体的影响是积极正向。

（三）文化环境

高雄地处南台湾，台湾南部的文化就主流而言，与闽南文化是同一区域文化。数百年来，闽南文化作为入台的闽南移民怀念故土、不忘祖家的心愿与表达方式，① 在台湾南部被较为完整地传承下来，融入了百姓日常生活的方方面面，从语言、饮食、建筑、生产劳动，到民间习俗、民间信仰、民间艺术、人的性情行为，无不浸润着浓重的闽南文化色彩，共同的文化底蕴拉近了闽南与台南民众的感情距离，共同的文化渊源为“厦雄”自贸区共生体构筑了文化基石。因此，文化环境对于厦雄自贸区共同体的影响是正向。

四、“厦雄”自贸区共生模式与信道分析

（一）共生模式分析

在共生体的三要素中，共生单元是基础，共生环境是重要的外部条件，共生模式则是关键。所谓共生模式是指共生单元相互作用的方式或相互结合的形式。它可以反映共生单元之间作用的方式以及作用的强度。根据共生单元的行为和组织程度，我们可以将共生模式分为共生行为模式和共生组织模式。共生行为模式包括：寄生关系、偏利共生关系②和互惠共生关系。共生组织模式包括：点共生、间歇共生、连续共生和一体化共生。任何完整的共生关系都是共生行为模式和共生组织模式的结合。共生关系不是固定不变的，它会随着共生单元和环境的变化而变化。对共生模式的识别和分析有助于我们对共生体的基本状态及其合理性做出判断，而且有助于我们在符合共生规律的基础上，探讨

---

① 郑何平：《打造海峡两岸慈济文化促进两岸文化往来》，《群文天地》，2011 年第 2 期，第 38—39 页。

② 寄生是共生的一种特殊形态，寄生关系一般不产生新的能量，只涉及能量的分配。偏利共生是从寄生向互惠共生转换的中间类型，与寄生的区别是偏利共生会产生新能量，但新产生的能量只由其中一方获得。这两种共生形式总的来说都是对一方无害而对另一方有利。

改善共生状态、引导共生关系进化的途径。

一、四种共生组织模式的基本特点

共生组织模式	基本特点
点共生模式	某一特定时刻共生单元具有一次相互作用，发生作用具有不稳定性和随机性。
间接共生模式	在一段封闭时间区间内共生单元之间具有多次相互作用，共生关系有某种不稳定性和随机性。
连续共生模式	在一段封闭时间区间内共生单元之间具有连续的相互作用，共生关系比较稳定且具有必然性。
一体化共生模式	共生组织模式的最高形态，共生单元在一封闭时间区间内形成了具有独立性质和功能的共生体，共生关系稳定且有内在必然性。

资料来源：袁纯清：《共生理论——兼论小型经济》，经济科学出版社，1998 年，第 46 页。

笔者以为，本文所探讨的“厦雄”自贸区共生体行为模式属于互惠共生关系，作为厦门自贸区海沧片区前身的厦门海沧保税港区早在 2010 年便与高雄自由贸易港区签署合作意向书，其主旨便是促进两港区对接和合作，共创互惠双赢。

“厦雄”自贸区共生体现阶段的组织模式，笔者以为，尚属于间接共生模式，主要基于以下观察：厦门市与高雄市近年来“双城”互动交流不少，也日益广泛，但多是停留在表面的，是一次性的或偶然性的“相互作用”，无法建立常态化的、长期性、机制化的交流渠道与平台，陷入“表面交流易，深度交流难”的窘境。以领导人互访为例，虽然两市领导人已经实现互访，福建省委书记、省长都曾到访高雄市，高雄市长陈菊也曾两次到访厦门，并到厦门港参访，但是，两市领导人迄今未能建立常态化的联系机制，只是偶尔地安排顺道参访行程。

因此，现阶段“厦雄”自贸区共生体的共生模式属于互惠共生条件下的间歇共生模式。笔者以为，其演进将遵循互惠共生条件下的间歇共生模式——互惠共生条件下的连续共生模式——互惠共生条件下的一体化共生模式的路径，由低到高，逐渐提升共生模式的水平。需要注意的是，在此期间，互惠共生未必是对称的，非对称性程度越低，范围越小，共生稳定性就越好。所以，建构对称性互惠共生条件下的厦雄自贸区一体化共生体最有效率、最具凝聚力、最稳定的一种共生形态，也是最理想的最终目标。

（二）共生通道建设

共生信道是指共生单元之间的接触方式和机制的总和，是共生单元之间物质、信息和能量传导的通道或载体，也是共生关系形成和发展的基础，其质量和水平直接影响共生体的质量和进化。鉴于现阶段“厦雄”自贸区共生体尚处于较低水平的互惠共生条件下的间歇共生模式，笔者以为，当前双方可以从以下几个方面联手推进共生通道建设。

1. 政策通道建设

相互开放是合作的前提，也是自贸区政策的应有之义。两岸可以将 ECFA 及其后续协议将要推进的自由化与便利化政策措施在厦门和高雄两个自由经贸区中先行开放给对方，与此同时，两岸可在厦门与高雄两个自由经贸区中以负面清单的方式开放绝大多数行业的投资准入，从而推进两岸贸易与投资自由化与便利化。此外，两岸还可考虑在厦雄自贸区共生体内，率先推进与经贸活动相关政策的对接合作，包括知识产权保护、使用的法规政策对接、社会保障政策的对接、检验检疫政策的对接、海关监管政策的对接、金融监管政策的对接。这些与经贸活动相关政策对接合作的实现，有助于改进投资人在两岸进行投资布局，开展经营活动的便利性与公平性，从而增强投资人投资“厦雄”自贸区共生体的意愿。

2. 基础设施通道的建设

基础设施通道是构建“厦雄”自贸区共生体的基础硬件，包括厦门、高雄自贸区的港口设施、通信设施、航线配置等等。首先，应加强和完善厦门自贸区与高雄自贸区的海、陆、空物流通道的无缝对接，近期可推动厦门自贸区与高雄自贸区建设点对点合作两岸物流快运渠道，打造厦门—高雄跨海峡组合港，共同开发厦门、高雄自贸区的港口资源。

其次，应进一步加强厦门、高雄自贸区在集装箱、散杂货、客运滚装等领域的港航业务合作，共同经营厦门—高雄之间的航线，合作开辟经营集装箱班轮航线，实现两岸自由经贸区的船务公司舱位互换与共享。

再者，应进一步完善空港港口等基础设施，形成完善的国际航线、国际分拨、国际物流和国际进出口贸易功能。

最后，还应进一步完善厦门、高雄自贸区港口、航线的通信设施，并进行对接。

3. 信息通道建设

信息对接通道建设旨在解决信息不对称，实现信息共享。这既是经贸活动顺畅开展的一个重要条件，也是共同市场的一个重要内容，涵盖物流管理信息互通，检测维修信息互通，检疫检验信息互通，关务行政信息互通，客户管理信息合作，医疗信息合作等。

两岸可考虑在厦门、高雄自贸区之间，率先实现以下几个突破：首先，推动厦门、高雄自贸区在海关港口物流等方面开展云计算管理平台技术及交流合作，共同建设关港贸一体化信息平台；其次，可推动厦门与高雄合作设立商品标准检测机构，进行产品相互检测认证合作，建设对经厦门、高雄自贸区输出的商品进行进口检验认证的集中协办平台；再者，应进一步推动厦门、高雄自贸区开展实质性的业务沟通，建立适合两区合作的物流管理检验检疫退税跨境支付等支撑体系等；最后，通过在“厦雄”自贸区共生体内部加快建设跨境电子商务产业园，以及搭建两岸信息互换监管互认执法互助的关港贸一体化信息对接平台，推动厦门、高雄自贸区开展跨境电子商务进出口业务和公共服务信息平台对接。①

4. 海关监管通道建设

可建立服务于“厦雄”自贸区共生体的进出境快件监管中心，努力探索两岸自由经贸区物流对接的管理模式。推动厦门、高雄两个港区洽谈建立合作通关制度，探索厦门、高雄自贸区之间的通关合作模式，进一步健全厦门、高雄自贸区的商务、海关、检验检疫、税务、金融、港务等部门联系机制，探索“虚拟海关”与“实体海关”相结合的管理体制和模式，提高物流效率，降低物流成本，为厦门、高雄自贸区的合作提供便捷服务。

5. 园区通道建设

两岸紧密的经济联系主要表现在产业面的合作，而在作为产业集聚载体的工业园区方面，两地的合作仅止于交流互动，更多着力于借鉴台湾园区建设的经验。笔者以为，闽台两地有着良好的经济合作基础以及地缘相近的天然优势，厦门可采取园区品牌输入的概念，同南台湾的品牌园区开展实质性的合作，从而实现两地产业合作与园区合作双轨并进，共融发展。

园区品牌是指，由于园区自身具备的资源条件，或其内部的相关企业及机构聚集在一起，经过一定时间的经营而逐渐形成的区别于其他园区的知名度和

---

① 唐永红：《海峡两岸自由贸易区对接合作研究》，《台湾研究》，2015 年第 3 期，第 61—68 页。

美誉度。作为一种无形资产，园区品牌背后承载的是一个园区多年累积的发展经验，以及在投资者心目中的形象，它代表着一个园区招商引资的实力、研发创新的活力、服务厂商的能力、培育人才的功力。厦门市可率先在自贸区内输入南台湾的科学园区品牌，不仅可以为在地园区带来产业项目，而且可以借鉴品牌园区的招商引资经验和先进的管理理念，对于在地园区产业人才的培育及推动研发创新都将产生正向的影响。更为重要的是，台湾园区品牌的输入有利于构建更适宜台湾资金、产业、技术、人才等向厦门转移的通道，实现两地经济全面对接，融合发展。输入模式的选择应循先易后难、循序渐进的原则，在逐步提升自身园区质量和水平的同时不断突破合作模式的层级，联手打造属于海峡两岸的园区品牌。①

6. 民间交流通道建设

晏扬清教授所做的调研报告中指出，“高雄市的里长绝大部分是很少去大陆的，甚至有 13.8% 的人都没有去过，以至于表现在对大陆的认识显得很不清楚——包括大概了解、不太了解、完全不了解（82.8%）”，这还不包括那些所谓“了解”的里长们有 43.3% 主要是透过大众传播媒体认识大陆的。“里长”作为台湾地方意见领袖，是台湾选举在地方最重要的桩脚，他们制造的“舆论”便是台湾社会基层的“舆论”。笔者以为，有必要搭建平台，加大加深高雄市各层级人员与大陆的交流互动，建议在厦门市与高雄市之间，本着“民间先行，官方支持”的理念，效法上海市与台北市采行每年轮流举办“双城论坛”的模式，一方面可透过这种半官方的交流平台，增进相互认识与了解，另一方面也可在“矮化”交流载体的同时“矮化”政治障碍，为大陆同民进党执政县市公开互动创造一个相对常态化的交流平台。

五、结语

本文基于共生原理的理论体系，就厦门自贸区与高雄自贸区的共生关系加以探讨。分析显示，厦门、高雄自贸区作为“厦雄”自贸区共生体的基本单元，它们的战略定位、功能定位兼容为共生关系的形成创造了基础和条件。此外，笔者以为，政治环境对厦门、高雄自贸区共生关系的作用是中性，而经济环境与文化环境则发挥了正向积极的促进作用。关于共生模式的分析，笔者以为现阶段“厦雄”自贸区共生体的共生模式属于互惠共生条件下的间歇共生模式，

① 林子荣：《福建输入台湾园区品牌的模式与路径分析》，《现代台湾研究》，2015 年第 3 期。

它将沿着互惠共生条件下的间歇共生模式——互惠共生条件下的连续共生模式——互惠共生条件下的一体化共生模式的路径不断演进，逐渐提升，而加强共生通道的建设则是达成此一过程的关键。

参考文献：

[1] 袁纯清：《共生理论及其对小型经济的应用研究》（上），《改革》，1998 年第 2 期。

[2] 李刚等：《共生理论视角下的区域合作研究——以成渝综合试验区为例》，《兰州商学院学报》，2008 年第 3 期。

[3] 国务院：《中国（福建）自由贸易试验区总体方案》，2015 年 4 月 8 日。

[4]《中国（福建）自由贸易试验区厦门片区简介》，厦门自贸网，[EB/OL]，(2015-03-20) [2015-06-28]，http://bbs.xiamenzimao.com/thread-1-1-1.html

[5] 台湾地区行政管理机构：“自由经济示范区规划方案（核定本）”，2014 年 1 月。

[6] 王勇：《台湾自由经济示范区规划建设及对两岸区域经济合作的影响》，《台湾研究集刊》，2014 年第 6 期。

[7] 司尚奇、曹振全、冯锋：《研究机构和企业共生机理研究——基于共生理论与框架》，《科学学与科学技术管理》，2009 年第 6 期。

[8] 周志怀：《对柯文哲要综合性地来看》，http://www.taiwan.cn/plzhx/zhjzhl/zhjlw/201508/t20150817_10488698.htm，中国台湾网，2015 年 8 月 15 日。

[9] 王建民：《大陆“向下沉、向南移”对台政策面临现实制约》，台海网，http://www.taihainet.com/news/twnews/twmzmj/2014-07-02/1275357.html，2014 年 7 月 2 日。

[10] 晏扬清：《高雄市基层意见领袖对两岸关系态度的研究》，《南台湾与两岸关系》，台北：时英出版社，2014 年。

[11] 林子荣：《台湾中南部制造业地理集聚及变化态势分析》，《台湾研究集刊》，2015 年第 4 期。

[12] 郑何平：《打造海峡两岸慈济文化促进两岸文化往来》，《群文天地》，2011 年第 2 期。

[13] 唐永红：《海峡两岸自由贸易区对接合作研究》，《台湾研究》，2015 年第 3 期。

[14] 林子荣：《福建输入台湾园区品牌的模式与路径分析》，《现代台湾研究》，2015 年第 3 期。

“一带一路”建设与台商转型机遇

熊俊莉①

20 世纪 80 年代以来，两岸开放交流，在局部的市场资源自由配置下，台商赴大陆投资出现了长达十多年的上升期。在为大陆经济快速崛起做出重要贡献的同时，台商也成为两岸经济合作冷暖的“先知”。当前，大陆台商的经营发展面临内外环境的多重压力，自国际金融危机后转型升级已全面铺开，但迄今成功者少。“一带一路”将为台商转型升级提供新的契机，有望使更多台商创造新的竞争优势、摆脱经营困境。本文将以对珠三角台商调研所获第一手资料为基础，阐释台商转型升级与隐藏于“一带一路”中的转机。

一、研究台商转型的背景与意义

转型就企业个体而言，是为解决经营困境、突破发展瓶颈，而改变经营策略或调整组织形态，以达成提升市场竞争力、维持或扩大经营的目标。很少有针对以企业群体为主体的转型研究，而台商之所以成为关注焦点，有其特殊原因：

第一，台商是大陆经济中非常重要的组成部分。自 20 世纪 80 年代以来，台湾同胞从赴大陆探亲、访友、旅游中发现祖国大陆蕴藏着的巨大商机，因而触发此后二十余年持续扩大的台商投资。台商也是大陆改革开放后吸引投资过程中最具规模的境外资金来源之一。按实际到资金额统计，1993 年台商投资比重最高曾占大陆全部使用外资比重约 63%，随后比重虽下降但总体规模的增长态势一直持续。2014 年，台湾仍是大陆实际使用外资的第三大来源地（51. 8 亿美元，占 4. 6%），仅次于香港（857. 4 亿美元，占 76. 2%）、新加坡（59. 3 亿美元，占 5. 3%）②。在汇入资金投入建设的同时，随之而来的还有先进的生产

---

① 中国社会科学院台湾研究所副研究员。

② 商务部统计资料。

设备、管理经验以及外销订单和市场，对大陆地区在短短二十年内发展成为“世界工厂”奠定了重要基础。此外，台商对大陆的巨大贡献还体现在巨额的出口外汇收入、上缴的大量税收、数以千万计的就业机会以及投资当地的消费、公益支出等。近年来，如此重要的一个企业群体出现了问题，自然受到广泛的关注。

第二，对具有显著共性的台商推动群体转型具可操作性。与其他境外投资人相比较，台商具有许多相似的特点：一是投资领域主要集中于制造业，不同的地区略有差异，珠三角一带的台商扎根最久，纺织、制鞋、自行车等传统制造业以及低端零组件的比重较大，而长三角地区台商投资更集中于电脑、电子制造业及相对高端的零组件制造。二是市场都主要依赖外销欧美，外销订单是台商最初赴大陆投资的基础，但大陆地区生产资料的低成本使台商在争取外销订单时具有更大竞争力，不少台商因此迅速扩大规模，但逐渐增加的厂房、生产线、劳动力投入使其过分依赖外销的风险也逐渐提升。三是经营生产主要是代工模式。代工模式是台商最具价值的创新，精细分工和专业化生产使厂商只需具有组装能力，也“养活”了大量中小型配套厂商。这种模式有利有弊，一方面有利于压低生产成本和扩大生产规模，但另一方面，中心厂商缺乏核心技术，同时决定大批“卫星”厂商的存续。这些共性使台商群体的问题尤为突出，这是以大企业为主和以品牌经营为主的大陆其他外资企业不曾出现的，同时受2008年国际金融危机后全球经济结构调整的冲击也较严重。需要指出的是，正因为台商结构和问题的相似度高，也使我们能采取针对性的政策帮助其转型。

第三，促进转型、助台商排除困难是“一家亲”的具体体现。台商是中华民族的重要组成部分，是两岸和平发展的重要推手。目前，数以百万计的台商身在祖国大陆，心系两岸发展。① 他们最希望海峡两岸之间和平发展，他们也在遏制岛内“台独”势力、推动两岸交流与合作中发挥重要作用。对这样一支同胞构成的群体，祖国大陆体现“手足情”、“亲人谊”，尽可能帮助解决台商困难，是义不容辞的。

二、台商转型路径分析

结合资料分析和调研访谈，当前大陆台商的转型路径大致可分为以下两种：

（一）产业间转移

由于所处行业的衰退，发展前景黯淡，企业不得不主动或者被动地放弃该

---

① 兆慧：《台商：角色作用面面观》，《国际经济合作》，2008年第6期。

行业并寻找新的增长点。台商中这种转型并不少见，主要是传统制造业领域，如塑胶、制鞋业。对东莞的调研证实了这一点，当地鞋业台商指出：“这些产业（如制鞋）在大陆地区已经没有生存空间，是行业性的‘消亡’”。

台商对产业前景的判断直接影响其经营决策，他们采取的策略是进行产业转换，或者直接投入新产业，或者渐进式地先跨业经营再逐渐结束旧业。做出这种决策的基础是：一是认为退出该行业是迟早的事，竞争优势的下降并不局限于台商，大陆本土企业也将逐步退出这些不具优势的传统制造产业。大陆经济快速发展，使土地、劳动力成本提升，产业结构势将发生调整，高端制造业、服务业将挤占以劳力密集为主的传统制造业的生存空间。二是认为转移到成本更低的地区如东南亚等地，只是“治标不治本”，转移成本过高，同时风险也很大。深圳台商久裕公司负责人指出“南移”并非良策：以越南为例，将面临包括反倾销、劳动力素质和管理、台商保障、税制不稳定等四大问题。三是看好大陆地区的经济发展前景，特别是新兴产业及服务业的巨大发展潜力。大陆13亿人口、城镇化以及城市治理、社会治理等都成为经济发展的重大内需动力，这些新的领域还处于未开发或萌芽阶段，台商在大陆进行产业转换可充分利用过去积累的经验、人脉等资源和优势。

当前，部分大陆台商已积极展开产业间转移。调研结果发现，许多台资制造业厂商不再增资，跨行业经营的开始以服务业为主制造业为辅，并试探向服务业全面转型。多数转移到餐饮、商业等领域，其中向贸易商（主要是跨境贸易）的转型是台商中公认最可行、最有效的转型路径。首先，大陆人均收入水平提升，对境外商品的消费快速增加，据商务部统计2014年大陆民众境外消费超过1万亿元，再加上进口、海外代购等其他途径，跨境贸易的市场被台商看好。其次，在经济下行压力背景下，鼓励境外消费回流也是拉动内需的一项重要举措，未来除自贸区外，对进口商品降低关税、减少流通成本，简化境外贸易手续等都可能在大陆地区更大范围内推行，台商看好向贸易商转型的政策利好。第三，台商向跨境贸易商的转型具先天优势，台商过去制造业订单多来源于境外，对境外市场、品牌、企业情况都十分熟悉，利用过去积累的境外资源可为其在大陆开展跨境贸易获得比本土企业更大优势。

从统计上看，台商在大陆投资由制造业向服务业转移的趋势已较明显。2014年台商投资大陆服务业36.1亿美元，占对大陆投资总额的35.1%，① 而十

① 台湾“投审会”：“核准侨外投资、陆资来台投资、国外投资、对中国大陆投资统计速报”，2015年1月10日。

年前服务业投资比重不到10%。但台商进行产业间转移的困难也仍不少：一是虽然非制造业对土地和劳动力成本的依赖下降，但对物流成本的依赖却明显上升。有台商指出，跨境物流成本大致占成本的20%—30%，同时周转时间长造成严重的包裹丢件和损失。二是许多跨境贸易领域，还未完全对外开放，如愈来愈受年轻人青睐的电子商务平台，台商并不能自由地投资经营。三是大陆地区对跨境贸易的管理制度、政策等仍待完善，如台商对复杂的外汇结算、检验检疫、质量监管等不确定制度下的经营风险仍存疑虑。

（二）产业内转型

对于行业仍具发展潜力，只是企业竞争力（优势）下降的情况，多数台商选择的是产业内转型。大致可分为以下几种：

1. 销售市场转型。扩大国内及国际市场份额是企业经营的重要目标之一，专注于内需市场的企业希望借国际化而发展壮大，专注于外销市场的企业也不会放弃立足本土。推动销售市场“外销转内销”是当前台商转型的重要路径之一。90年代台资企业开始在大陆投资时基本是100%外销，2005年以后一些较具前瞻性的台商逐步推动向内销的转型，例如深圳的艾美特（小家电）、久裕（自行车配件）等。这些厂商的产品近年来在大陆市场市占率上升很快，但外销和内销对企业贡献仍在4：1左右。2008年国际金融危机后，发达经济体消费需求下降，对台商以外销为主的经营模式造成重大冲击，台商被迫加快了市场向内销转型的步伐。但当前台商拓展大陆内销市场的进程并不顺利，原因主要有如下几点：一是台商对内销市场缺乏了解，长期经营外销市场使其更习惯欧美地区的产品规格、标准以及审批等制度，对大陆的市场环境特别是制度，虽身在其中却并不熟悉。二是不适应大陆市场的经营环境，长期做外销和代工生产的台商将大量资源和精力放在提升产品品质和降低运营成本等方面，而对经营大陆市场所面临的品牌、渠道以及商业模式等较不适应，以中小型为主的台资企业也很难满足经营大陆市场所需的大区域管理、规模经营、资金流和物流配套（如资金周转期较长）等。三是台商普遍具有较强的规避风险意识。相对欧美市场而言，大陆地区法律法规等制度还需健全完善，如知识产权保护刚起步使大陆仿制成本较低，台商若转型内销企业经营就应在制度面与大陆市场全面接轨，经营风险短期内将提升，有台商称“内销需要勇气”。

2. 生产区域转移。厂商生产地的经济情势发生变化，如土地、劳动力等生产要素的供给数量或价格提升，导致企业处于不利竞争地位，这种情况下企业会考虑将厂房迁出。20世纪80年代以来台商向大陆大量迁移基本都遵循这一原则。近年来，部分台商开始迁往大陆中西部地区或东南亚，转移生产区域是大陆台商转型的重要路径之一。台商选择迁移主要考虑到：一是部分台商仍看好该行业的发展前景，从全球范围来看市场需求仍处于稳定或成长期。二是随着大陆经济快速发展，近年来台商在大陆地区投资环境出现变化，突出体现在土地供应减少、劳动力成本上升，特别是加强劳工保障如“五险一金”所导致的“招工难”、“用工贵”等问题使台商负担快速增大。三是大陆中西部地区及东南亚的越南等地仍具生产资料成本低、积极招商引资政策等优势，吸引台商转移到这些地区。但从调研情况看，2012 年左右经历了一次台商迁移高潮后，目前大陆台商对生产的区域性转移持更谨慎态度。首先，转移成本过大，风险也不容低估。从转移能力看，大型台资企业如鸿海等转移到越南等地是合理布局，但对大多数中小型台商而言，转移后土地和劳动力成本虽下降，但面临更多难题，如远离供应商造成的较高物流成本及沟通成本，以及东南亚等地的“排华”倾向等。其次，台商经过转移尝试后，多发现外移和降低生产成本不是解决问题的最终途径，企业发展到一定阶段更需要进行经营模式的转型和管理效率的加强。第三，区域转移容易使台商对代工模式形成路径依赖，不思创新和技术升级。

3. 经营管理转型。通过企业内部经营模式、管理体制的调整，突破企业困境，主要的举措一般有：产品多元化、差异化；产业链由低端向高端的升级；从代工向自主品牌转型；提升执行力和管理效率等等。台资企业以专业化分工的经营方式和精细化流程的管理模式而闻名，但在近年全球经济环境发生重大变化的新形势下，改变经营方式和商业模式、改良内部管理体制的需求也逐渐凸显。台商的主要做法包括：一是发展品牌。由代工向品牌厂商的转型是台商最迫切，也最受看好的路径。台商以代工闻名，品质精良以致全球电子业巨头如苹果、戴尔等都对其存在一定依赖，但代工的利润率极低压缩了企业的获利空间。为此，许多台商将转型的重点放在发展自有品牌，这是提升附加价值、降低对品牌商依赖、促进企业长期发展壮大的有效途径。但发展品牌并非易事，下游最终市场的竞争远比代工市场激烈，台商向品牌的转型仍处于探索阶段。当前常见的举措是参加各种拓展品牌的比赛、会议、展会等。二是技术升级。多数台商都积极推动有利于技术升级的转型，包括：促进技术创新及产品创新以实现与其他厂商的差异化经营；加快设备升级及生产自动化以降低对人工的依赖；接轨全球第四次工业革命及工业 4.0 浪潮，启动机器人、大数据、互联网 + 等新技术与企业经营的融合。三是引进现代企业制度。以家族式经营为主的大陆台商，多数都面临二代接班问题。一方面，台商子女接手父辈事业的意愿较低，很多都倾向于自行创业，经营领域则转向高科技、互联网、文化创意产业等。许多台商现有事业只能引进现代企业制度，如请职业经理人代理、成立经营顾问团等。另一方面，即使接班的台商子女，也与这一代台商经营理念受中华传统文化影响有较大不同，他们更认同西方的价值观和现代企业经营理念，他们接班后往往对企业进行较大的制度变革。总体来看，台商立足于自身经营管理的转型就是以高附加价值的生产、更有效的管理为目标，企业领导者的经营管理理念创新以及人才问题是当前这类转型遇到的最主要困难。

三、“一带一路”建设给台商带来的机遇

除欧洲和东南亚外，“一带一路”地区大多是台商经营薄弱，但它拥有近44亿人口规模（占全球人口的63%），特别是中亚、西亚、北非等地经济发展水平较低，处于经济发展的上升期，具有很大的发展潜力。大陆地区即将大范围展开的“一带一路”建设，将为台商发展及转型带来重大机遇。

（一）台商与“一带一路”沿线地区的经贸发展及前景

按“一带一路”建设的具体规划，沿线国家和地区包括：东南亚（包括新加坡等11国）、南亚（包括印度等10国）、中亚（包括哈萨克斯坦等10国）、西亚（包括伊朗等18国）、中东欧（波兰等16国）、俄罗斯、埃及等60多个国家。

1. 台湾与俄罗斯、中亚地区：俄罗斯面积全球第大、人口约1.5亿、GDP世界第九，外汇存底世界第四，是一个资源丰富、市场潜力大的国家，还有丰富的自然资源和跨越亚欧的重要政治经济战略地位。① 台商看好俄发展潜力，但台俄之间经贸关系起步较晚，受距离、政策等多重因素的制约。近年来，台湾与俄罗斯贸易额逐年上升，从2001年不到9亿美元提升至2014年约50亿美元。台湾从俄罗斯进口原油、石油及煤等，使其对俄贸易一直处于逆差。台商在俄的投资也较零散，多在莫斯科从事贸易、旅游或营销服务，数量仅二三十家左右。距离遥远、没有直航、物流及人员往来成本高等是台商赴俄投资不积极的重要原因。台商在中俄经贸合作中早已扮演重要角色，许多台商为俄供应商品，但因生产基地在大陆而被列入中俄贸易统计中。② 当前，两岸对俄经贸关系所遭遇的问题同质性高，可以合作解决。台湾学者郭武平③教授就提出，

① 吴福成：《台俄经贸关系发展的困境与出路》，（台）《俄罗斯学报》，2003年第3期。

② 王承宗：《俄罗斯对两岸经济关系》，（台）《俄罗斯学报》，2002年第2期。

③ 郭武平：《台俄经贸关系发展现况与未来发展》，远东区合作发展学术研讨会，2003年9月。

借道运输、以远东地区的开发来媒合台俄经贸合作、鼓励台商参与俄中台三边经贸合作方式等。从长远看，俄罗斯正加快对远东开发，特别在加工制造、建筑业、运输与通讯这三大领域的投资迅速提升，这些都是台商的优势项目。① 中亚地区近年来经济发展较好，加速自国外进口机械、制造设备、纺织品、食用品等产品。同时，中亚地区的石油、天然气、水力等矿产资源丰富，也吸引许多外资企业参与当地开发。台湾与中亚各国的经贸关系相对薄弱，按台湾“国贸局”统计 2014 年仅 1.4 亿美元，由于距离因素，台湾从中亚地区进口能源的量也不大，台湾对中亚五国有约 2000 万左右的贸易顺差。从前景看，台湾与中亚国家的经济产业互补性大，特别是中亚国家的能源、金属和棉花等都是台湾需要进口的产品。台商赴中亚较为谨慎，主要因为中亚国家位处亚洲内陆，交通不便且对投资环境不了解。但大陆与中亚地区经贸关系密切，大陆台商具有开拓中亚各国市场的天然优势。② “一带一路”将使大陆地区充分发挥与俄罗斯及中亚地区互补性，除能源外，包括公路、铁路、信息化和城市基础设施建设，以及农业开发、矿产资源开发等都是未来合作的方向。

2. 台湾与东南亚。由于地理位置邻近、产业互补等因素，台湾与东南亚地区经贸关系相对密切。早在 20 世纪 90 年代台湾当局就提出所谓“南向政策”，即以东南亚为经贸重点。但当时东南亚的投资环境远不如大陆，台商更多选择大陆而非东南亚。因此，台湾与东南亚经贸关系的发展并不算快，贸易额仅从 1993 年 163 亿美元增加至 2003 年 353 亿美元。但近年来，岛内再次掀起“南向”浪潮，东南亚在台湾对外贸易中的地位逐步提升，2004—2014 年台湾与东南亚六国的贸易额增长了近 3 倍，2014 年贸易总额达 920 亿美元，台湾对东南亚地区每年有约 250 亿美元的贸易顺差。按投审会的统计，2014 年台湾对东南亚投资约 2.3 亿美元，这一数字仍受低估，按东南亚各国的统计，台商对东南亚的投资多由第三地转投资，因此不在“投审会”统计范畴。③ 东南亚也是台湾扩展国际经济空间的重要区域。目前台湾已与新加坡签署经济伙伴协定，并积极加入以东盟为主导的 RCEP。台湾对东南亚地区的贸易投资以越南增长最快，但越南排华事件对台商的投资热情造成一定冲击。长远看，台湾与东南亚地区经贸合作的潜力很大，东南亚地区具有丰富的自然资源和相对充足的劳动

① 颜建发：《台俄经贸关系发展的限制与机会》，《国际关系学报》，2011 年 1 月。

② 吴福成：《中亚与台湾经贸关系与展望》，《第四届“台湾与中亚论坛国际学术会议”论文。

③ 黄兆仁：《台湾与东协主要国家之经贸互动关系》，《台湾国际研究季刊》，2012 年，第 8 卷第 3 期。

力，将进一步吸引台商进入参与其发展。① 东南亚也是除大陆地区外台商投资最早、金额最高的地区，台商已在当地建立了较完整的产业分工体系，台湾在东南亚的人才储备也有相当基础。这些都能为两岸合作参与“一带一路”建设找到空间。

3. 台湾与南亚。对于南亚的主体印度，2003 年高盛公司将印度列入未来全球最重要的三大经济体之一，仅次于美国和中国。近年来印度经济增长较快，2014 年印度的 GDP 增长率达 6.9%，达到 1.83 万亿美元。印度人口约 12 亿，仅次于中国，同时人口结构相对年轻化，这是其经济发展的重要动力。但印度基础设施比较落后，工业生产设备陈旧，农村缺乏基本的公共服务。两岸企业合作开拓印度市场，预计将有较大经济技术优势。台湾一直很看好印度的发展潜力，自 2003 年起将印度列为“全球出口拓销计划”的主要地区之一。2014 年台湾与含印度在内的南亚地区（七国）贸易总额达 85.9 亿美元。其中与印度贸易由 2004 年的 19.5 亿美元增长至 2014 年的 59 亿美元，并有约 10 亿美元的贸易顺差。台湾对印度的投资过去主要通过大陆、香港、新加坡等地转投资，大陆台商在其中发挥重要作用，据台湾驻印机构 2010 年的预估，广义台商投资印度约 100 家，投资金额 10—15 亿美元。按台湾“投审会”统计，2014 年台商投资印度 3000 多万美元，在台对外投资中排名第 18 位。台商在印度的投资远低于越南、印度尼西亚等东南亚地区，主要因为印度的投资环境不友好、行政效率低、文化语言等因素。但近年来印度丰富的天然资源、庞大的内需市场以及年轻的人口结构逐渐受到外资青睐。台商也加快进入印度布局，如富士康计划未来两年对印度注资高达 10 亿美元。从前景看，印度的大型基础设施与各种公共工程项目正处于快速成长期，大陆工程公司、中鼎工程公司等在印度建筑业市场已经扎根，并带动了一批台资供应商如亚利、升业营造等。②

4. 台湾与中东的伊斯兰地区：中东地区是古“丝绸之路”的重要节点，中东地区也是台湾最主要的石油供应地，来自沙特阿拉伯比重超过 1/5，其他还有科威特、伊朗等。2014 年台湾与沙特阿拉伯、伊朗、伊拉克、土耳其、科威特、约旦、叙利亚、以色列的贸易总额共计 310.6 亿美元，贸易逆差达 193 亿美元，是台湾最主要的逆差项目。中东一些国家如伊朗与台湾的经贸关系受到政策限制。如伊朗仍未解决国际经济制裁，按国际规定，台湾有 391 项产品列入输伊

① 李佳贞、金秀琴：《东协加一、东协加三自由贸易区成立对台湾出口之可能影响》，（台）《经济研究》，2006 年，第 6 期。

② 徐遵慈：《台湾与印度经贸关系：回顾与前瞻》，《贸易政策论丛》，第 15 期。

敏感产品列表，并执行战略性高科技产品安全管制。而台湾最主要的竞争对手韩国对中东也相对密切。从前景看，中东地区基本都是能源大国，与台湾经贸往来还将持续热络，同时这些地区市场潜力不小，台商可积极争取进入其生产零组件供应链，以及包装、食品加工、印刷、纺织、制袋、冲压及工作母机等机械产业。

5. 台湾与中东欧：中东欧（斯洛伐克、捷克、匈牙利等）与台湾地理位置相距较远、贸易量较小，经贸关系并不密切。但国际金融危机后全球经济结构的转变，使台湾与中东欧的经贸交流明显升温，贸易额从2002年的28.1亿美元提升至2008年82.3亿美元。台湾与中东欧各地区贸易结构的互补性较高。在政治上，台湾当局认为中东欧远较欧洲大国友善，曾在台湾相关旅行证件办理等事上给予大力支持。在中东欧中，捷克是台商投资最多、成效最好的国家，当地至少有25家由台湾投资生产的高科技公司，特别是富士康成为捷克除skoda外的出口第二大企业。① 近年来，台商也在波兰、斯洛伐克等其他中东欧地区加大投资。

（二）对利用“一带一路”机遇推动台商转型的几点思考

1. 提升台商就地转型的意愿，增大转型成功概率。当前进行转型的台商大多数是已面临业绩衰退，甚至危及企业生存而被迫进行转型。“一带一路”建设提供大陆台商发展转型的重大机遇，将增强台商“主动”转型的动力。台商应抓住机会，利用大陆“一带一路”对外合作平台，将低端的下游产业向“一带一路”沿线的发展中地区转移，将中高端产业与大陆产业链进行整合，合作开拓国际市场。

2. 台商可借机推动内销和“国际化”。当前台商对欧美市场的依赖很高，依靠台湾自己的力量很难去拓展国际市场、改变市场格局。通过“一带一路”建设，台商可向东亚、南亚、中东、中东欧等广大地区扩大并促进市场多元化。在内销方面，也有助于台商与大陆企业展开合作、构建互信，共建两岸供应链。在“一带一路”共同“走出去”的过程中，台商应把握机会进入大陆供应链，形成促进内销的外溢效应。

3. 积极利用大陆出台的扶植政策。一方面，利用中央政府帮助台商转型的各项政策，如政府采购中将台湾厂商涵盖其中、采购时优先照顾台商的、“自贸区”政策专门出台对台优惠政策，以及金融等服务业开放优先于其他外资等。二是利用大陆对“一带一路”的政策支持。“十三五”期间，“一带一路”作为

① 邱促仁：《中东欧与台湾交流之现况与展望》，东吴大学演讲稿。

最重要的战略设计之一，大陆预计将有相应的配套措施和推动政策，台商应积极争取比照使用。三是利用地方政策优惠。如东莞人民政府为台商上市提供补助、上海等地提供“国民待遇”等。

4. 利用大陆平台“借船”发展。台商转型最困难的是中型企业，相对来说，大型企业或集团企业对于转型早有规划逐步推进，小型台商灵活性大、容易转型，而中型规模的台资企业转型面临的成本和风险最高。这些台商可“抱团”或向当地台协、台办等提出参与“一带一路”的意愿，如在各地商务厅组织下参加对“一带一路”考察。

5. 有助于台商健康有序转移，减少转移的成本和风险。对于选择区域转移的台商，可考虑将“一带一路”沿线重要省份作为过渡，充分利用其既贴近大陆市场又贴近欧亚市场的优势。

参考文献：

[1] 商务部统计资料。

[2] 兆慧：《台商：角色作用面面观》，《国际经济合作》，2008 年第 6 期。

[3] 台湾“投审会”：《核准侨外投资、陆资来台投资、国外投资、对中国大陆投资统计速报》，2015 年 1 月 10 日。

[4] 吴福成：《台俄经贸关系发展的困境与出路》，[台]《俄罗斯学报》，2003 年第 3 期。

[5] 王承宗：《俄罗斯对两岸经济关系》，[台]《俄罗斯学报》，2002 年第 2 期。

[6] 郭武平：《台俄经贸关系发展现况与未来发展》，远东区合作发展学术研讨会，2003 年 9 月。

[7] 颜建发：《台俄经贸关系发展的限制与机会》，《国际关系学报》，2011 年 1 月。

[8] 吴福成：《中亚与台湾经贸关系与展望》，《第四届“台湾与中亚论坛国际学术会议”论文》。

[9] 黄兆仁：《台湾与东协主要国家之经贸互动关系》，《台湾国际研究季刊》，2012 年，第 8 卷第 3 期。

[10] 李佳贞、金秀琴：《东协加一、东协加三自由贸易区成立对台湾出口之可能影响》，[台]《经济研究》，2006 年，第 6 期。

[11] 徐遵慈：《台湾与印度经贸关系：回顾与前瞻》，《贸易政策论丛》，第 15 期。

[12] 邱促仁：《中东欧与台湾交流之现况与展望》，东吴大学演讲稿。

刍议“一带一路”战略对于两岸国族认同之影响——以“一个中国”论述为例

梁　颖①

习近平总书记于2013年9月在出访哈萨克斯坦期间提出“丝绸之路经济带”这一战略，力图建构一种不同于传统区域合作体系的新的经济发展模式。同年10月，习总书记在访问印度尼西亚的过程中又指出“东南亚地区自古以来就是‘海上丝绸之路’的重要枢纽，中国愿同东盟国家加强海上合作，使用好中国政府建立的中国—东盟海上合作基金，发展好海洋合作伙伴关系，共同建设21世纪‘海上丝绸之路’”。笔者认为，“一带一路”战略在经济和外交上的思维和设想体现出有中国特色的大国风范，该战略论述不仅提出了高格局的经济发展构思，而且囊括兼顾指导性与可操作性的规划落脚点，同时也使两岸政经合作的发展和两岸人民生活共同体的打造面临历史性的机遇与挑战，而两岸国族认同也将受到影响。本文将以“一个中国”论述为切入点，分析“一带一路”战略给两岸国族认同带来的机会与挑战。

一、“一带一路”战略

“一带一路”战略的提出具有深刻的内外背景，是中国内部因素与国际因素相互构建，共同作用的结果。一方面，从中国内部来看，这一战略的提出符合中国经济社会发展的需要。中国实行改革开放已历时三十年，随着生产水平和国际化程度的不断提高，传统粗放型经济发展模式亟须改变。将过去传统的“引进来”与“走出去”有机地结合起来，逐步发挥“走出去”的优势，推动中国企业走出国门，开拓海外市场，增强自身竞争力，寻求新的发展空间。另一方面，从国际来看，这符合新形势下全球化发展态势的需要。“21世纪海上丝绸之路”连接着欧亚最具活力的两大经济圈，但其中部腹地基础设施建设滞

① 广西医科大学。

后，丰富的资源优势并没有得到充分的开发，因此中国同这些国家合作潜力巨大。例如，2014 中国与东盟双边贸易额是4801 亿美元，同比增长了1.6%；投资方面，截至2014 年底，中国和东盟累积双向投资额超过1300 亿美元。伴随着“一带一路”建设的深入，我国同欧亚大陆内部沿线国家和东盟国家的经济合作必将惠及多方，实现多边的共同发展、互惠共赢。

《推动共建丝绸之路经济带和21 世纪海上丝绸之路的愿景与行动》的文件中指出：“‘一带一路’是促进共同发展、实现共同繁荣的合作共赢之路，是增进理解信任、加强全方位交流的和平友谊之路。”具体来看，“一带一路”建设以共商、共建、共享为原则，实现了其在经济发展、区域合作以及全球化发展方面的理论创新，力图通过“五通”——政策沟通、道路联通、贸易畅通、货币流通、民心相通的形式，构建命运共同体，以极大的包容性与开放性促使世界各国的交流合作，有利于实现沿线各国的共同发展，普惠共赢。“一带一路”的建设将东亚经济圈与欧洲经济圈联系在一起，同时辐射周边区域，加快了国别乃至区域之间财富、资源与人才的流动，深化了各国在政治、经济乃至安全等领域内的合作。同时，在开展基础设施建设的过程中，促使了资源的整合，在和平与发展的时代背景下，熠熠生辉，惠泽无数。

二、迄今两岸当局关于“一个中国”的相关论述

长期以来，大陆方面主张一个中国就是中华人民共和国，台湾是中国一部分；而国民党方面主张一个中国就是1912 年成立的“中华民国”；李登辉主张政治上的一个中国早已不存在；而民进党内有人认为“中华民国”的确已经没有正当性基础了，一个中国就是中华人民共和国。

（一）大陆方面的表述

大陆对“一个中国”的表述经历了从“老三句”到“新三句”的变化过程。20 世纪70 年代，中国政府与其他国家建交时，都会要求建交对象国必须遵守“一个中国”原则，即“世界上只有一个中国，台湾是中国的一部分，中华人民共和国政府是代表中国的唯一合法政府”，这就是著名的“老三句”。1995 年1 月，江泽民主席在《为促进祖国统一大业的完成而继续奋斗》中对其进行了部分修改，“一个中国”原则被重新表述为：“世界上只有一个中国，台湾是中国的一部分，中国的主权和领土完整不容分割”，这被称为“中三句”。2000 年8 月24 日，钱其琛副总理在会见台湾《联合报》系访问团时，对“一个中国”原则的内涵又做了新的诠释：“我们主张的‘一个中国’原则是，世界上只有一个中国，大陆和台湾同属于一个中国，中国的主权和领土完整不容分

割”，这就是著名的“新三句”。从“老三句”到“新三句”，大陆在两岸政治话语上的弹性调整表现出大陆对两岸关系发展的信心和对两岸政治定位描述的开放态度。在此基础上，大陆领导人胡锦涛还在“十八大”进一步提出“一中框架”作为的新的两岸政治话语，希望与台湾建立新的共识和认同，努力推进两岸关系的正向发展。

（二）台湾当局对“一个中国”论述的演变

自蒋介石带领国民党在四年内战之后败退台湾以来，台湾的内外政治局势发生了许多变化，在各个时期的变化都影响了对“一个中国”的论述。以下将根据台湾当局执政首脑的更迭，把对“一个中国”的论述分为四个阶段。

1. 蒋氏父子统治期间

在此期间，台湾当局称“一个中国”是“中华民国”，将论述点集中在维护传统的法统观念上，着重宣导“中华民国”为代表中国的唯一合法政府并对大陆拥有主权和统治权。该论述不仅能在对内起到重塑“统治合法性”的作用，还能对外巩固和加强“中华民国”代表权。在20世纪50到70年代，由于两岸在国际上之实力处于比较相近的状态，虽然秉持“汉贼不两立”的立场，但是台湾当时对“一个中国”的指称仍然为政治的“一个中国”。然而随着“中华民国”退出联合国、与美国断交等事件的发生，“中华民国”的国际影响力和“生存空间”日益缩小，国际上越来越多的国家承认中华人民共和国为中国唯一的代表，以蒋经国为首的台湾领导人大声呼吁：“一个中国就是‘中华民国’，对内作为国民效忠的对象，避免混淆。”

2. 李登辉执政时期

李登辉执政初期，由于其在国民党政府里的脚跟尚未站稳，没有掌握国民党内的实权，因而出于自身战略需要对“一个中国”的论述沿承了两蒋时期的主要思维，认为“中国只有一个，而且必须统一于自由民主的制度之下”，“主张中国应该统一，并坚持‘一个中国’的原则”。在其1990年5月20日就任台湾地区领导人的演说上，李登辉公开表示“台湾与大陆是中国不可分割的领土，所有中国人同为血脉相连的同胞。当此全人类都在祈求和平、谋求和解的时刻，所有中国人也应共谋以和平与民主的方式，达成国家统一的共同目标”。但是，他也指出“‘一个中国’就是中华民国，不是‘一国两制’的一国”。

但是李登辉作为一个本省人，想要在外省人掌权的政党中获得他所渴望的政治权力，必须要得到台湾民众的支持。为了达到这一目标，李登辉采取一系列举措打破原来国民党的“一个中国”话语，构建有利于他统治的另一套话语体系。在其执政时期，李为了实现自己的政治野心，用政治话语一步步地把台湾民众忽悠进他的思考逻辑中。他先通过把“台湾”、“中共”/“大陆”以“民主”、“共产”做对比，建立起台湾自由、民主、国际化的形象，相对凸显出中共所谓落后、残暴、贫穷的形象。然后以“引诱我们”、“处处打压我方”、“吞噬我们”、“蛮横霸道”之类的贬抑之辞形容中共的手段，并在国际社会和台湾民众心中建立起台湾无辜无助的受害者形象，将两岸的僵局归咎于中共。随后，抛出蓄意已久的“两国论”将“中国”与“台湾”作为“主权国家”进行区隔，成功地将“中国”这一政治话语意涵在台湾民众心中与“中共”画上等号。他的这一系列举动造成台湾民众在政治认知上的严重混乱，也将民众对于“中国”的政治情感和政治评价局限在“中共政权”之上，成功地将对“中共政权”的不认同转换为对“中国”这一政治话语、政治符号的不认同。除此之外，李登辉还在整个台湾内部实行“去中国化”政策，从更深层次解构“中国”在台湾的话语意义与地位。通过这一连串的政治修辞与政治话语的“乾坤挪移”，李登辉不仅将他的政敌驱逐，也把自己推到了一个“合法民选”之政治领导人的高度。

在李登辉取得党内实权与绝对话语权之后，他的“一个中国”论述就发生了更进一步的转变。从“一个中国指向的阶段性‘两个中国’政策”，到“一个分治的中国”乃至后来提出的“特殊的国与国关系”。与此同时，李登辉还强调一个“政治”的中国是过去式，也是未来式，但非“现在式”；“现在式”的中国是“地理、历史、文化、血缘上的中国”。①

3. 陈水扁执政时期

民进党出身的陈水扁，在其执政时期，不仅对于“一个中国”的表述竭尽其能地避免正面采用，而且在后期出现了对“一个中国”挑衅的话语。在其2000年的就职演说上，陈再次沿用李登辉执政后期的“一个中国”是未来式的话语，他指出“海峡两岸人民源自于相同的血缘、文化和历史背景，我们相信双方的领导人一定有足够的智慧与创意，秉持民主对等的原则，在既有的基础之上，以善意营造合作的条件，共同来处理未来‘一个中国’的问题”。而到了2004年陈水扁在其连任台湾地区领导人的演说上，他说：“我们可以体会海峡对岸源于历史情结与民族情感，无法放弃对于‘一个中国原则’的坚持。相对的，北京也应该要充分了解，台湾人民要民主、爱和平、求生存、求发展的坚定信

① “两国论”，百度百科，http：//baike. baidu. com/link？url = yeY1CIXOWAqMDJ1Xpsy5RnXY9vihiNCRmTGgys7 – B1MDON1YelVW0PvPbYDPAVk8jfBMufXc8cCe _ AYNYSg86 _ ，2015 年 3 月 28 日

念。如果对岸不能够体会两千三百万人民单纯良善的心愿，继续对台湾施加武力的威胁和政治的孤立，无理地将台湾阻绝于国际社会之外，只会让台湾的民心和海峡的对岸越离越远。"通过这种论述，陈水扁将"一个中国"等同为大陆"扼杀"、"打压"甚至"武力威胁"台湾民众"要民主、爱和平、求生存、求发展"之"良善心愿"的"借口"。

4. 马英九执政迄今

2008 年，马英九赢得大选，使国民党重新夺回在台湾地区的执政权。在就任演说上，马英九提出两岸在"九二共识"的基础上，"正视现实，开创未来；搁置争议，追求双赢"，同时声称"两岸人民同属中华民族，本应各尽所能，齐头并进，共同贡献国际社会，而非恶性竞争、虚耗资源"。此言论与李登辉执政后期与陈水扁执政时期之论述相比，对"一个中国"的表述虽没有正面提及但是在方向上已经有了一定的回归。可是，我们也应该清楚地认识到，马英九虽然回归到"一个中国"的表述方向上，但是他话语中的"中国"指代的是"中华民国"。

此外，马英九执政后反复解释和强调："两岸关系发展的基础是在'中华民国宪法'架构下，依据'一中各表'及'九一共识'的原则，加上'不统、不独、不武'，维持台海现状。"马英九当局不断强调"中华民国法统"，在两岸政治难题尚未解决、两岸和平协议没有签订前，从某种意义上讲，它加大了和平发展阶段的局限性，并没有对在经历了将近二十年"洗脑"之后的台湾民众从正面理解"一个中国"的内涵起到正确的实践教育和引导作用。

两岸各方自 1949 年开始在"一个中国"的各种论述体现了台湾内部政治权力斗争和两岸在国际上的竞争。"中国"在台湾政治内部的政治斗争中被刻意地建构与窄化。

自 1945 年抗日战争胜利后，国民党当局代表中国收回"台湾"，并开始其在台湾的统治。日本殖民者对台湾人民进行了长达半个世纪的统治，给台湾人民带来了无穷的灾难和创伤，台湾老百姓原以为回到祖国怀抱后，可以扬眉吐气过几天舒心日子，但是他们美好的愿望很快就被国民政府的腐败和专制统治给破灭了。人们对国民党当局的态度，由欢迎变为失望，民间用"狗去猪来"的话语来形容国民党的统治。1947 年"二二八事件"的发生，让国民政府对"台湾"加强了高压统治，并以"中国"为合法统治的标记对台湾开始了后续将近三十八年的戒严。1949 年，蒋介石败退台湾，国民党当局以"中国"名义统治"台湾"的合法性与稳定性受到民众的质疑。为了稳定其对台湾地区的控制，当时的国民党当局试图通过建构"中国"一套话语如“反攻大陆”、“中华人民共和国是‘伪政府’、‘叛乱团体’”等，延续并巩固迁移至台湾外省籍人士的统治和领导地位。同时通过对中共“政权”的“妖魔化”宣传，形成了大陆与台湾二元对立的思考模式与政治亚文化。随着台湾经济在20世纪后期的迅速崛起，台湾本省籍人要求对台湾地区政治权力再分配的呼声越来越高，而首当其冲的就是争取在“国代会”和“立法院”里占有更多的席次。为了达到这一目标，就要破除国民党政府在台以“大中国”体系为基础的统治模式，即打破“中国”的标准树立“台湾”的标准。在这个情况下，以“中国”为核心的话语系统，自然成为本省籍政治人物攻击的标靶。在台湾政治民主化过程中，“中国”这一政治话语被卷入了政治斗争的漩涡，钉在了“台湾”的对立面上。

尤其在李登辉执政时期，李为了实现自己的政治野心，用政治话语一步步地把台湾民众忽悠进他的思考逻辑中。他利用手中掌握的媒体资源和政治领袖的优势位置，对“中国”一词偷换概念，列出“中国 = 大陆 = 中共”的一个简化表述方式，巧妙地迷惑了台湾民众，转移了他们对于“中国”这一政治话语的情感和评价。虽然李登辉在2000年结束了他的台湾当局领导人生涯，但是他在主政期间所建构的政治亚文化印记不仅没有淡化，反而在民进党上台之后得到了加强，根据政治传播理论的“沉默的螺旋”理论，① 在经过长达二十年的政治教化与媒体宣传炮轰后，“台湾”已经代替“中国”成功地成为台湾的“社会皮肤”。

三、“一带一路”战略对于“一个中国”论述的影响

“一带一路”战略作为中国目前力推的一项战略国策，对于未来的两岸关系有着巨大的政治、经济和社会影响。本研究立足于目前两岸实际情况的观察，认为“一带一路”战略对于两岸国族认同的影响存在客观的两面性。以

---

① “沉默的螺旋”理论的提出者是德国女社会学家伊丽莎白·诺尔纽曼（Noelle – Neumann）教授。她1974年在《传播杂志》发表了论文《沉默的螺旋——一种舆论理论》，其后的1980年又以德文出版了《沉默的螺旋：舆论——我们的社会皮肤》一书，正式提出了“沉默的螺旋”（The spiral of silence）理论，并对该理论进行了全面阐释。“沉默的螺旋”理论主要对于社会中的以下现象从政治传播角度做了描述：当人们要表达自己观点时，如果这一观点受他人的赞同，并且广受欢迎，那么他们就会积极发表自己想法，参与进来，并且有勇气进一步扩散这一观点；而如果他发现某一观点，没有其他人应和（甚至有时会遭受群起攻之的时候），即使自己也赞同这个观点，但会选择沉默。沉默的一方使得另一方的意见更加强势，这样循环往复，最终形成强大的声音更加强大，沉默的一方更加沉默的螺旋发展过程。

“一个中国”论述为例，台湾和大陆在“一路”上的顺利合作与沟通将有利于从基层民意入手深化和扩大“一个中国”的正向情感认知。但由于台湾地区“反中”宣传以及整个“一带一路”所囊括的地区事务属于外交和国际空间的范畴，两岸在互动合作过程中的敏感度较高，因此两岸双方过分解读甚至刻意曲解对方关于该地区言论、政策和行动的可能性也相对提高，进而对“一个中国”论述产生负面影响。换而言之，大陆与台湾在“一带一路”战略所涉及地区内的合作即给予“一个中国”论述正向发展的机会也提出了相应的挑战。

(一)“一带一路”战略的机会

构建“丝绸之路经济带”、“21 世纪海上丝绸之路”是中国深化改革开放、开创高水平对外开放新局面的重要战略。“一带一路”战略具有明晰的“共同体”理念和经济、人文合作主线。

“一带一路”战略中的“命运共同体”理念强调，面对发展经济和应对非传统安全的任务与挑战，各国共同发展、地区共同进步；“利益共同体”理念立足于各国间“做互利共赢的好伙伴”的务实合作，提升利益融合，倡导将经济的互补性转化为发展的互助力，不断扩大利益交汇点；“责任共同体”理念认为，各国应共同承担责任并以积极的合作应对共同的问题与挑战。“以德报德，以直报怨”有助于促进共同的责任意识；“开放的共同体”理念指“一带一路”的建设没有“成员身份”限制，涉及的国家和实体具有开放性，提倡多样化优势、多样化道路，倡导官方、企业、民间的多层面交往。

“一带一路”建设的合作主线是经济合作与人文交流。道路联通、贸易畅通、货币流通是提升区域（次区域）合作水平的必要环节。基础设施特别是交通运输的互联互通网，全产业链深度合作的产业网，技术进步、科技交流与人才培养的知识网，是“一带一路”的基本内容。“国之交在于民相亲”，民心相通要求以“亲、诚、惠、容”的理念推进“中国梦”同“一带一路”各国人民美好生活之梦的对接。

“一带一路”战略中的共同体概念不仅适用于所涵盖地区的国家之间，两岸关系同样属于这个范畴。两岸在“一路”方面的经济合作是多方面的，集中体现在物流管道建设和管理、在地国基础项目的建设和管理以及制造业升级三方面。对此大陆方面和台湾方面的许多学者和专家都进行了翔实的论述，本文就不再赘述。

从关系建构和认知理论出发，本研究认为两岸在“一路”的合作有利于打破两岸在彼此领地上形成的“我者”和“他者”的关系设定，进而有助于减轻和消除彼此之间的负面认知和刻板印象。根据亚历山大·温特的建构主义，行为体第一次相遇时可能会带着关于自我身份的预设观念，这种预设观念使双方均具有暂时的角色，并成为互动的起点。在接下来的关系互动中，两个概念会起到非常重要的作用，即“自我角色确定”和“他者角色确定”。其中“他者角色确定”总是“受到自我角色确定”的影响，也极大地影响到在随后的关系互动中两者关系的形态。自我角色确定指从现有的自我再现形式中选择某一种互动身份，因之也就产生了自我在互动中需要追求的利益。且自我在确定自己特定的身份的同时，也确定了他者相应的反角色。在此基础上，他者与自我会建构一种“对情景的定义”，并根据情景定义的真实性采取行动。① 两岸民众、企业与社会团体在非大陆或台湾的“他乡异国”的环境下，以合作和良性竞争为基础，相互沟通合作，取长补短，携手处理好与当地居民和政府之间的关系，努力形成三方多赢的局面。在面对“一路”上各个国家的各种具体状况，两岸双方以“伙伴关系”为基础，相互扶持、协同发展，进而形成两岸新的正向的共同记忆，扩大加深两岸民众之间的理解和包容，使“一个中国”正面论述和情感在非两岸的场域中得到发展和加深。参与两岸在“一路”上合作的每一位大陆人和台湾人，都将切实体会到“中国梦”与自身的紧密关联，并在共同的奋斗中体会“两岸一家亲”的丰富内涵。

（二）“一带一路”战略的挑战

“一带一路”战略中的“21世纪海上丝绸之路”与台湾自1994年始施行的“南向政策”有部分交集，因此台湾当局与大陆在国际上的竞争意识难免在“一带一路”战略的实行过程中引起双方的摩擦，甚至导致“一个中国”论述在两岸的倒退。

1949年之后，国民党残余虽然已经退到台湾，但是在国际上仍然有大部分的国家认为“中华民国”代表“中国”。而且两岸政治话语在早期有很大一部分是围绕着谁更有资格代表“中国”而进行的争夺。

1971年，中华人民共和国恢复联合国合法席位，随后，中华人民共和国与美国发表三个联合公报并建立正式外交关系。所谓“中华民国”在国际上的地位和空间逐渐降低变小，这对于国民党当局及其治下的民众而言是一个不小的变故。加上中国不断在国际场合宣告与之有外交关系的国家和政府组织必须坚持“一个中国原则”，给台湾当局和台湾人民在国际上以“中国”作为发声平

① ［美］亚历山大·温特：《国际政治的社会理论》，秦亚青译，北京：北京大学出版社，2005年4月，第321－322页

台的空间越来越小。随着中国大陆改革开放的日益推进，两岸在经济、国防科技等硬实力上的差距拉得越来越大，“中华民国”愈来愈无法接受“政治现状”的“一个中国”，唯恐被国际社会认为台湾只是以北京为首的次体系。这种状况对于台湾当局而言是非常没有尊严的，因而出于“自尊”和“自我防卫心理”的需要，对于“一个中国”此类的政治话语，台湾当局要么刻意曲解，要么就避而不谈。

东南亚地区不仅一直是台湾经济上竭力减少对大陆依赖性的中心地区，而且是台湾在“国际空间”上取得突破的重要目标区域。自 1994 年李登辉首次推行“南向政策”以来，台湾历任领导都提出了自己的具体政策。作为 2016 年台湾地区领导竞选参选人之一的民进党主席蔡英文，也将东南亚列为其未来施政纲领中的重点。

近年来，中国大陆地区综合实力发展迅速，并在 2002 年 11 月 4 日与东盟签署《中国与东盟全面经济合作框架协议》，正式启动中国—东盟自贸区建设。到 2014 年中国与东盟双边贸易额是 4801 亿美元，同比增长了 1.6%；投资方面，截至 2014 年底，中国和东盟累积双向投资额超过 1300 亿美元。虽然两岸目前尚未出现由于双方在东盟各国的贸易和投资而引起的摩擦，但是台湾方面有部分人出于未来大陆在东南亚发展的自行推测而对“一个中国”论述发出更多负面的言论。其中“台独”人士利用媒体煽动台湾民众（特别是青年），为了对大陆进行抹黑更不会放过任何一个刻意曲解的机会。另外，以美国和日本为首的国家在东南亚的掣肘以及它们在各方面的影响，也使两岸关系面临更多的挑战。例如，2014 年 5 月在越南发生的“反华”暴力过程中，台湾个别政治人物和新闻媒体趁机进行“中国”和“台湾”的区隔，不仅导致“一个中国”论述和两岸国族认同受到严重的负面影响，更又一次给两岸人民的共同情感带来伤痕。如果 2016 年，民进党能够赢得选举并上台执政，两岸互信将受到重大的影响并有可能回落。在此情况下，两岸在“一路”将面临更多不确定、不稳定的因素，甚至使“一个中国”论述在两岸中出现倒退的情况。

四、结语

简而言之，“一带一路”战略是振兴中华民族、造福整个相关地区、提振全球经济的伟大事业。两岸关系和两岸国族认同在这个大背景之下是机会大于挑战，虽然可能会面临暂时困难、低潮甚至反复，但我们还是有理由乐观面对并用智慧化解，以双赢、多赢的策略共同经营两岸在“一带一路”战略实施建设过程中的关系。同时，要注意细致处理好两岸在东盟国家领土内的各类事务，以“桥接”的思维彼此吸收对方的正能量，共同推动中华文明在当地的正面影响。从各方民生经济和生活共同体的建构出发，在现实推动过程中构建两岸积极正向的共有知识，进一步由下而上地丰富“一个中国”论述并发展两岸国族认同。

从金厦合作的发展谈“一带一路”两岸可能的合作方式

马祥佑①

2015 年 5 月两岸举行了夏张金门会，从晋江龙湖水库跨海埋管引水到金门田埔水库的供水契约正式于会中敲定，这其实正宣告两岸关系新格局的到来，更是两岸互动模式转变的开始。

谈了十几年从大陆引水至金门的议题，之所以延宕如此多年，迟迟没有进展，其真正的关键便是两岸之间的对立与敌意！金门作为两岸前沿，1949 年以来便是军事前哨站，两岸敌意的实现场域，炮火在金门留下了深深的烙痕。为此，金门曾经驻军超过十万，比金门当地实际人口多出数倍，因此基于军事安全，从大陆引水至金门，是一个高度敏感且难以处理的问题。

这样紧张的两岸关系近年来在马英九执政后开始缓解，两岸快速签订了诸多的协议，进展速度之快，引起了台湾内部相当多民众的疑虑，从而引发“太阳花学运”！“太阳花学运”的快速发展，其实是反映出两大问题，一是马英九执政期间所宣称创造出来的两岸和平红利，基本上仅被少数人士所占有，尤其是蓝军政治人物，或者是集中在企业集团上。二是基层民众并无法感知两岸和平发展的利益与前瞻性下，局外者的感受进而引发对未来的恐慌，甚至被导引成即将被出卖的愤怒。这意味着过去八年来，两岸互动的模式需要进一步调整与优化，而金门供水协议的签订，正是具体的表征。

供水具体影响到民生，同时更是金门民众所迫切需要的，对金门当地而言，意义更是非凡。过去在两岸关系紧张时期，金门这个“外岛中的外岛，前线中的前线”，作为军事前线因而饱受各项不自由的管制与不便，但是庞大的驻军人员消费至少让金门的乡亲经济收入有所保障，然而当两岸关系开始和缓，金马开始撤军时，首先受到冲击的便是金门的经济。

---

① 金门大学国际暨大陆事务学系。

过去金门驻军高峰期曾经超过十万大军，满街上的放假军人，是金门经济蓬勃运作的保证，一位出租车司机曾经对笔者说，当年他们家八个人开出租车，从早上军人放假或者外出洽公开始，要一直忙到晚上军人回营后才能休息，但这种经济荣景目前只能在钮承泽导演的电影《军中乐园》中方能得见。这几年金门驻军急遽减少，平时要在街上看见军人都很难，这便导致金门的经济面临急遽的"空洞化"。

历经战火洗礼的金门，当然知道自立自强的重要，因此立基于金门特有的战地文化与历史，以及过去因为军管所带来的低度开发与保存良好的生态环境，来发展观光旅游业，成为金门当前最重要的产业发展政策，然而这项政策作为最大的局限却是金门的自然环境限制——降雨不足。根据金门县农业试验所的统计数据显示，金门年平均雨量约1047毫米，可是蒸发量却高达1684毫米，亦即金门是一个严重缺水的地方，过去金门便曾在旱季向大陆买水应急过。

然而旅游业的发展是需要有丰沛的水资源做后盾，饭店与餐厅等相关配套硬件设施方能运作，因此在降雨不足的情况下，发展旅游业立刻给金门带来超抽地下水的问题，从而立即冲击到金门的最大经济命脉，影响到金门高粱酒的生产。这样的困境使得金门面临想培植的观光新产业无从壮大，而传统赖以为生的金门高粱酒生产却已经开始面临地下水短少、生产质量受到影响的冲击，再加上近来大规模的反贪与打奢运动，更是使得金门高粱酒在大陆的销售业绩受到相当大的冲击。

因此这次供水问题的定案，对于金门产业的永续发展具有相当的意义，而这也是马英九执政期间两岸签订的所有协议中，最受到一般民众热烈支持的一次。而从另一角度言，供水若能真正实现，这更意味着过往一向套在金门头上的"国家安全"紧箍咒已然开始松绑。金门供水问题的获得解决，连带的也让过去同样敏感未能搬上台面讨论、由大陆供电金门的问题正式浮上台面！

除了电力之外，医疗资源短缺的问题，更是金门人心中之痛。金门撤军不仅撤走庞大消费人口，同样也撤走金门的医疗队伍，使得金门立刻面临了"医疗空洞化"问题。打开卫福部金门医院的网页，这个在裁军后接替过去军医体系的金门最大医院里，各科别的门诊医师数、每周门诊数相较于其他卫福部医院都是少得可怜，而且偌大的新建医疗大楼里，虽有精密医疗诊察设备，但却面临不见得有操作人员的窘境，使得金门民众连做进一步详细检查都只能回到本岛，那万一遇到紧急状况呢？"后送台湾"是目前金门人唯一的选择。

"后送台湾"一词，对不曾在金门服役或居住过的民众，是很难理解的痛，其实那就是一场赌注，关键要看老天爷赏不赏脸。因为后送取决于天候，更取决于病人状况是否稳定、能否后送，而这往往陷入两难，因为需要后送的民众经常是经不起飞行折腾的，因此若再遇上气候条件不佳的状况时，在等候后送期间经常错失了黄金治疗期。笔者的一名学生在工读期间发生重大工安意外，右臂被机器扯断了，他的状况若在本岛，只要立即开刀便可以挽回手臂，然而在金门等候后送时所浪费的时间，却让他的右臂再也接不回去！因此，金门民众经常问，金门的重大病患为什么不能直接转送近在咫尺的厦门长庚医院呢？

这些过去诸多潜藏在金门民众心中的需求，在这次“夏张会”后被正式掀开来，诸多议题开始被认真思考与公开讨论。以金门本岛西端离厦门距离不到10公里，船运航行时间仅约40分钟，相对的金门离台湾本岛的距离遥远（台北到金门约315公里，台中到金门235公里，高雄到金门295公里），飞行时间要一小时左右。金厦如此之近的地理环境，两者的关系在承平时期应该只会更紧密而非更疏离，因此上述诸多要求在夏张会后增温，在供水契约签订后更是甚嚣尘上，金厦形成共同生活圈此一议题，此刻已然成为无法回避的趋势。

值得关注的是，大陆方面近来对于金门提出的诸多要求，响应得异常“认真”！福建、厦门不仅开始正视金门所提出的问题与意见，厦大甚至在高层支持下成立了“两岸关系和平发展协同创新中心”来积极推动金厦合作。这个协同创新中心目前的运作表现，凸显其出发点与操作模式跳脱了过往以大陆为主体的单向运作模式，有别于传统的政治宣传、走过场的表面功夫，而是开始认真进行“协同”的双向沟通，与“实事求是”探讨如何解决金厦间问题的具体方法（创新）。

而从夏张金门会、金门供水问题、厦大“两岸关系和平发展协同创新中心”的建立，到最近福建、厦门与金门的频繁互动，充分突显出金厦合作正朝着“缓进”、“深化”、“务实”的方向发展，而所谓“和平发展协同创新”的理念则是一个非常重要的运作模式！这个模式与过往大陆所谓“共创美好家园”理念有所类似，但作法却大不相同，过去“共创美好家园”的实践主体主要是针对大陆本身。举例而言，福建省推动平潭特区时，号召台湾民众前往平潭特区担任管理要职的做法，便是其过去“共创美好家园”的具体操作手法。然而这项作法只是大陆的片面行为，同时不符台湾相关规定限制，也与台湾民众的需求相去甚远，因而成效不彰。

但目前金门与厦门往来的行为作法显示，“和平发展协同创新”不仅是双向的，也更重视解决具体的民生问体，而实行“共同治理”模式则是其中一个重大方向。例如，金门当前所面临的海飘垃圾、盗采砂石、厦漳泉金共同生活圈等议题，都是非常重要的试点项目。而透过这种“共同治理”、“协同运作”模式，从大陆角度言，是“共创美好家园”要求的一种突破尝试，而从台湾角度言，则是两岸“对等”合作，贴近民生的新合作模式。

汇整而言，现今金厦合作有以下特点：1. 议题贴近民生，从关注民众真正的需要着手；2. “共同治理”，双方携手一起坐下来讨论因应之道；3. 做实事而非做表面，给对方所需要的，而不是给对方我想给的。从这样的角度来看，“一带一路”可供参酌之处不少，但是有待努力之处更多。因为，现行两岸之间的 ECFA 并未能完成，其次台湾加入 RCEP 依旧遥遥无期，当前这两大平台未能实现下，未来必成台湾参与“一带一路”相关活动的门槛与障碍。而能在其中获利的将会是已经在大陆投资设厂有成的大企业，因此即便“一带一路”有所成效也无法辐射到台湾民众身上，还是一样无法摆脱过去八年的两岸关系发展模式。

其次，“一带一路”相关经济建设作为，推到底主要的核心关键是企业竞争力与官方参与，后者姑且不论。就企业竞争言，在两岸互动过程中，固然大陆曾经给台商许多方便，但是捍卫陆方企业利益的作为也不曾少做，因此经常出现“开大门关小门”的操作模式，最后只是引来更多的反感，美意反成为不满的源头。

归整而言，从金厦合作现今的操作方式以及过往两岸关系发展经验看来，在“一带一路”上两岸要合作，目前除了欠缺具体内容外，也没有可供运作与对话的平台，同时也难对台湾民众产生辐射效果，如欲有所作为仍需要相当的构思与努力。

海洋休闲旅游：“海上丝绸之路”背景下中华文化传播与融合的重要载体及推进策略研究*

邓启明① 张 薇② 伍湘陵③

一、研究背景与问题的提出

海洋是地球生命的起源，也是人类文明的摇篮。西方海洋文明由古希腊古罗马的城邦开始，直至近代“冲出地中海”，书写着侵略和资本积累的罪恶历史；但我们历久弥新的中国海洋文明，正以其巨大的包容性走向世界。④ 事实上，宽广的海洋不仅蕴藏着丰富的自然资源，孕育着悠久的海洋文明，也催生了一系列海洋新兴产业及海洋经济的发展。为把握机遇、迎接海洋经济时代的新挑战，国务院先后批准设立了浙江、山东、广东等省市为“海洋经济发展试点省”，并将浙江省设为“全国海洋经济发展示范区”。⑤

为促进我国海洋经济发展，加强我国与沿线各国的文化交融、科技创新与贸易往来，增强与各国间的互联互通和区域合作，2013 年 9 月，国家主席习近平在哈萨克斯坦首次提出了共同建设“海上丝绸之路”的倡议，同年 10 月在出席亚太经济合作组织（APEC）会议中再次重申了此项倡议，强调愿和东盟国家加强海上合作。两个倡议将中国古代与亚非欧友好通商的历史与现实经济交流

---

* 基金项目：本文得到浙江省高校重大人文社科项目攻关计划青年重点项目（2013QN068）资助，特此致谢！

① 宁波大学国际经济与贸易系主任、宁波大学台湾研究中心常务副主任、浙江省海洋文化与经济研究中心特约研究员。

② 宁波大学国际商务专业硕士研究生。

③ 宁波大学国际经济与贸易系讲师、宁波大学台湾研究中心主要成员。

④ 曲金良：《西方海洋文明千年兴衰历史考察》，《学术前言》，2012 年第 7 期，第 61—77 页。

⑤ 邓启明、孙仁兰、张秋芳：《国家海洋经济发展示范区建设中的国际合作问题》，《宁波大学学报》，2012 年第 3 期，第 101—105 页。

结合起来，并赋予其新的时代内涵。① 显然，“海上丝绸之路”战略不仅是一个商贸交流与合作的过程，也是一个文化交流与融合的过程。此间，凭借海上休闲旅游这个载体，进一步加大与各国间的交往、推进中华文化“走出去”便显得十分必要与紧迫。与此同时，各地政府也积极响应国家号召，在海洋经济发展和“海上丝绸之路”建设等方面推出系列政策与措施。

另一方面，当前我国文化“走出去”战略包含提高国家文化竞争力和文化贸易发展水平等方面。② 尤其是中国崛起和周边国家的疑虑，事实上就是一种“安全困境”，而克服“安全困境”的最好做法就是加强沟通，使彼此意图得到充分理解。加强沟通的途径除了政治对话以外，文化的交往也是至关重要的。③此外，文化往往体现一个国家的经济实力和政治影响力，特别是在我们“走出去”大力发展海洋经济和促进区域经济一体化进程中，首先就会遇到各种文化差异和文化冲突，这时便需要文化先行，加强区域间文化交流与融合。市场前景广阔、发展潜力巨大的海洋休闲旅游业，无疑是上述国家发展战略的重要组成部分与抓手。就海洋休闲旅游这一新兴产业进行较全面的研究探索，提出相应策略措施，显然具有一定的现实意义。

二、海洋休闲旅游促进中华文化传播与融合的可行性分析

（一）中华文化“走出去”的重要性与迫切性

近年来，国家间的竞争不单单是经济、政治方面的竞争，更是文化软实力等方面的较量。中国自改革开放以后经济逐渐崛起，政治影响力也日益扩大，此时便迫切需要进一步提升中华文化的力量，推进中华文化“走出去”，维护中华文化安全，增强文化软实力。

然而，中华文化在传播过程中也遇到了众多阻碍。一是沿线各国宗教信仰、文化习俗、发展水平的较大差距。文化吸引是旅游往来的核心基础，文化认同是旅游交流的重要成果。④ 由于其经济、文化、政治等方面存在较大差异，“海上丝绸之路”沿线国家对中国的了解和认同感也不尽相同，所以在发展海上休

---

① 全毅、汪洁、刘婉婷：《世纪海上丝绸之路的战略构想与建设方略》，《中国经贸》，2014 年第 8 期，第 4—15 页。

② 齐勇锋：《中国文化走出去战略的内涵和模式探讨》，《东岳论丛》，2010 年第 10 期，第 165—169 页。

③ 苏毅：《国家文化安全战略下的中国文化走出去战略暨南学报》，2014 年第 5 期，第 126—133 页。

④ 宋瑞：《积极发挥“一带一路”的旅游力量》，（台）《中国旅游社报》，2015 年第 16 期。

闲旅游时，我们需尊重文化差异，充分展示自身文化、体现自身特色、促进文化认同与文化发展。二是南海问题等政治因素阻碍了海上丝绸之路文化交流的进程。

值得欣慰的是，在"海上丝绸之路"建设背景下，中华文化的发展与海丝文明的传播已经取得初步成效。福建省联合浙江、广东、广西壮族自治区成立了"中国海上丝绸之路旅游推广联盟"，将各地景观串联在一起，形成统一整体的品牌，打造针对国际市场、具有中国文化特色的旅游路线，带来经济、文化的双重利益。2015 年 7 月，国家旅游局组织海上丝绸之路旅游带的联合推广代表团，前往马来西亚举行了中国旅游产品专卖会，同时对陶艺、武术等民间艺术加以推广，吸引更多马来西亚游客来中国旅游。这种有组织、有计划的休闲旅游与交流形式极大地促进了中华文化的传播。

与此同时，周边国家海洋休闲旅游业早已为我们提供许多成熟的范例，印度尼西亚的巴厘岛向我们展示了浓郁的印度教文化，泰国普吉岛也早已和佛学、人妖产业融为一体，① 并以其较高的休闲旅游品味闻名世界，促进区域经济文化的发展，这些成功的旅游项目以其自身的典范性告诉我们发展海上休闲旅游具有巨大的商业价值与文化价值，所以开发海上休闲旅游乃是中国加强文化沟通交流、促进地区和平发展的必然选择。

（二）我国海洋休闲旅游资源丰富发展潜力巨大

我国海洋面积广阔，大陆海岸线长达 1.8 万公里，拥有众多岛屿与奇特海洋生物资源。悠久而灿烂的海上丝绸之路上也保留着丰富而又珍贵的海丝物质遗产，有古建筑、古墓葬、古船、古遗址和古石刻，构成了海丝旅游资源的特色和优势，使该区域从旅游资源密度、旅游影响力和旅游资源等级方面都位于全国较高水平。② 海洋旅游本身就是最具开发潜力与经济价值的新兴产业之一。2013 年，我国海洋旅游业增加值为 7851 亿元，占海洋生产总值比重高达 14.5%，在我国 12 个主要海洋产业中稳居第一，潜在文化价值更是值得我们挖掘与利用。

海洋不仅给我们留下大量物质遗产，也给予我们不同的文化感悟。多年海洋文明的洗礼也给我们留下了许多宝贵的文化遗产：奇妙的海洋景观文化、神

① 曹绘嶷：《巴厘岛等国际度假旅游地给海南旅游业的启示》，《海南大学学报》，2002 年第 6 期，第 93—97 页。

② 曾启鸿、蔡文静：《海上丝绸之路区域旅游合作研究》，《经济研究导刊》，2008 年第 9 期，第 167—168 页。

圣的海洋宗教文化、悠久的海洋历史文化、丰富的海洋饮食文化、沉重的海洋军事文化等，这些文化无疑需要我们在开发中深度挖掘其潜力，才可提升海洋休闲旅游的文化品位与文化效益。以浙江省舟山群岛为例，其由 1390 多个岛屿组成，是中国第一大群岛，拥有南沙沙滩群、珊瑚礁等大量自然景观，也有观音文化苑、华藏世界等人文景观。舟山悠久的海岛河姆渡文化和东海渔业文化更是为之蒙上一层历史的神秘面纱。① 丰富的文化遗产与海洋历史的文化积淀使我们拥有文化自信、文化能力。大力发展海洋休闲旅游，便是向世界各国展示这一悠久的文化瑰宝。

（三）国内外大众出境游多样化的需求

随着人民生活水平的不断提高，中国游客出境旅游人数也在逐年增加，具体情况入下图所示：

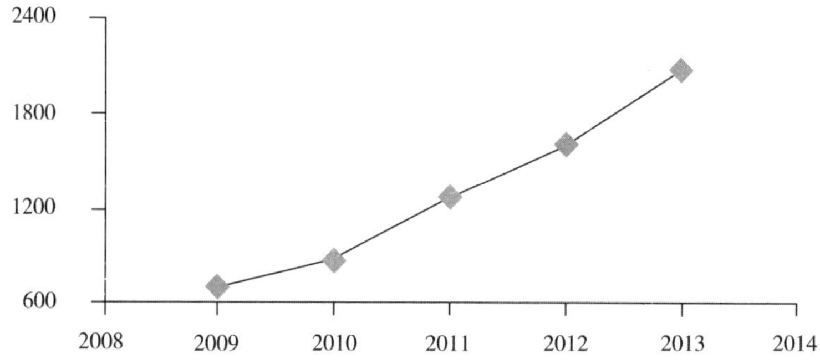

图 1：2008 年至 2013 年中国旅行社出境游人数（单位：万人）

资料来源：2008 年至 2013 年中国旅游业统计公报

由上图可见，我国出境游人数的增长速度呈现递增的趋势，出国旅游的热情依然高涨，中国游客需要走出国门感受来自不同文化的体验与冲击。与此同时，现如今欧洲、美洲等地的旅游热度正在下降，周边国家尤其是东南亚国家在我国旅游业中所占的份额不断攀升。据国家旅游局统计数据显示，2013 年海上丝绸之路沿线各国中，越南、马来西亚、菲律宾、新加坡等国已位居中国入境游前五大客源国，并且也是中国居民出境游的首选目的地。

① 周彬、王璐璐、虞虎：《舟山群岛海洋旅游发展策略研究》，《宁波大学学报》，2015 年第 4 期，第 105—109 页。

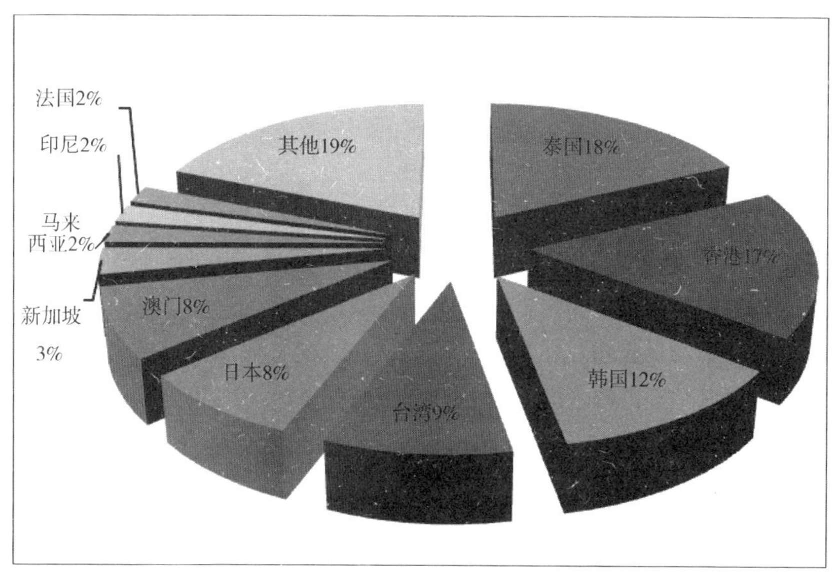

图 2：2015 年第 1 季度出境旅游组织人次排名前十位的目的地国家或地区饼状图

数据来源：《关于 2015 年第一季度全国旅行社统计调查情况的公报》

图 2 可直观说明，泰国、新加坡等海上丝绸之路沿线国家深受中国游客青睐，并已经和中国建立了稳定而长期的经贸、文化交流基础。其次，在中国游客出境游目的地中，东南亚地理位置与中国距离相对较近，且游轮旅游的价格目前远远低于飞机票价，便使之成了性价比最高的出境目的地之一。目前，海岛自由行等线路的起步价仅有 1500 元左右，由于其价格优势和高度的体验性，海上休闲旅游必定能在出境游中开辟出一片新的市场。此外，海面开阔宽广，自然风光绮丽，是旅客休闲疗养的胜地。海洋中丰富的水产资源对缓解体内疲劳、强身健体具有显著的疗效，可使游客身体舒畅，心胸豁达、包容，满足游客出境选择的多样化需求。

从东南亚和中国已有的旅游基础、海上休闲旅游的性价比和特殊性三个方面可见，利用海上休闲旅游促进文化交流与融合具有现实可行性与文化战略意义。

三、发展海洋休闲旅游促进中华文化传播与融合的策略选择

（一）加快中国海上休闲旅游业的发展

1. 合理开发与保护海洋旅游资源

政府在开发海洋旅游资源过程中，必须采取利用与保护相结合的原则，首

先进行科学规划与论证，以保证海洋休闲旅游资源的可持续性和永久利用。

海上丝绸之路旅游资源的开发必然会涉及沿途一系列地方多元文化和文物古迹的保护问题。首先，我们在开发利用的同时需要展现其历史原貌，建设风格要与地方传统民俗、文化相吻合，避免对原始风貌进行过多修饰，需深度挖掘其文化内涵，使海上休闲旅游开发项目具有民族性、独创性，展现我国海上休闲旅游资源的优越性和旅游产品的独特性，让游客在航行间体验多元的民族文化。其次，政府需要加快海下文物勘探速度，深度挖掘海洋文化资源，加大对海洋文化遗产的保护力度，丰富景区的文化内涵，引导具有实力和资质的企业进行海洋博物馆、海洋文化主题乐园项目建设，让游客体验丝绸文明的独特魅力以及历史的沧桑沉浮。

由于滨海与海岛的生态环境较为脆弱，一旦遭受破坏短时间便难以恢复，所以地方政府在开发之前要对海域内的资源进行合理的评估，注重海域环境承载力、资源的可持续利用等问题，对海滨开发项目进行严格的审批。开发时要科学合理地加强海洋生态环境保护和海洋环境监测，加快海岛基础设施建设并严格控制污染物排放入海。景区开放后，政府也需要加大对保护景区环境、文明参观体验的宣传，并对海洋生态环境受污染情况进行实时的监控，以保证海洋生态的永续发展，创造良好的旅游环境，吸引各地游客来中国旅游观光，从而带动我国港口经济的发展，加强各国间的文化与交流。

2. 加强港口配套基础设施建设与管理

海洋休闲旅游业的发展会拉动相关产业的发展，形成集聚效应，从而带动整个港口经济的发展，为港口城市提供就业岗位，促进当地经济的发展。而本土海洋休闲旅游的发展程度与港口基础设施的建设是密不可分的，海洋休闲旅游业发展的初期必然会倒逼政府加大对港口基础设施的建设。建议在此过程中，政府应优先吸引华人华侨资本的注入，加强祖国与侨胞的经济文化联系，使海外侨胞深切感受到中国的发展，让投资者和当地经济在建设开发旅游项目中实现双赢。

在加快港口建设的同时，我们尤其需要注重游轮母港和游轮业的发展。随着中国经济的发展和大众旅游方式的转变，人们对新型休闲旅游——游轮产业的需求日益增加。此外，国际游轮业的发展也将提高旅游项目的品质，促进外国游客来中国参观旅游，深入了解中国的文化和历史，从而提升中国旅游大国、航运大国的地位。① 所以,加快游轮母港基础设施以及配套服务建设在海上休闲旅游的建设中显得尤为重要。

3. 加大海洋休闲旅游的宣传与引导力度

优质的旅游产品也需要包装与润色,这便离不开政府、媒体各方面的宣传。首先,海丝之路沿线地区的政府与民众注重对文化资源的保护与传承,拥有传播中华文化、促进文化交融的使命感,依靠区域主体自身的文化特点、发展特征、资源与制度禀赋的优势以形成发展合力,推动文化、经济等各种资源要素在更广阔的范围内进行配置和结构优化,② 创造一批具有地方文化特色的艺术精品,形成区域整体旅游形象,推动区域联合品牌打造。其二,我们可以融合科技元素,创新宣传方式,促进海上丝绸之路演艺娱乐产业的发展,延长旅游产业链,以娱乐体验的方式对海上丝绸之路沿线的历史文化加以挖掘宣传,以此吸引国内外游客来此体验,从而促进各地区文化的交流融合。例如拍摄丝路文化纪录片或是影视作品进行宣传,使游客在游览景点的同时有一种参与、互动、体验的心理,提升综合娱乐的感受。

(二)推动海上休闲旅游走出去

1. 完善海洋休闲旅游相关法规与制度建设

法规制度的建立与完善是我国以及海上丝绸之路沿线国家或地区发展海上休闲旅游的有力保障,也是各种文化载体得以顺利走出国门的重要前提。如今我们要加强以下两类法规的建设与完善:其一是旅游资源联合开发制度,政府应出台企业旅游投资的宽松政策,减少企业海外旅游项目投资壁垒,降低企业海外投资成本,加强出国进行旅游投资企业的资产审核,加强与国外大型企业的合作,提升对外旅游投资的绩效;其二是出境消费者权益保护,旅行者出游的目的是为了满足个人精神需求,如若在其享受旅程服务中,其合法权益受到侵害,那么旅游者旅行的目的将无法满足。因此,政府应加快制定相关法律以保障出境游客的人身财产安全,保护其对购买物品、享受服务的知情权和自主选择权,为中国居民跨境出行与商贸往来提供便利,也为各国在经贸文化领域的交流与合作提供便利。

---

① 杨茜:《游轮母港建设对天津旅游业发展的影响研究》,天津商业大学硕士论文,2012年,第26—31页。

② 吴忠:《在“一带一路”战略实施中推动中华文化走出去》,《深圳特区报》,2015年第9期。

2. 引导和规范旅行社与消费者的行为

旅行社，作为进行旅游产品路线设计的营利性机构，在国家发展海洋休闲旅游过程中，起着促进各国文化、经贸交流的重大作用。政府应逐步推进旅行社实施海洋休闲旅游走出去战略，优先鼓励携程集团、华侨城集团等大型旅游集团公司走出国门进行对外投资，减少其投资束缚，加快大型企业对外的品牌建设和旅游模式输出。旅游公司也可联合外国当地企业进行联合开发，深化各国企业在经贸方面的合作。其次，旅游部门应加强对旅行社服务质量进行监督，加快建立旅游诚信机制和旅行社间信息共享平台的步伐，引导旅行社提高其服务水平。此外，旅行社需要紧紧把握市场大众关于海洋休闲旅游的偏好，根据市场需求的变化，适时开发出迎合市场的高质量旅游产品，形成国家引导、旅行社承包负责的海洋休闲出境游的发展模式。

四、简要小结与讨论

从现代文化传播的角度来看，经济高地往往也就是文化高地。中国文化的传播与交流有赖于海洋休闲旅游业的巨大发展，同时文化的融合也会为“海上丝绸之路”战略的推进提供动力。其次，海上休闲旅游区别与普通的观光旅游，为各国游客的出行提供了更多的选择，游客也可在旅途中体验到不同的海丝文明，为中华文化的传播与交流做出自己的贡献。

从现如今中国所处的政治经济环境角度，地区关系紧张、地区政策难以顺利实施往往是因为各地区间缺乏沟通信任，各国间对彼此的认识不够全面。然而，海洋文化却拥有极大的包容性，发展海洋休闲旅游便有助于扫清沟通障碍，逐渐建立起国家与地区间的互信机制。

一句话，加快发展海洋休闲旅游业将有利于增加“海上丝绸之路”沿岸国家的经贸往来和文化融合，增强各国与地区间的历史认同感。但海洋休闲旅游能否最终成功地担起文化交流的“使者”重任，在于中国的海上休闲旅游开发的力度和质量，在于大型企业是否积极投身海洋旅游建设，在于每位中国人是否有传播中国文化的历史责任感。

台湾参与“21世纪海上丝绸之路”战略中的角色与政策取向研究

（研究大纲）

伍湘陵[①] 邓启明[②]

21世纪海上丝绸之路（简称海上丝绸之路）作为我国“一带一路”战略的重要组成部分，其是我国在世界格局发生复杂变化的当前，主动创造合作、和平、和谐的对外合作环境的有力手段，为我国全面深化改革创造良好的机遇和外部环境。参与“一带一路”战略，尤其是在台湾具有明显发展优势的海上丝绸之路中，其不仅是进行区域经济整合的一个重要方式，同时更是发挥其优势产业“蓝色经济”的一个有效平台。同时对正处于经济低迷期台湾而言，海上丝绸之路也许正是改变当前发展现状的一个重要的机遇。

一、台湾参与“21世纪海上丝绸之路”战略的可行性与迫切性

不管是从台湾参与海上丝绸之路的优势及机遇，还是从台湾经济的“黄金十年”的发展方向抑或当前发展困境，积极面对和加入这一战略都有其可行性与迫切性。

（一）台湾参与21世纪海上丝绸之路战略的可行性

1. 海上丝绸之路为台湾促进区域经济整合重要方式。一直以来台湾试图通过拓展对外发展空间来加速地区的区域经济整合进程，如寻求与东南亚国家签订FTA以及美国主导的TPP等。另外在两岸间，海上丝绸之路将是加速推进ECFA实施的重要推动力，对建立两岸更紧密的经济关系有莫大帮助。

2. 海上丝绸之路为台湾蓝色经济的重要推手。大力发展蓝色经济，一直以来是台湾经济发展战略，但囿于其特殊的身份及发展战略的短视与社会内部环

① 宁波大学商学院。

② 宁波大学台湾研究中心。

境不佳等影响，其蓝色经济发展战略一直停留于设想和发展框架中。而海上丝绸之路将带动台湾蓝色经济发展战略更多地付诸实践。

3. 海上丝绸之路为台湾低迷发展的重要突破口。借助海上之路一方面有更好的渠道输出商品和劳务。另一方面可加大台湾地区内海事工程、海洋产业、海洋资源开放等海洋经济的大发展。由此为地区低迷经济，寻找一个新的突破口。

（二）台湾参与21世纪海上丝绸之路战略的迫切性

1. 亚太地区内国家及地区间的区域经济整合加速。TPP、日韩FTA、东盟扩张等区域经济整合加速都倒逼“台湾”加快融入海上丝绸之路，减缓或对冲市场风险或冲击。

2. 台湾社会内部持续低迷经济的倒逼。台湾地区内经济增长率截至2015年三季度，预估有保1的风险。另外薪资水平低、养老负担重、产业竞争力低、社会贫富分化、失业率波动大等都倒逼台湾需求新的发展机遇。

二、台湾参与“21世纪海上丝绸之路”战略的角色

台湾参与海上丝绸之路战略有其可行性与迫切性，但明确其在这一战略中的角色定位也非常重要，因其一方面关系到台湾看待海上丝绸战略的态度。同时另一方面，其也影响到台湾积极主动参与该战略的方式、路径及策略。以下将从两岸经济层面、文缘层面、地缘层面等主要层面来分析台湾作为大陆“海上丝绸之路”的天然组成部分，甚至在“海上丝绸之路”的核心区扮演着重要的角色的依据。

（一）两岸经济层面因素。产业优势互补、资源禀赋条件比较优势、市场潜力等诸多因素为台湾加入海上丝绸之路提供了条件。

（二）两岸文化层面因素。在台湾参与海上丝绸之路中，两岸文化的相继相承将为其融合进入海上丝绸之路提供最好的促进因子。

（三）两岸区域层面因素。台湾与海上丝绸之路核心区的福建隔海相望，区域地理位置十分相近，这为台湾对接海上丝绸之路出海口的泉州提供了互动便利。

三、台湾参与21世纪海上丝绸之路战略中的政策取向

台湾在海上丝绸之路战略中扮演着重要的角色，但是两岸因素、台湾社会内部因素、美日因素等都在其中影响着台湾当局加入该战略的政策取向。目前根据台湾岛内的不同声音，对于海上丝绸之路战略，有提出优先西进，继续深

化两岸经贸关系，也有提出优先南向往东南亚方向发展，还有提出优先东向发展与美日经贸关系。在多种影响因素的叠加影响下，于不同声音，台湾当局在海上丝绸之路的政策调整取向上也就存在诸多不确定性。

（一）优先采取“新南向政策”。“南向政策”为李登辉时期提出，后因台商在东南亚地区先天上在语言、文化、政治、宗教上的差异导致经营不顺，最后该政策不了了之。而至目前，台湾民进党 2016 年大选候选人蔡英文提出“新南向政策”，虽政策的具体内容尚不明确，但多是疏大陆，而再次鼓励东南亚发展。

（二）优先采取“东进政策”。在东向政策的选择上，主要受意识形态的影响，岛内部分群体固化地认为台湾对加入以美国为主导的 TPP，并借此可拓展其发展国际空间。

（三）优先继续“西进”两岸政策。岛内对优先继续促进两岸经贸发展的声音为主流，认为借助“一带一路”的机遇，一方面进一步突破两岸交流中的“深水区”壁垒，建立更加紧密的两岸经贸关系。同时采取优先加入“一带一路”政策，可为台湾拓展东南亚市场提供一个重要的平台。

四、构建台湾参与“21 世纪海上丝绸之路”战略的对策建议

根据台湾“海上丝绸之路”的政策取向，积极推动台湾参与“海上丝绸之路”一方面需要中央政府科学合理的引导，如与台湾协商确定其参与方式、参与内容、参与政策等。另一方面，台湾自身更需从长远的发展眼观出发，排除外部各种干扰因素，以两岸一家亲和整个中华民族利益为重，在其社会内部与两岸间能聚同化异，并在岛内宣传参与“海上丝绸之路”将给台湾带来的发展机遇，构建其积极参与“海上丝绸之路”的两岸环境。

台湾产业转移大陆及其对接障碍分析：基于交易效率的视角

陈颐①

一、问题提出

当前海峡两岸签署经济合作框架协议（ECFA）的正面效应已经逐步显现，加强两岸产业合作，实现两岸产业的有效对接与转移，成为两岸经济共赢的目标。然而与两岸殷切期盼深化合作形成博弈之势的是滞后的产业合作结构：一是在区域布局层面，目前台商投资大陆主要停留于东部，向西北部的发展仍有极大的局限性，西部区域的台商投资不仅规模较小，而且合作层次低（刘澈元，2009）；二是在产业分工层面，两岸产业合作仍旧集中于低附加价值、以成本驱动为主（李应博、刘震涛，2009；华晓红、郑学党，2010），“台湾出技术，大陆出资源”的利益初衷使得大陆欠发达的西部地区在承接台湾产业转移过程中更加依赖能源等资源要素，产业结构调整也陷入困境，城市化发展速度缓慢。在不断调整的区域间劳动分工格局下，全面正确地理解海峡两岸产业合作的深层次机理，这对于我们重构新的发展思路是十分必要的。

新兴古典经济学将交易效率研究替代了传统的生产效率研究，这为我们研究的突破提供了一些启示（赵红军等，2005），目前从交易效率的视角利用分工理论来研究区域产业转移现象，尤其是在区域分工水平对于承接产业转移的影响以及承接产业转移能力的测度方面尚未进行深入实证性研究。延续上述问题的追究，本文关于台湾产业转移大陆的演进过程涉及两个根本事实的判断：一是产业转移空间分布与区域交易效率的关系；二是新时代两岸投资目标不再是廉价劳力的取得，而是市场和策略性资源的追求（陈添枝，2011），因此两岸应建立新的投资及产业分工模式，那么这种新分工模式内在运作规律与机制便成

① 闽江学院经济与管理学院副教授，厦门大学台湾研究院出站博士后。

为我们探究的关键所在。鉴于此，本文以分工演进作为观察台湾产业转移大陆区域差异化集聚的一个重要视角，尝试构造交易效率指标用以量化比较大陆各地区吸引台资产业的效应强度，探究两岸业界资本在考虑产业合作时的行为逻辑关系。透过两岸合作障碍的表象，对台湾与大陆欠发达地区产业合作困境以及大陆区域在承接产业移入的滞后性进行深层次的体制追问。

二、分析框架与理论假设

“分工是经济增长的源泉”这一论断源于斯密定理（Adam Smith，1776），分工演进对经济发展或增长具有关键性的推动作用（Young，1928；Schultz，1993）。可见社会生产力发展的过程本身就是社会分工演进的过程，从劳动分工角度解释经济发展无疑是抓住了问题的本质。鉴于已有研究的启示，本文认为在专业化分工的框架下，以交易效率的视角来考察当代两岸产业转移现象是合适的。在两岸经济合作过程中，产业转移是专业化分工的产物，是人们为降低专业化分工产生的交易费用和获取由分工产生的递增报酬的一种空间表现形式，一方面，产业转移的发展是一个渐进累积和自我增强的系统演化过程，其自增强动力机制来源于由专业化分工产生的报酬递增。另一方面，在产业转移过程中，企业可以降低边际交易成本，从而实现企业的报酬递增，进一步提高企业的分工水平。产业转移过程中的分工和专业化演进使技术、工艺得到更好的完善，分工协作产生的网络化服务使技术创新思想的实现成为可能，这又促进了产业转移过程的演化。

在专业化分工的视野下，台湾产业转移大陆后的区域差异化集聚其背后驱动力正是我们所要探究的目标，从而进一步对台湾与大陆欠发达地区产业合作困境做出解释与讨论。基于上述分析，我们引入“交易效率”（可用单位时间内完成的同质交易或业务活动的次数来衡量，也可以用给定时间、给定业务数量条件下交易或业务活动完成的质量来衡量），用它反映台资产业在大陆各区域空间布局受交易费用的影响程度。交易效率涵盖的因素众多，不仅涉及生产成本、技术等产业内部因素，而且包括运输成本、文化制度以及政策等外部不可控因素，其意在深入分析产业转移的约束条件和内在机制，同时可以将内生、外生交易费用统一起来而不会顾此失彼，这从理论上更便于分析台湾产业转移大陆的内在机理。

本文实证将主要从交易效率的视角概括自然、地理、技术、人类社会的制度等影响因素。交易效率指标主要是反映了经济体中交易成本降低、费用价格下降、速度加快、交易时间缩短等内容。在交易效率分析框架内，我们将影响台湾对大陆产业转移区位选择的因素划分为两类：一类可称为交易效率硬件，一类可称为交易效率软件。前者主要取决于地理区位好坏、交通、通信、网络技术改进、基础设施条件的改善等，后者主要取决于政府办事效率、社会诚信程度、产权制度、契约履行程度、人口自由流动性、经济开放程度、教育与人力资本水平等，图1所示。一类可称为交易效率硬条件，一类可称为交易效率软条件。

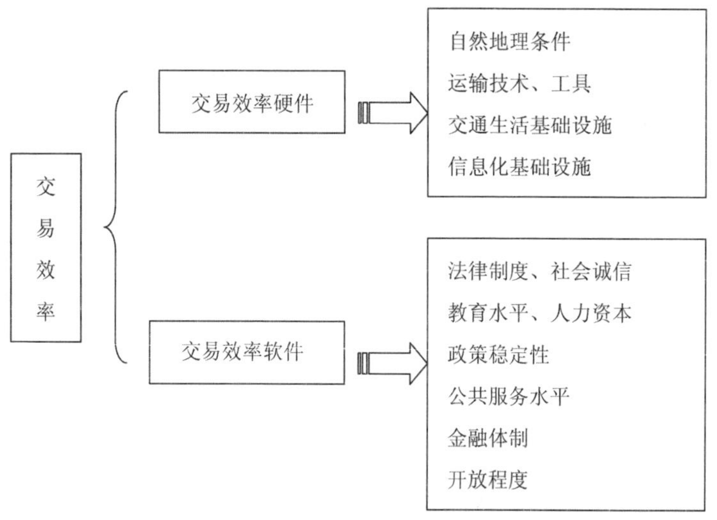

图1　交易效率的分类

本文认为，从交易效率视角分析台湾产业转移大陆时的区域布局规律是一个可取的理论尝试。首先，它能够综合考察各地区的交通、地理、区位、通信、基础设施等交易效率硬条件对区域优势进而对产业转移的区域选择影响，也能考察法律制度、社会诚信、开放程度、人文环境、制度改革等交易效率软条件对产业转移的区域选择之影响，体现了一种对产业发展深深的制度关怀，也为研究不同区域的经济发展与产业转移的区域选择之间关系提供一个统一的理论框架。其次，在经济发展中，这些交易效率硬条件和软条件是"经济人"进行生产、经营和交易活动的重要社会基础，不仅影响"经济人"生产、经营和交易活动的成本和收益，而且也影响整个社会生产、交易活动的效率高低、投资人投资积极性是否充分发挥、投资选择的区域等。

基于上述理论框架，借鉴前人研究结论，我们对解释变量和被解释变量之间的影响关系提出以下理论假设与解释：大陆各区域的交易效率与台湾向大陆转移产业的区位选择趋向呈正相关关系。交易效率的提升意味着经济体中交易成本降低、费用价格下降、速度加快、交易时间缩短等内容。一个区域交易效率相对较高，那么产业转移就趋向于这个地区。从微观层面看，我们认为经济体效率高低（比如效率低的计划经济体与效率高的市场经济体）的根本差别并不在于两种不同经济体的微观主体有什么不同，而在于其各种政治、经济、社会、技术条件综合而成的交易效率存在差别。这种不同的交易效率差别必然通过影响居民和企业的自利活动进而影响整个经济发展。因此，产业转移的绩效在很大程度上受到交易效率的影响；从规模经济层面看，如果产品、要素和劳动力的流动、交易难以进行，毫无疑问，这将阻碍生产的规模经济以及相应的劳动分工深化；从系统循环层面看，经济体的综合交易效率不仅会影响其产品、要素交换频率和速度快慢，而且也影响其产业要素的流动性。如果一开始没有一个较为高效的交易效率，产品市场、要素市场与劳动市场就可能难以为继，或者根本无法长久存在，这必将影响经济发展的可持续性。下面我们就针对此假设做进一步的计量分析。

三、指标、数据和方法

（一）交易效率指标的构造与测量

交易效率的分析，能避免交易成本概念不考虑交通运输成本的缺陷以及交易成本在分析经济发展问题时难以量化和操作的缺陷，克服了交易成本在分析经济发展时面临的难题。已有研究对交易成本的数量化描述为我们构造交易效率指标提供了一个新思路。一般说来，交易成本包括了与交易对象、交易范围、交易方式、交易结果等有关的成本，与交易效率负相关。交易效率是分工收益与交易费用之间的比较关系。在分工收益既定的条件下，对交易效率的有效度量与分析就成为理解分工演进程度和产业转移区域指向的关键。根据赵红军等（2006）的测算体系，交易效率主要涉及制度、交通通讯等基础设施和教育水平三大层面，我们沿用此体系，并参照《中国市场化指数——各省区市场化相对进程 2006 年度报告》对制度的测量方法，建立了 20 个指标来衡量大陆各省市地区的交易效率（见表 1）。

交易效率各指标选取是根据交易效率的内容与决定因素并考虑到我国现有各类统计资料的可获得性。其中，政府的各项制度政策无疑将是影响“经济人”进行生产和经营活动决策的重要因素，政府机关的机构膨胀、机构臃肿会增加社会负担，影响正常的市场活动，也对交易效率产生影响，其具体包括“政府向农民摊派的各种税费负担”、“政府对经济的干预程度”、“地方政府对本地市场的保护”、“政府规模”的大小等，这些指标主要用来衡量政府制度和政策对交易效率的影响；另外，“对劳动者合法权益的保护”用来衡量法制制度，反映地方市场的法制环境对交易效率的影响。我们用“相对于经济规模（GDP）的劳动争议处理案件”发生数作为负相关指标来近似地进行测度，以反映劳动者的合法权益受到有效保护的程度。市场中劳动者的合法权益能否受到有效的保护是市场正常运行的必要条件；针对经济政策因素，主要考虑了经济开放政策，选取了“出口占 GDP 比重”作为衡量对外开放度指标，反映了地区经济和国际市场的融合程度，也反映一个地区与外界经济联系的强度，体现该地区参与国际化的程度，一般开放度越高，交易效率也越高。

表 1　交易效率指标体系

交易效率分类	交易效率分类指标		指标测算说明
交易制度	X1	农村家庭税费负担	农户各类税费上缴占农户总收入（纯收入 + 上缴的各类税费）的平均比例
	X2	政府规模	国家机关、政党机关和社会团体年底职工人数占本省总人口的比例
	X3	政府对经济的干预程度	地方财政支出占 GDP 比重
	X4	市场秩序、法制制度	用对劳动者合法权益的保护来表示：劳动争议处理情况/地区 GDP
	X5	对外开放度	出口/GDP 比重
	X6	技术成果市场化	各地技术市场成交额/本地科技人员数
	X7	人口流动性	流动人口数/总人口
	X8	农村劳动力流动性	从农村招收劳动力/城镇单位新增就业人员
	X9	地区科研水平	科技活动经费内部支出/地区 GDP
	X10 X11	知识产权保护	a：三种专利申请受理数量/科技人员数 b：三种专利申请批准数量/科技人员数

续表

交易效率分类	交易效率分类指标		指标测算说明
交易技术（基础设施、通信科技、产业技术）	X12	互联网普及率	地区互联网上网人数/总人口数
	X13	人均城市道路面积（平方米）	
	X14	旅客周转量（亿人公里）	
	X15	货运周转量（亿吨公里）	
	X16	万人民用汽车数（辆）	
	X17	家庭人均交通通讯消费支出（元）	
	X18	区位商	第三产业区位商 $LQ_{ij}=\frac{L_{ij}/\sum_i L_{ij}}{\sum_i L_{ij}/\sum_i\sum_j L_{ij}}$
教育水平、人力资本	X19		每十万人口中高等学校平均在校生数（人）
	X20		万人高等学校毕业生数（人）

注：未作说明的测度指标均直接采用统计年鉴中的原始指标。

我们用各地技术市场成交额与本地科技人员数的比例来近似地表示“技术成果市场化”。人口和农村劳动力流动性则直接测度了人口迁移、户籍制度等政策对交易效率的影响，但城镇劳动力的流动和从农村到农村的劳动力流动都缺乏完整的统计。我们只能使用“流动人口（住本乡、镇、街道不满半年，户口在外乡、镇、街道，离开户口登记地半年以上）占总人口的比重”以及“从农村招收劳动力占城镇单位新增就业人员的比例”这两个指标近似反映人口和农村劳动力的流动性。地区科研水平和对知识产权保护，即反映地区科技创新活动情况。保护知识产权是维护市场秩序、保障技术进步和创新的重要条件。我们使用专利申请与受理的情况来反映这方面状况。这两个二级指标是：三种专利申请受理数量与科技人员数的比例；三种专利申请批准数量与科技人员数的比例。这两个分指标同时还在一定程度上反映了技术市场的活跃程度。区位商是产业效率与效益分析的定量工具，是用来衡量某一产业的某一方面在一特定区域的相对集中程度。区位商又称专门化率，我们只测算第三产业区位商，代表性衡量各区域产业发展的专业化程度。金融服务应是一个个反映银行业的竞争程度对交易效率影响的不错指标，但鉴于数据的可得性以及统一性要求，我们暂时搁置它们。由于我们要衡量的是交易效率，因此，上述制度政策层面的指标均被转化为正向指标。除了制度政策方面的指标外，交通基础设施、交通工具、通信设施也会影响交易活动的快慢和速度，又是促成我国经济体交易效率提升的重要物质前提，因此我们还选取了互联网普及率、人均城市道路面积、旅客周转量、货运周转量、万人民用汽车数、家庭人均交通通讯消费支出、区位商等指标来衡量这一方面的交易效率；另外，我们还加入了每十万人口中高等学校平均在校生数、万人高等学校毕业生数这两个衡量教育和人力资本水平的指标。因为人是知识的载体，学历越高，教育程度越普及，毫无疑问，这将直接影响生产和交易活动进行的速度快慢和质量高低。

对交易效率的度量将是本文实证研究的核心。由于交易效率的组成层面涉及政策制度、交通通信、教育水平等三个大的层面，而这三个大的层面可能还将涉及更多因素，因此，如何从众多因素中提取出主要几个能代表一个地区经济体交易效率水平的因子将是本文工作的关键所在。根据统计学原理，本文拟采用因子分析法中的主成分分析法来对交易效率变量进行处理。为了避免时间序列数据中可能出现的序列自相关、共线性和可能的价格因素等对数据的影响，本文使用了我国2009年《中国统计年鉴》、《中国劳动统计年鉴》和《中国人口与就业统计年鉴》中大陆地区除港澳以及甘肃、宁夏、青海、陕西、新疆（台湾经济事务主管部门统计处涉及此五个地区的台湾投资数据缺省，故剔除不做分析）以外的省市和地区的横截面数据，并加入了华北地区（北京、天津、河北、内蒙古、山西、山东）、华东地区（上海、浙江、江苏、安徽）、西北地区（陕西、宁夏、青海、甘肃、新疆）、西南地区（四川、重庆、昆明、贵州）、中南地区（河南省、湖北省、湖南省）、东北地区（辽宁、吉林、黑龙江）这六大区域横截面数据进行统计分析。本文采用“台湾对大陆分区的投资量”（FDI）作为反映台资产业转移大陆的区位趋向性强弱之代理指标，并作为模型的被解释变量，数据来源于台湾经济事务主管部门统计处。

四、数据分析

（一）交易效率各变量的基本统计描述

由于代表交易效率的指标众多且代表不同层面，因此有必要利用因子分析法对交易效率进行处理，分析其内部一致性，并判断这些指标是否能衡量经济体的交易效率。如果这些变量确实内部一致并且能作为交易效率的代表，那么利用这些众多变量产生的一两个因素得分就可代替原变量进行计量分析，这样便可避免交易效率各变量之间可能存在的共线性等多种问题，从而为后面的计量工作打好基础。

表 2　交易效率各指标的基本统计量信息

指标	样本数	最小值	最大值	平均值	标准差	方差	偏度
农村家庭税费负担	32	0.069357	0.491321	0.277425	0.08981	0.008066	0.361806
政府规模	32	0.030513	0.100826	0.051505	0.016095	0.000259	1.057364
政府对经济的干预程度	32	0.087049	0.961582	0.196922	0.14975	0.022425	4.536138
市场秩序、法制制度	32	0.352451	4.264957	1.721941	0.947209	0.897205	1.140624
对外开放度	32	0.004628	0.12348	0.0303	322.0794	103735.1	1.628402
技术成果市场化	32	0	154.6525	38.72814	36.55172	1336.028	1.386131
人口流动性	32	0.00753	0.312028	0.051583	0.065164	0.004246	3.076782
农村劳动力流动性	32	0.117437	0.601265	0.319045	0.114407	0.013089	0.69317
地区科研水平	32	94.07359	868.8511	243.3544	147.0282	21617.3	2.694467
按科技人员数平均的三种专利申请受理数	32	0.203734	6.7455	1.255983	1.539203	2.369147	2.418247
三种专利申请批准数量与科技人员数的比例	32	0.073693	3.971872	0.633223	0.870798	0.758288	2.932008
互联网普及率	32	0.114158	0.587924	0.23927	0.128864	0.016606	1.524584
人均城市道路面积	32	4.63	20.28	11.78477	3.215553	10.33978	0.432604
旅客周转量	32	30.4	3725.3	1098.194	1002.448	1004903	1.587095
货运周转量	32	35	31149	5648.719	6955.19	48374670	2.540384
万人民用汽车数	32	188.5682	4691.21	735.2614	878.5889	771918.4	3.311255
家庭人均交通通讯消费支出	32	515.38	5672.525	1376.19	1285.411	1652282	2.352682

续表

指标	样本数	最小值	最大值	平均值	标准差	方差	偏度
第三产业区位商	32	0.713217	1.825436	0.977795	0.205935	0.042409	2.665462
每十万人口中高等学校平均在校生数	32	969	18795	3740.375	3718.697	13828706	2.608537
万人高等学校毕业生数	32	17.41366	330.6367	66.76366	64.30074	4134.585	2.659968

表2给出的数据是根据计量软件得出的交易效率各指标的基本统计量信息，由该表偏度系数可见，除了“农村家庭税费负担”、“劳动力流动性”、“人均城市道路面积”三项基本呈对称分布外，其余变量均明显不对称，均明显右偏。因此，在进行因子分析前需要将这些变量进行指标作用类型一致化处理和指标无量纲化处理，对于一些无量纲的相对数指标的一致化处理通常可以包含在无量纲化处理中同时完成，以保证它们能进行后面的信度和因子分析。

（二）因子分析

1. 信度分析

由于交易效率涉及的指标多，指标代表的内容广泛，我们用信度分析来检验和筛选适合因子分析的指标。进行信度分析时常用的指标是cronbatch信度系数，如果数据标准化后该值大于0.8，则说明所用指标有较高信度。我们将代表交易效率的20个指标全部纳入分析，所得的cronbatch信度系数为0.853（高于0.8），这说明我们初选的指标内部结构之间具有较高的内部一致性，可作为代表交易效率的指标。

2. 因子分析

将上述指标正向化无量纲化处理后进行相关分析，剔除相关度低的指标：农村家庭税费负担、政府规模、政府对经济的干预程度、市场秩序—法制制度、对外开放度、人均城市道路面积，余下14个指标，然后进行KMO抽样适当性参数检验和Bartlett球形检验（见表3）。

表3　因子分析适当性检验

检验类别	参数名称	参数值
KMO抽样适当性参数检验	KMO参数	0.719
Bartlett球形检验	卡方值	616.642
	自由度	91
	P值	0.000

由上表可知，KMO值为0.719，远高于0.5的检验标准，Bartlett球形检验p值接近零，也达到1%的显著水平，可以认定样本相关系数矩阵与单位矩阵有显著差异。这表明我们选择的代表交易效率的变量内部具有共同因素存在，适合进行因子分析。我们使用主成分方法对因子载荷进行参数估计，根据样本方差—协方差矩阵的特征值确定主因子个数。

表4　交易效率影响因子的方差贡献

主因子	初始解			旋转后		
	特征值	方差贡献率（%）	累计方差贡献率（%）	特征值	方差贡献率（%）	累计方差贡献率（%）
教育水平	6. 117	43. 692	43. 692	5. 648	40. 340	40. 340
区位集聚优势	3. 589	25. 634	69. 326	3. 305	23. 607	63. 946
产权、制度保障	2. 245	16. 035	85. 362	2. 998	21. 415	85. 362

注：因子的纳入标准为因子特征值大于1，累计方差贡献率大于80%。

我们按照特征值大于1的标准提取主成分，则上面14个代表交易效率的指标可提取出三个主成分，并且它们对14个交易效率变量的累计解释率可达85. 36%左右，这说明，如果运用提取出来的三个主成分替代原变量，在很大程度上与原变量具有相同的解释力，能够反映原始指标的大部分信息。

由于初始主因子对各变量的解释能力较弱，我们用方差最大化法对因子进行正交旋转变换。

表5　影响交易效率的因子载荷分析结果

交易效率各变量	提取出的主成分		
	1	2	3
万人高等学校毕业生数	0. 974	0. 059	-0. 120
每十万人口中高等学校平均在校生数	0. 969	0. 155	-0. 123
家庭人均交通通信支出	0. 953	0. 116	0. 103
万人民用汽车数	0. 915	0. 249	-0. 080
货运周转量	0. 867	-0. 009	0. 149
旅客周转量	0. 843	-0. 270	0. 228
技术成果市场化	0. 698	0. 538	0. 227
第三产业区位商	-0. 016	0. 885	-0. 120
互联网普及率	0. 085	0. 857	0. 376
地区科研水平	0. 224	0. 838	-0. 008
人口流动性	-0. 018	0. 754	0. 411

续表

交易效率各变量	提取出的主成分		
	1	2	3
按科技人员数平均的三种专利申请批准数	0.006	0.158	0.958
按科技人员数平均的三种专利申请受理数	0.042	0.157	0.944
农村劳动力流动性	0.067	0.024	0.831

注：1. 因子载荷的绝对值越大，在解释因子时越重要。统计上一般认为绝对值大于0.3的因子载荷属于显著，因为变量能被该因子解释的部分超过10%。表中的主要影响指标的主因子载荷取值为绝对值大于0.5，3个主因子的累计影响率为85.362%。

2. 影响因子与交易效率具有一致的指向关联，即因子载荷越大，交易效率越高。

表5显示了调整后的3个主因子对14个原始指标的解释率，各主因子对交易效率的影响并不是独立简单的线性对应。同一指标对不同主因子的作用力度不但强弱不均（表现在因子分值大小的差别上）而且或相互加强或相互分离（表现在因子分值的符号差别上）。从中可看到调整后的主因子1对“万人高等学校毕业生数”、“每十万人口中高等学校平均在校生数”、“家庭人均交通通信支出”、“万人民用汽车数”、“货运周转量”、“旅客周转量”、“技术成果市场化”这7个指标有较强的解释力，这些指标的信息分别被提取了69.8%—97.4%的信息，说明该因子反映了教育水平、交通运作效率、技术成果转化率对交易效率的影响，尤其是反映教育水平的两个变量，其信息量均占到97%左右，我们不妨称之为交易效率的教育水平因子，用F1表示；而主因子2主要对“第三产业区位商”、“互联网普及率”、“地区科研水平”、“人口流动性”有较强的解释力，这些指标的信息分别被提取了75.4%—88.5%的信息，说明因子2主要反映产业、人口集聚水平等层面对交易效率的影响，我们将其称为交易效率的区位集聚优势因子，用F2表示；主因子3主要对“按科技人员数平均的三种专利申请批准数量”、“按科技人员数平均的三种专利申请受理数”、“劳动力流动性”等指标解释了83.1%—95.8%的信息量，我们将其称为交易效率的知识产权保障因子，用F3表示。

接下来，我们计算提取各个地区的主因子值，我们将经过因子分析以后提取出的主成分作为新的变量，对台湾产业转移大陆的区位分布选择进行分析。

（三）聚类分析

为了进一步认识交易效率影响程度在不同地区的体现，我们根据提取出来的影响因子的作用强度以及其结构属性的相似度对样本区域进行分类。具体采用组间连接层次聚类法进行聚类分析，以克服简单地根据综合因子得分值的大小将样本分类的主观性和随意性。其基本思路是从32个样本的3个交易效率主因子中，找出度量指标之间相似程度的统计量，按相似程度的大小来分类。

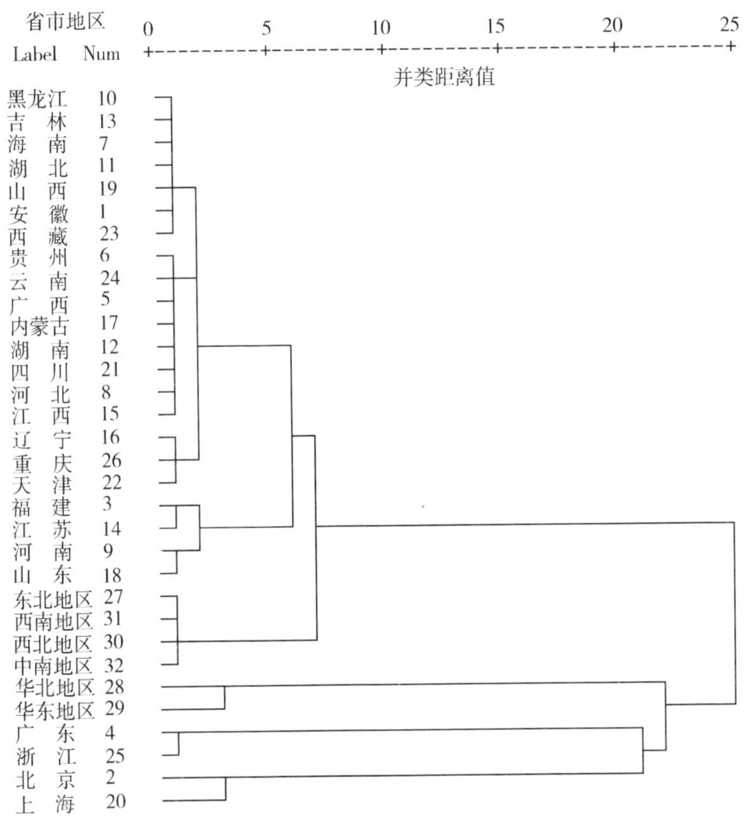

图2 基于交易效率影响因子作用强度和结构属性相似度的区域谱系图

上图反映出各地发展条件的不均衡和区域吸引力的差别。综合来看，交易效率高的地区一般是综合实力强的经济发展一线省市。从地域分布看，交易效率水平居高的省市主要位于华北、华东及沿海地区。比照实际统计，从历年累计的存量来看，台资大部分还是趋向于交易效率水平较高的地区。(如图3)

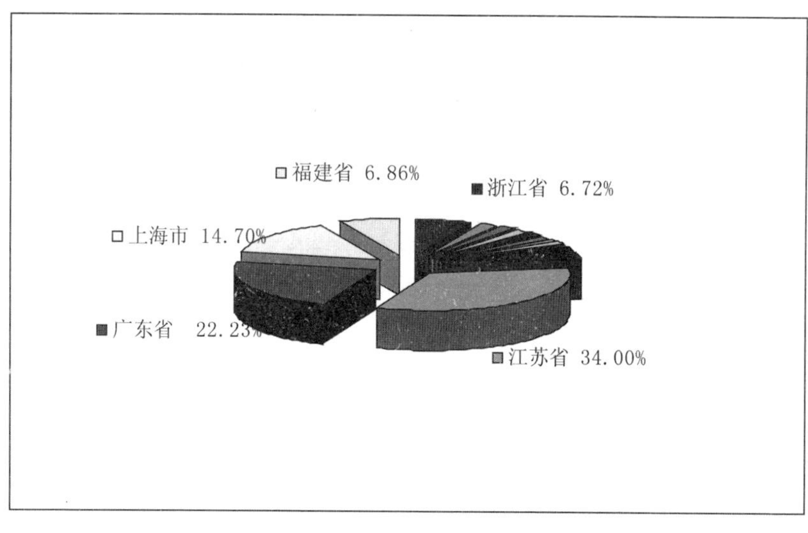

图3 台湾对大陆投资分区统计比例

资料来源：台湾经济事务主管机构统计处（数据是截至2011年3月的历年累计）

五、计量结果

对交易效率各指标进行因子分析并不是分析的目的，而是为了检验前面的理论假说而将提取出的因子值作为新的变量，进一步分析其与台湾产业转移在大陆的区域趋向性之间的关系，在此将反映台湾投资大陆的区域数据作为被解释变量进行对数处理。解释变量除了交易效率的三个因子，我们还加进了人口数量和反映政策制度等控制变量，尝试着对近年来台资产业转移大陆区域布局差异的影响因素进行分析。通过多次的模型筛选，我们给出了交易效率与台湾产业转移大陆的区位分布选择关系的计量分析结果，主要模型如下：

表7 多元回归模型

解释变量	模型1 Enter法 标准化回归系数	模型2 逐步回归法 标准化回归系数	模型3 Enter法 标准化回归系数
(Constant)	(10.952) ***	(2.180)	
交易效率因子*F*1	-0.435 (-0.954) ***	-0.916 (-2.011) ***	
交易效率因子*F*2	0.330 (0.706) **		
交易效率因子*F*3	0.487 (1.059) ***		
交易效率综合因子*F*			-1.001 (-1.800) ***

续表

解释变量	模型 1 Enter 法 标准化回归系数	模型 2 逐步回归法 标准化回归系数	模型 3 Enter 法 标准化回归系数
对数人口数		0.455 (1.260) * * *	0.279 (0.336)
对数政府税负		-0.387 (-2.280) * * *	-0.513 (-1.313) * * *
对数对外开放自由度		0.515 (1.294) * * *	0.878 (0.957) * * *
Adjusted R^2	0.493	0.730	0.633
F	10.080 * * *	19.248 * * *	12.663 * * *

注：* 表示在 10% 的水平上有统计意义，* * 为在 5% 的水平上有统计意义，* * * 为在 1% 水平上有统计意义，括号中的数据为非标准回归系数。

结果显示，模型 1 中交易效率三个主因子与对数 FDI 的关系在统计上均显著，其中交易效率因子 ^{F3} 对 FDI 变化的解释能力最强，达到 48.7%，反映教育水平的因子 F1 对因变量呈反向变动的关系，这与我们预期的假设相悖，其他两个因子均呈正相关性。但仅用三个交易效率指标解释台湾产业转移大陆的区位趋向强度与分布，总体上只有 49.3% 左右的解释力。

模型 2 中我们采用逐步回归法，根据显著性程度的大小，逐步将解释变量引入回归模型，即最初只选一个与因变量关系最强的因素进行回归，在此基础上，逐次追加新的自变量，贡献率最大的留下，没有意义的自动排出模型。模型的解释力进一步提高，但我们提取的交易效率因子中有两个指标均由于在统计上不显著而未被纳入模型。在政策和人口因素的控制下，反映教育水平、基础设施运作效率的交易效率因子 ^{F1} 对因变量的影响显著提高，且在众多具有显著性的解释变量中解释能力最强。

模型 3 中用三个主因子计算得到的交易效率综合因子，进一步验证了前一模型的结果，模型 1 中三个主因子中 ^{F1} 因子的影响指向与其他两个主因子 $^{F2、F3}$ 影响方向不尽一致，而当三个因子复合成综合因子时，在此消彼长的力量下，$^{F2、F3}$ 的影响力被分解，交易效率综合因子与台资在大陆的区域趋向呈现负相关性。说明在 2008 年台湾产业转移大陆的区域取向与各区域经济发展中的交易效率水平无法“对接”，存在提高交易效率反而会排斥台资产业转移的倾向。

总之，所有模型分析结果都不支持交易效率因子 ^{F1} 对产业转移的区位趋向有积极作用的理论假设。相对于模型 1 而言，在包含了政府政策制度、人口经济规模、经济开发政策等变量的模型 2 和模型 3 中，可以发现，反映教育水平、基础设施运作效率以及市场发育水平的交易效率因子^{F1}对对数^{FDI}变化的影响程度大大提高了，标准化回归系数的绝对值从0.4 上升到0.9 左右。交易效率促进经济增长的正面作用已被诸多学者所证实（杨小凯，2001；赵红军，2005；等），然而其在本文模型中的反向影响作用便意味着近年来台湾产业转移大陆的区位选择与区域经济发展"背道而驰"，并受制于教育水平、人力资本、基础设施流转效率等因素的影响，且大陆的政府政策以及市场秩序、经济开放政策等对交易效率的影响力有强化作用，很多台湾企业转移投资更加注重考虑与政策关联的人力资本要素产生的成本对企业效益的影响。

六、结论与讨论

交易效率的高低在很大程度上决定了分工组织的类型或模式，这已被前人研究所证实。然而作为分工演化形式的产业转移则是一个复杂的经济演进过程，特别是在海峡两岸不同的经济背景以及大陆区域间差异较大的情况下，要准确地找出系统中各变量的内在联系十分困难。多数观点认为，成本利益驱动是产业转移的根本。本文在此之外提出另一个思路，即交易效率演进是产业转移的前提，所谓产业转移只不过是交易效率动态演进的必然结果。本文实证研究主要获得以下认识和结论：交易效率与台湾产业转移大陆的区位选择二者之间内在正向的稳定关系尚未完全得到证据的支持。

通过前面聚类分析和回归分析，我们分别分析了台湾投资大陆在各区域分布的累积存量和2008 年流量的变化二者与区域交易效率水平之间的关系，结果表明，大陆各个区域承接台湾产业转移与区域交易效率上升之间存在着一定的复杂关系。通过比较，我们看到，同是劳动密集型产业转移，交易效率对其的长期累积效应与近期阶段效应却有截然相反的表现：

聚类分析结果显示历年来台湾投资大陆区域分布的累积存量与区域的交易效率呈正相关关系，说明了长期以来改善区域经济体的交易效率（包括加强交通、通信基础设施建设、提高经济政策开放性、减少政府对企业的干预等）可以推动两岸产业转移与合作进程，有利于双方经济发展；

截面数据的回归分析结果显示2008 年台湾投资大陆各区域的流量与区域交易效率水平之间呈反向作用关系，与前者分析结果相反，这种区别变化则可能是由于近年来大陆经济体的结构转型使得台湾转移大陆的产业结构滞后于移入地经济体发展的要求。过去时期台湾转移大陆的产业以劳动密集型产业为主，这恰好与移入地经济发展要求相适应，有利于经济发展，然而随着移入地经济结构转型与发展，原有转移的台资产业结构已然不适合当地经济转型与发展的要求，如果转移的产业结构没有跟随提升的话，二者必然产生互斥的现象。从这个意义上说，区域交易效率的提高可以排挤那些低端产业移入，从而促使转移产业的整体结构层次提高。

数据分析结果也表明2008年台湾产业转移大陆对移入地区人力资本及教育水平的要求不高，这意味着台资产业并不关注劳动力素质水平。根据传统区位理论，生产成本的节约是产业转移区位选择的最主要因素，而低廉的劳动力又是大陆最有吸引力的比较优势，以此为优势的产业一般是属于劳动密集型产业，由此可以推论台湾转移大陆产业的结构类型以低端劳动密集型产业居多。模型2结果也显示了人口数量对台湾产业转移大陆的区域趋向起到正面作用，这与前者的分析相结合，我们可以认为“劳工充沛、工资低廉”一直是台湾企业赴祖国大陆投资的首要因素。事实上这也印证了长期以来台湾投资大陆的行业基本上以劳动密集型制造业为主的特征事实；即便涉及电子行业，但也都处于产业链的下游，附加价值含量高的科技服务类产业链比例不大，且增长幅度远不及制造业；对于劳动密集程度较高的制造产业而言，劳动力成本在其总成本中的比重较高，大陆地区的充沛且低廉的劳动力便成为台资的根本利益所在。近几年，在东南沿海地区的劳动力成本不断上升的压力下，在工业用地紧缺与土地成本迅速攀升的推力下，在环渤海地区与东北地区以及中西部地区充足而廉价的工业用地和劳动力吸引下，台资选择向北、向西的扩资战略已经显现。

总量增长和结构调整是经济发展的两个方面，上述分析带出如下警示：

其一，每个地区都重视依靠廉价劳动力扩充经济总量以掌控更多的资源，台湾产业在大陆的区位集聚（趋向）并非必然与移入地交易效率水平的提升“对接”。两岸似乎缺乏通过优化人力资本结构、改进交易效率来提高竞争力的应有热情，大陆西部地区为自身发展而吸纳台资产业也普遍依赖于廉价劳动力和自然资源的绝对优势，缺乏进行创新的动力。

其二，面对台资产业在大陆地区的“低端性”和“西进”趋向，两岸在祖国内陆欠发达区域的合作升级势在必行。然而经济社会的发展过程往往都会对初始道路和规则的选择有依赖性，一旦选择了某种道路就很难改辕易辙，以致在演进过程中进入一种类似于“锁定”的状态。当前，台湾产业转移大陆正面临着强烈的制度“锁定效应”，要打破这种“锁定”，就有必要从改善交易效率着手。

其三，大陆地区提高交易效率并不一定会导致当地台商投资的增加，但我们也不能单纯地为了吸引台资而放弃对交易效率的改善，因为我们需要的是台商投资“质”的提升，未来的研究有必要对大陆区域交易效率与两岸产业转移的耦合性做进一步的考证与判断。

本文意蕴在于，大陆地区提高交易效率可以促使台商转移大陆的产业结构层次有所提高；只有经济增长，但没有交易效率的改善就难以有优质台资的入驻；同时大陆欠发达地区在吸引台资时所走的资源“锁定”路径需要通过交易效率的改善来扭转，从而让经济体的增长步入可持续发展的轨道。分析结果也意味着改善大陆经济体的交易效率是吸引台湾高层次产业转移与促进经济发展内生增长的必要条件。

参考文献：

[1] 李应博、刘震涛：《全球经济危机影响下两岸产业合作的框架、机制与模式创新》，《台湾研究》，2009 年第 5 期。

[2] 华晓红、郑学党：《中国大陆和台湾产业内贸易研究》，《台湾研究》，2010 年第 3 期。

[3] 刘澈元：《两岸经济一体化取向下台湾与大陆西部经济合作研究》，厦门大学博士学位论文，2009 年。

[4]《台湾经济界人士指两岸应建新投资及产业分工模式》，中国新闻网，http：//www. chinanews. com/tw/2011/03 –30/2941751. shtml。

[5] [英] 亚当·斯密：《国富论》（上、下册），西安：陕西人民出版社，2001 年。

[6] 杨小凯：《经济学：新兴古典与新古典框架》，北京：社会科学文献出版社，2003 年。

[7] 赵红军：《交易效率、城市化与经济发展》，上海：上海人民出版社，2005 年。

[8] 赵红军、尹伯成、孙楚仁：《交易效率、工业化与城市化——一个理解中国经济内生发展的理论模型与实验证据》，《经济学（季刊)》，2006 年第 3 期。

[9] 樊纲、王小鲁：《中国市场化指数——各地区市场化相对进程年度报告》，北京：经济科学出版社，2004 年。

[10]《中国统计年鉴 2009》，北京：中国统计出版社，2009 年。

[11]《中国劳动统计年鉴 2009》，北京：中国统计出版社，2009 年。

[12]《中国人口与就业统计年鉴 2009》，北京：中国统计出版社，2009 年。

[13] 台湾经济事务主管机构：《10 年 3 月核准侨外投资、陆资来台投资、国外投资、对中国大陆投资统计》，http：//2k3dmz2. moea. gov. tw/gnweb/Publicaffairs/wFrmPublicaffairs. aspx?id = AFFAIR_ 09&no =9.

加入亚投行对台湾地区经济金融的影响

杨　权[1]　刘紫荷[2]

亚洲基础设施投资银行（Asian Infrastructure Investment Bank，简称亚投行）是一个政府间合作性质的亚洲区域合作多边金融机构，重点支持基础设施建设，总部设在北京，法定资本为1000亿美元，初始认缴资本目标为500亿美元，实缴资本为100亿美元，其中中国出资占比50%。

2013年10月，中国国家主席习近平在访问东南亚时提出筹建亚投行的倡议；2014年10月24日，包括中国、印度在内的22个首批意向创始国签署《筹建亚洲基础设施银行的政府间框架备忘录》，亚投行成立。2015年3月12日，英国正式申请加入亚投行，成为首个西方发达国家成员，法国、德国和意大利紧随其后。按照日程安排，2015年3月31日是亚投行意向创始国申请的截止日期，中国收到申请函后需要向已有意向成员国征求意见。4月15日，意向创始国名单最终确认，全球共有57国成功申请成为亚投行意向创始国，其中亚洲有34个国家，欧洲18个，大洋洲和非洲各2个，南美洲有1个。

一、台湾未能加入亚投行的原因

根据《亚洲基础设施投资银行协定》，亚投行成员资格向国际复兴开发银行和亚洲开发银行成员开放。不享有主权或无法对自身国际关系行为负责的申请方，应由对其国际关系行为负责的银行成员同意或代其向银行提出加入申请。

2015年3月31日，在亚投行意向创始成员申请截止之日，台湾当局提交申请，却由于名称的原因遭受拒绝。中国国台办表示，欢迎台湾加入，但台湾必须以“适当名义”加入。从亚投行筹建以来，台湾当局与民众就对是否加入亚

① 厦门大学经济学院暨厦门大学两岸关系和平发展协同创新中心教授，厦门大学中国（福建）自贸试验区研究院研究员。

② 厦门大学国际经济与贸易系硕士生。

投行意见相左，台湾加入亚投行困难重重。

（一）台湾对亚投行意见变幻、态度消极

亚投行筹建以来，台湾对是否成为亚投行创始成员的意见无法统一。亚投行筹建以来，台湾当局用了相当长一段时间讨论加入亚投行的可能性和权宜事项。马当局宣布申请加入亚投行前，2015 年 3 月，时任财政事务主管机构相关负责人吴当杰、台湾陆委会主席夏立言、副主委林祖嘉等官员先后赴立法主管机构接受台湾地区民意代表质询加入亚投行事宜。时任台湾地区行政事务主管部门负责人毛治国率领行政团队至立法主管机构拜见台湾民意机构负责人王金平。会后，王金平表示，立法主管机构各党团不反对台湾申请加入亚投行。

马英九当局和蓝营公开表示“台湾”愿意加入亚投行，但是其名义问题仍然需要解决。2015 年 3 月 30 日，台湾决定通过国台办提交申请亚投行意向创始成员，3 月 31 日，台湾七个青年团体抗议，“反黑箱入亚投行”。并且，民进党主席蔡英文表示向国台办提交申请的行为是“把国际事务两岸化，开了严重矮化恶例”，“民进党立法院党团”更是召开记者会痛批马英九一人黑箱作业，缺乏民意授权和监督。这与民进党此前虽显谨慎，但总体正面的态度大相径庭，态度变化十分快。

总体来讲，台湾一直对加入亚投行保持观望态度，态度暧昧，这种态度的结果也导致了台湾无法解决加入亚投行的名义问题、无法平息台湾各方面态度变幻莫测的局势。

（二）台湾加入亚投行的名义问题

2015 年 4 月 15 日，亚投行创始成员国名单出炉，台湾虽然提交申请，但由于名义问题遭受拒绝。国台办马晓光回应表示欢迎台湾以适当名义加入亚投行的态度没有改变，并相信通过务实协商，能够为台湾方面以适当名义参与亚投行找到办法。

《亚洲基础设施投资银行协定》中明确规定：“亚投行成员资格向国际复兴开发银行和亚洲开发银行成员开放。不享有主权或无法对自身国际关系行为负责的申请方，应由对其国际关系行为负责的银行成员同意或代其向银行提出加入申请。”台湾地区无论加入亚太经合组织还是亚洲开发银行或是奥运会，都是以“中国台北”（Taipei，China）的名义加入的。因此，台湾至少应当以此名义加入亚投行。然而，台湾方认为“中国台北”（Chinese Taipei）是底线，这与中国大陆的立场产生冲突。同时，台湾陆委会强调，“中华民国”是“主权国家”，亚投行的章程关于加入亚投行的成员条件并不适用于“中华民国”，反复重申将本着“尊严、平等”的原则加入亚投行。

且不说绿营和独派反亚投行，倡议加入亚投行的马英九当局和蓝营也坚持以他们希望的名义加入亚投行。因此，台湾的名义问题已成为也将成为未来台湾作为亚投行成员的最大阻碍，两岸都立场明确，只有在这个问题达成共识，台湾才有可能加入亚投行。

（三）“台湾”的立场受到美、日两国左右

从亚投行最初筹建，台湾考虑是否加入时，民进党就提出“若欧、美、亚洲主要国家加入亚投行，且加入有助于台湾经济发展，就会思考参照”，这已暴露台湾亲美、亲日的态度。

亚投行筹建时，美国态度十分强硬，不仅坚持反对加入，还千方百计干扰其盟友加入，美国最大的担心在于中国会借亚投行壮大在亚洲的权力，对区域平衡产生影响。另外，亚投行是中国倡议筹建的，即使加入，美国也不会起主导作用。2015 年 3 月之后，美国态度发生软化，2015 年 3 月 23 日，美国总统奥巴马提议亚投行与美国主导的世界银行等国际组织建立合作关系；3 月 20 日，来华总统特别代表、财政部长雅克布表示，美国期待在促进基础设施建设方面加强与亚投行的协作。

日本对加入亚投行态度谨慎，表示暂时不考虑加入。中国与日本有强烈的政治心结、经济贸易竞争，历史恩怨和领土争端，同时日本还要参考美国对华的态度。日本副首相兼财务大臣麻生太郎 3 月 13 日表示，日本难以加入亚投行，因其对融资审查及组织运营不放心。而 2015 年 3 月 31 日，日本驻华大使木寺昌接受采访表示日本将会在几个月内加入亚投行。

由于历史原因，台湾一直唯美国马首是瞻，加入亚投行的举动受到美国意见左右。4 月 14 日，国民党台湾地区民意代表蔡正元表示马英九当局 2014 年底就已考虑参与亚投行的可能性并有乐观的态度，然而台湾外事主管部门接到美国持反对的意见，此案就因此搁浅。蔡正元最后表示台湾未加入亚投行的原因之一就是被美国耽误了。

二、加入亚投行对台湾的经济影响分析

台湾没有成功成为亚投行创始成员是多方作用的结果，但台湾加入亚投行将给台湾地区带来一系列有利的影响是毋庸置疑的。早在 3 月，马英九就提出台湾加入亚投行的三大理由：首先，台湾可在此组织扮演区域和平缔造者，人道援助提供者，成为国际的资产而非负债；二是，台湾希望参与区域经济整合，他表示“入亚投行对未来参与 TPP 或 RCEP 都是正面的”。三是考虑两岸关系，他表示亚投行获得多方支持，“台湾”若旁观，不积极参与会让外界觉得台湾不

支持国际协助发展较慢国家（地区）的基础建设。其实，加入亚投行对台湾地区的经济发展具有极大的经济利益。同时，台湾加入亚投行对台湾地区的人民币离岸市场的发展也有明显的促进作用。

（一）翻转“闷经济”

台湾地区已度过经济发展的“黄金时代”，现在台湾地区的经济状况被岛内称为“闷经济”。① 2009 年金融危机之后，台湾经济在 2010 年出现短暂复苏，并实现新世纪最高增长率后，但 2011 年开始台湾再次陷入低增长状态。2011—2013 年间经济平均增速为 2.57%，② 2014 年谷底反弹，经济增速达到 3.7%，③再次回到亚洲四小龙之首。此外，失业率虽有所降低，但青年的失业率仍很高。2014 年 1 月台湾失业率降至 4.02%，创五年半新低；不过青年失业率高达 12.69%，并且呈现上涨趋势。④ 另外，外商对外投资放慢。台湾经济虽然呈现较平衡的发展现状，但台湾很难改变现在的慢发展状态。加入亚投行则给台湾提供一个全新发展的契机，翻转“闷经济”。首先，获取更多亚太地区基础设施建设的机会。亚投行的重点本身就在基础设施建设，台湾在工程建造等基础设施产业方面有突出优势，加入亚投行台湾将获取更多行业信息，促进基础设施建设发展，活络经济。其次，刺激金融业发展，台湾可以争取亚投行在台湾地区发行债券，促进债券市场发展。同时，亚投行可以通过发行人民币债券，扩大台湾地区人民币债券市场的发展，推动人民币离岸市场的发展。

（二）进一步深化两岸经贸关系

大陆是台湾最大的贸易伙伴、第一出口目的地和第一进口来源地，同时也是大陆的重要经贸伙伴，第四大进口来源地、第七大出口市场、最大的贸易逆差来源地和第五大外资来源地。⑤ 因此，台湾地区外贸发展的来源很大一部分来自大陆。然而，由于两岸复杂的政治关系，两岸经贸关系受到很大限制。加入亚投行会给两岸关系带来更大的融合，两岸之间的经贸将取得很大程度的共识。同时，两岸经贸关系的密切程度加深相对而言更有利于台湾地区，台湾若

---

① 参见《台湾行政负责人谈经济：一个字形容就是“闷”》，中国新闻网，2013 年 4 月 16 日，www. chinanews. com. cn.

② 陈险峰、王建民：《2014—2015 年台湾经济形势回顾与展望》，华夏经纬网，2014 年 12 月 25 日，http：//www. huaxia. com.

③《台湾地区 2014 经济增长率 3.7%，重回亚洲四小龙之首》，华夏经纬网，2015 年 3 月 24 日，http：//www. huaxia. com.

④《台湾最新失业率降至 4.02%，青年失业率仍达 12.69%》，中国青年网，2014 年 2 月 27 日，http：//www. chinanews. com.

⑤ 国家商务部网站，http：//www. mofcom. gov. cn.

没有大陆市场，其贸易发展将受到严重阻碍。

（三）有助于台湾融入区域经济一体化

亚投行以亚洲新兴经济体为主体，对发展亚洲经济一体化将会有巨大的推动作用。同时，可以认为亚投行作为“一带一路”战略的重要支柱，为“一带一路”提供金融支持，融资链条，为各国建立合作平台。当前，世界各国正处于经济转型的关键时期，区域经济一体化是大势所趋。台湾加入亚投行是顺应时代趋势的重大决策。首先，台湾加入亚投行可以改变其唯美国马首是瞻的态度，改变国际政治经济秩序；其二，区域经济一体化将给台湾带来更多经济发展机会。台湾在“一带一路”战略中是重要的关隘，与“21世纪海上丝绸之路”的核心区福建做联结，可凸显台湾地区在亚太地区的重要性。台湾希望加入跨太平洋协议（TPP）和区域全面经济伙伴协议（RCEP），就需要更多亚太地区的经济活动，加入亚投行提供更多这样的机会；① 第三，促进台湾人民币离岸中心的建设，亚太地区有十分重要的人民币离岸中心，例如香港、新加坡等。加入亚投行将为台湾提供合适的人民币资金来源等，促进跨境交易发展。

（四）吸引外资以及扩大对外投资

近年来台湾的营建业和工程管理业发展迅速，十分活跃，需要许多发展机会。② 亚投行建设的目的就是为了投资基础建设，会有许多建设工程项目、工程管理项目。若台湾加入亚投行，则这方面的机会就会增多。近年，台湾的外商直接投资相对较少，甚至在2011年还出现了负增长，2012、2013年外商投资有所回升，然而相对2005—2009年期间的投资数额仍有所减少（见图1）。此外，台湾地区对外直接融资一直逆增长，说明台湾的投资一直有所欠缺，这不利于经济发展。另外，台湾地区的基础设施建设占其对外投资的比重极低（见图2）、占其外来投资的比重也很低（见图4），虽然基础建设投资呈现增长趋势（见图3），但是基数小，增速缓。台湾加入亚投行对投资方面的影响有：由于台湾地区的经济多年持续低迷，扭转“闷经济”也会带来更多民间对外投资的可能性；台湾对外投资最大的地区是大陆，其次是亚太地区，加入亚投行增加了与这些地区的经济往来，提供了更多投资机会。相比世界银行、亚洲开发银行等国际金融组织，亚投行在基础建设上有明显的优势，亚投行的主要融资对象是亚洲国家，而且贷款附加条件少，对项目审核也更加灵活。

---

① 马英九：《加入亚投行对台湾发展非常好》，中国台湾网，2015年4月8日，www.taiwan.com.

② 马英九：《加入亚投行对台湾发展非常好》，中国台湾网，2015年4月8日，www.taiwan.com.

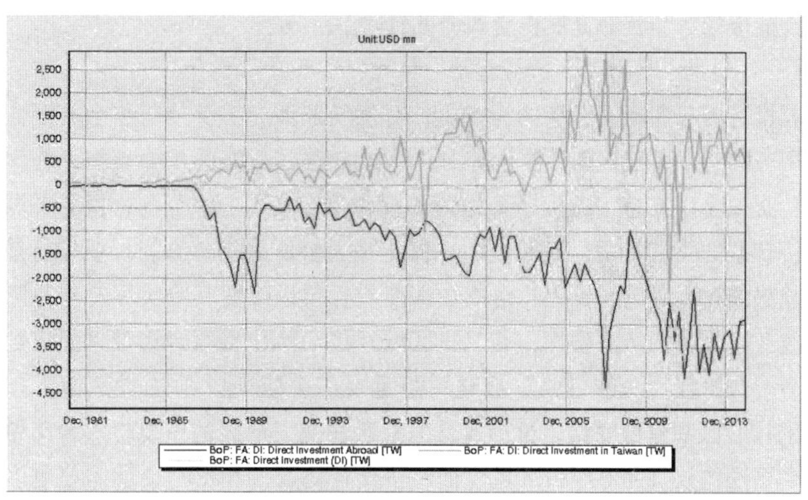

图1 1981—2013 年台湾地区直接投资、外商直接投资、境外直接投资

数据来源：http：//webcdm. ceicdata. com

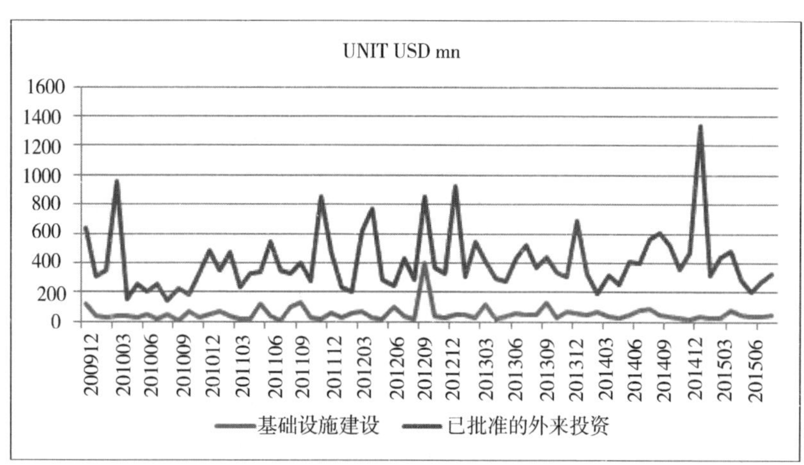

图2 2009 年 12 月—2015 年 6 月台湾地区已批准的外来投资和其中基础设施建设投资

数据来源：http：//webcdm. ceicdata. com

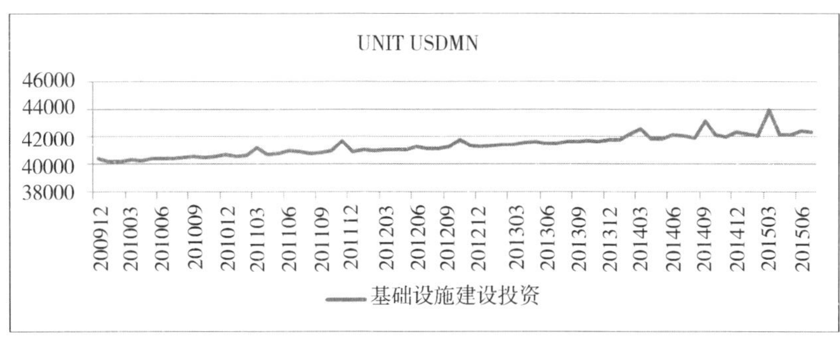

图3　2009 年 12 月—2015 年 07 月台湾地区基础设施建设

数据来源：http：//webcdm. ceicdata. com

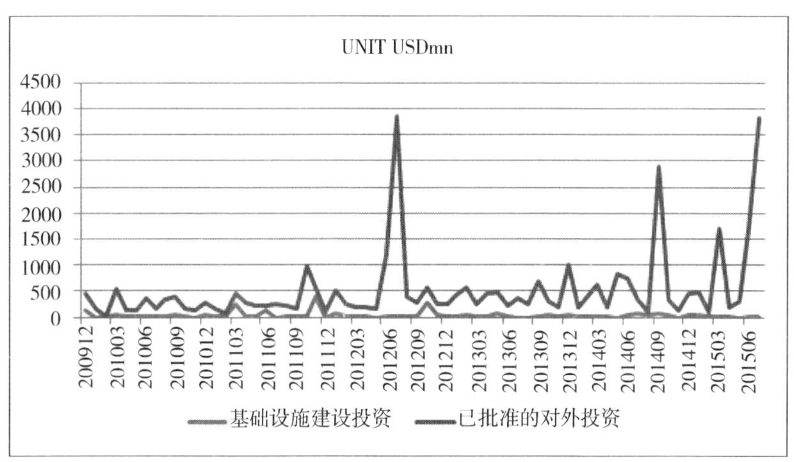

图4　2009 年 12 月—2015 年 6 月台湾地区已批准的对外投资和其中基础设施建设投资

数据来源：http：//webcdm. ceicdata. com

三、亚投行对台湾发展人民币离岸市场的作用

（一）加入亚投行会增加台湾地区人民币的贸易结算和流通

台湾加入亚投行的最直接的影响就是增加该地区人民币的贸易结算和流通。首先，亚投行是中国首次以东道主身份发起建立的国际性金融组织，相比亚洲开发银行、国际货币基金组织的 3.81% 和 5.47%，中国在亚投行的投票权占了约 30%，较高的投票权说明中国有更多话语权；而且，人民币在亚洲地区的接受度较高；这样，中国可以在不损害其他国家的基础上，采用优惠政策，推行

人民币国际化，增加人民币贸易，加速人民币从“周边化”到“区域化”转变，① 拓展人民币在东亚地区国际化。其次，台湾的主要贸易伙伴中，除了日本和美国，大部分国家都是亚投行的创始成员国。中国是台湾第一出口目的地和第一进口来源地，其第二大和第四大进口来源地②香港和新加坡则是最重要的两大人民币离岸中心，人民币的储蓄和投资、结算量比重都很大。同时，亚投行的创始成员国大部分国家位于亚太地区和欧洲地区，人民币是这两个地区的跨境支付的重要货币：至2015年4月，人民币成为亚太地区与中国和香港地区跨境付款最常用货币；而伦敦是欧洲最重要的人民币离岸中心，也是除香港和新加坡外全球最重要的人民币离岸市场。2015年10月份，习近平主席访问英国，也带来更多产业的兴起。在这些国家或地区的贸易往来、基建投资中，人民币将发挥重要作用成为重要支付货币，人民币的贸易结算和资金流通也会增多，台湾地区若成为亚投行的创始成员，人民币的跨境交易、资金往来也自然增多。

（二）加入亚投行增加台湾地区人民币资金池的输入渠道

台湾地区人民币资金的主要来源渠道有三：台湾对大陆的贸易顺差流入、大陆游客赴台旅费收入和大陆企业对台投资。其中贸易顺差是台湾地区人民币资金池的最主要且稳定的输入渠道。2015年1—6月大陆对台湾地区贸易差额为128.1亿美元，上年同期为149.74亿美元，同比下降14.6%，③ 对大陆贸易顺差作为人民币资金输入的作用正在减弱；另外台湾地区对大陆企业的投资有很多政策限制，台湾地区的人民币资金输入渠道受限，前景不太乐观。不过，台湾在“一带一路”战略中是重要的关隘，与“21世纪海上丝绸之路”的核心区福建做联结，加入亚投行，台湾将获取更多亚太地区基础设施建设的机会。亚投行的重点本身就在基础设施建设，台湾在工程建造等基础设施产业方面有突出优势，台湾将获取更多行业信息，促进基础设施建设发展。与其他人民币离岸市场之间的贸易进出口、引导大陆和其他资本市场的企业在台湾地区投资、启动一批重大合作项目等等，都会给台湾地区人民币资金池注入新鲜的血液。

（三）台湾的人民币资金循环问题得以改善

台湾人民币离岸市场发展的很大问题在于银行内人民币存款的增加与人民

---

① 高鹏：《亚洲基础设施投资银行（AIIB）：筹建背景、性质定位、面临挑战及对策》，《中国市场》，第31期，总第846期，第30—35页。

② 国别报告网 www. countryreport. mofcom. gov. cn.

③ http：//countryreport. mofcom. gov. cn.

币的资金使用不匹配，导致人民币在银行中滞留，没有得到有效的利用。据中国人民银行统计，台湾银行业吸收的人民币存款有70%存放在台湾地区人民币清算行，5%存放在大陆代理行，只有7%用于发放贷款，其余用于投资大陆银行间债券市场、离岸人民币债券，基金等。台湾加入亚投行将改善这种现状。亚投行的基本目的是为了解决基础设施建设的问题，中国“一带一路”实施过程中，沿途新兴市场和发展中国家的基础设施亟须完善，基础设施投资缺口大；另外，中国要改善其在世界产业链上生产力高、利润率低的现状，消化国内过剩产能，投资亚洲基建市场，都要求增加融资平台和渠道，增加可动用金融资源总量，完善融资体系。加入亚投行意味着融资平台的增多，债券市场、基金市场等得以扩展，人民币资金回流机制可以顺势建立。例如，台湾在基础建设过程中可以在一些项目和企业发放人民币贷款，设立人民币产业投资基金，以支持海西基础项目，高成长性项目以及台资企业发展；另外，各大人民币离岸市场之间可以互相发放人民币债券，形成人民币资金境外循环机制。

参考文献：

[1] 蔡正元：《台湾入行被美国耽误了》，中评社，2015年4月14日，http：//www.CRNTT.com.

[2]《马英九列三大理由挺台湾加入亚投行：但要解决名称问题》，观察网，2015年3月27日，http：//www.guancha.com.

[3] 钟厚涛：《台湾参与亚投行的战略机遇、主要困境及未来走向》，《亚太经济》，2015年第4期，第144—148页。

[4] 王达：《亚投行的中国考虑与世界意义》，《东北亚论坛》，2015年第3期，第48—64页。

[5] 高鹏：《亚洲基础设施投资银行（AIIB）：筹建背景、性质定位、面临挑战及对策》，《中国市场》，2015年第31期，总第846期，第30—35页。

2016后的两岸关系走向及其对经贸往来的可能影响

王英津①

2016年是台湾“大选”之年，选后的两岸关系将何去何从？站在历史的关键节点，人们似乎预感到了两岸关系即将发生重大变化。在这一背景下，学界对两岸关系的走向有许多分析和预测，其中最瞩目的是两岸关系即将陷入“冷和平”状态。所谓的“冷和平”状态是指虽未达到直接军事对抗的“冷战”，但也不是通常所谓的“真和平”，而是介于“冷战”与真和平之间的一种状态。“冷和平”是一种表面上的和平，和平底下暗藏着紧张或对抗，只是不像“冷战”那样公开对峙而已。那么，两岸关系走向“冷和平”状态的可能性究竟有多大？是否还有其他可能的走向？两岸是否可以通过努力来避免陷入“冷和平”状态？如果不能避免，大陆该如何应对“冷和平”状态？基于这些问题，本文在此做如下探讨。

一、未来两岸关系的三种可能走向

从理论上说，未来两岸关系的走向无非有三种可能的情形：一是继续保持真和平，二是陷入“冷和平”，三是出现“冷战”甚至军事冲突。

出现第一种情形（即继续保持真和平）的条件有二：一是倘若国民党在2016年“大选”中获胜，继续执政。倘若如此，由于国共之间存在着多年来业已奠定的“九二共识”这一政治基础，两岸关系和平发展的态势会继续保持。二是即便2016年民进党上台执政，但民进党采取与大陆相向而行的两岸政策，承认或变相承认两岸同属于一个中国的“九二共识”。

出现第二种情形（即两岸关系陷入“冷和平”）的条件是：2016年民进党上台执政后，既不承认“九二共识”，也不从事陈水扁式的“法理台独”，而是通过柔性的、隐性的、渐进的策略，从事所谓“维持现状”的“事实台独”和

---

① 中国人民大学国际关系学院政治学系教授。

“文化台独”。

出现第三种情形（即出现“冷战”甚至局部军事冲突）的条件是：倘若民进党在2016年“大选”中获胜，蔡英文上台主政后，公然采取陈水扁式的激进“台独”政策，在修改“国号”、“制宪”、“修宪”和“公投”等敏感议题上冲撞“一个中国”的底线，大搞“法理台独”。

为清楚表达起见，将以上三种情形列表如下：

未来两岸关系的三种可能走向简表

	第一种情形	第二种情形	第三种情形
状态	真和平	“冷和平”	“冷战”甚至军事冲突
条件	①国民党继续执政；②民进党上台执政，但承认或变相承认“九二共识”。	①民进党上台执政，既不承认“九二共识”，也不从事陈水扁式的“法理台独”；②从事所谓“维持现状”的“事实台独”和“文化台独”。	从事“法理台独”

图表来源：作者自制

二、两岸关系走向“冷和平”的概率最大

面对以上三种可能走向，人们难免会问：未来何种情形出现的概率最大？何种情形出现的概率较小？我们目前只能基于事实经验和逻辑推理来尽可能做出合乎理性和现实的判断。

出现第一种情形的可能性很小。就目前岛内的政治生态和各项民调结果来看，民进党籍的蔡英文一直遥遥领先于国民党籍的洪秀柱。尽管目前国民党已经“换柱”，但国民党新推出的候选人是否有能力扭转国民党选情的“低迷”态势，值得怀疑。根据界内多数专家学者的分析，国民党输掉2016年“大选”基本成为定局，即使朱立伦代表国民党出来参选也很难改变这一态势。目前各种迹象显示，民进党上台执政的可能性日益增大。民进党上台执政后，接受或变相接受“九二共识”的概率很小。梳理和分析蔡英文近期关于两岸政策的相关论述不难看出，其两岸政策论述模糊、空洞，所谓的“维持现状说”旨在继续回避“九二共识”（当然，从理论上说，并不能完全排除蔡英文会有“华丽转身”的可能）。根据上述对国、民两党参加2016年“大选”情况的预测不难

推断出，未来继续维持两岸关系和平发展（即真和平）的局面已非常困难。

出现第二种情形的可能性很大。倘若民进党上台执政后，不接受“九二共识”，两岸关系和平发展就没有了政治基础，两岸关系和平发展就难以继续维持。对此，习近平总书记在今年3月4日出席全国政协十二届三次会议期间所指出：“如果两岸双方的共同政治基础遭到破坏，两岸互信将不复存在，两岸关系就会回到动荡不安的老路上去。”① “从蔡英文的言行，以及近期一些绿营人士的言论，可以确定她抛出‘和平台独’政策远景的主要依据是：陈水扁直接、公然挑衅大陆一个中国原则底线、策动‘入联公投’、推动‘烽火外交’等动作，是导致大陆强烈反对，引发台海严重对抗的主要原因，蔡英文认为，只要避免类似行动，不公然、直接挑衅大陆，大陆即可忍受其不接受‘九二共识’、一个中国原则，以及‘维护台湾主权’等言行。”② 蔡英文所谓的“维持现状”，其实就是“事实台独”，只是其借助于“现状”的模糊性来“打擦边球”而已。与陈水扁时期的“法理台独”相比，无非是其手法更柔和、更隐晦一些，但其“台独”本质并无二致。另外，从国际影响因素来看，美国实施亚太再平衡战略，台湾将继续是美国牵制中国的一个重要筹码。台湾“闹独立”但不能碰撞大陆的政治底线，最符合美国的战略利益。所以，美国虽在表面上声称不支持“台独”，但在暗地里却支持民进党上台后奉行“事实台独”，与大陆“斗而不破”的两岸政策。民进党也会迎合美国的“亚太再平衡”战略，为美国维持“亚太再平衡”战略提供支撑和补充。近些年中日关系持续紧张和对抗，民进党上台后，台日进一步靠拢、共同对付大陆的态势将会出现，10月6日至9日蔡英文访日，就是一个信号。简言之，民进党上台后秉持“事实台独”政策符合美国和日本的利益。

出现第三种情形的可能性较小。倘若蔡英文上台后从事分离主义式的“法理台独”，必定没有政治市场。这主要是基于以下几个理由：其一，台湾主流民意不支持。台湾各项民调结果显示，台湾民众主张“不统不独”、“维持现状”者的居多。对于陈水扁式的“法理台独”，台湾民众基本秉持反对态度，因为“法理台独”会引起大陆的强烈反弹甚至军事打击。进一步讲，即便2016年“大选”后，出现民进党获胜，且在台湾地区立法机构获得多数席位的情况，民

① 习近平：《坚持两岸关系和平发展道路促进共同发展造福两岸同胞》，《人民日报》，2015年3月5日。

② 郭振远：《否认、回避九二共识，不会有台海的和平稳定》，香港《中国评论》，2015年5月号，第24页。

进党也难以从事“法理台独”。虽然在“立法院”具备了通过一般性决议的便利条件，但按照台湾相关规定，凡是涉及“领土变更”、“更改国号”等“主权”事宜，必须要经过“公投”。这时，决定是否“法理台独”的权力掌握在台湾民众手中，而非“立法院”。所以，即便在“立法院”获得多数（何况不太可能），也难以从事“法理台独”。何况，蔡英文当选后，还有继续连任的愿望。欲继续连任，她就必须考虑多数民众的意愿，而不能一意孤行。其二，美国不支持民进党从事“法理台独”。虽然美国意欲借助台湾这张牌来牵制大陆，但并不愿意跟中国发生直接军事冲突。“法理台独”会将美国“拉下水”，这不符合美国的利益。尽管日本存在着借台海军事冲突来削弱中国的企图，但日本仍是美国的追随者，尾随美国的意图行事。

根据对上述三种可能走向的分析，可以推论，两岸将陷入“冷和平”状态的可能性最大。但正如前面所分析，“冷和平”是根据目前岛内政局变化和国际因素所做的一种预测，未来出现的概率较大，但也并非确然。如果蔡英文采取与大陆相向而行的两岸政策，接受“九二共识”，两岸就会出现真和平；倘若蔡英文采取与大陆对抗的“法理台独”政策，两岸将会出现“冷战”，甚至军事冲突。

三、“冷和平”对两岸关系的可能影响

倘若 2016 年后两岸关系果真陷入“冷和平”局面，将对目前的两岸关系产生破坏性影响。具体说来如下：

第一，两岸制度化协商可能会中止。自 2008 年以来，两岸之间建立了一系列官方和半官方制度化协商机制，成为两岸双方互动沟通的重要渠道，进而形成有效的两岸共同治理平台，促进了两岸关系向前发展。但一旦两岸陷入“冷和平”局面，这些制度化协商机制将可能中止。其一，两会协商机制。众所周知，两会是分别得到两岸公权力部门授权的机构。民进党上台后，一旦没有了“九二共识”这一共同政治基础，两会协商机制将会中止。其二，国台办和陆委会常态化沟通机制。2014 年 2 月，两岸事务主管部门负责人首次在南京举行会晤，这是一九四九年以来，首次有官衔互称的历史性会晤。在此次会晤中，双方同意国台办和陆委会建立常态化沟通机制。此举使两岸事务主管部门就两岸关系发展中的相关问题直接沟通、互动，避免误判，有助于评估和管控两岸事务，有助于增进两岸互动。但是，倘若两岸关系陷入“冷和平”局面，该机制也会中止。其三，两岸经济合作委员会。该组织也简称“经和会”，是依据 EC-FA 成立的组织，由海协会和海基会共同召集，下设货物贸易、服务贸易、投资

工作、解决争端工作等若干小组。经合会是两岸经济事务共同治理的开端，为两岸其他相关事务的共同治理提供了借鉴，促进了 ECFA 的机制化和深入落实，推动了两岸经济合作的便利化和一体化进程。倘若两岸关系陷入“冷和平”，该组织被中止运行的可能性极大。其四，旅游与民航“小两会”。它们是由两岸民间业者组成，接受官方授权进而协商旅游、交通、航空安全等问题的组织，称为“小两会”。如旅游“小两会”，由台湾海峡两岸观光旅游协会与大陆海峡两岸旅游交流协会作为对口平台，接受两岸旅游观光事务部门的授权，就两岸旅游事务以及观光客在对方境内遇到问题进行沟通、协商、谈判。而且彼此在对方都有派驻机构，台旅会成立北京办事处，海旅会成立台北办事处，方便己方观光客在对方境内遇到问题时及时处理，并与对方相关职能部门保持沟通。此外，两岸还有“民航小两会”，根据两会签署的《两岸空运协议》建立由台湾台北市航空运输商业同业公会和大陆海峡两岸航空运输交流委员会对口负责，经双方主管部门授权就两岸飞航安全、航班安排等事宜进行磋商、谈判，促进两岸人员往来和航空安全。倘若两岸关系陷入“冷和平”，这些组织即使未被中止运行，其运行效果也会大打折扣。

第二，两岸的经济交往可能出现停滞或倒退。其一，大陆的经济惠台政策很可能不再延续。对于蔡英文来说，其最佳目标是，既不承认“九二共识”，又能享受两岸关系和平发展的红利，这样有利于其连续执政。从大陆方面来看，这是蔡英文的一厢情愿，因为两岸关系和平发展的红利是在“九二共识”的基础上衍生出来的。蔡英文不承认“九二共识”，却想获得只能基于“九二共识”方可取得的和平红利，这是不现实的想法。国民党执政时期，两岸关系之所以能够和平发展，是由于国共两党之间存在“九二共识”。倘若民进党上台执政，大陆继续奉行国民党时期的两岸政策，不能区别对待，这在实际上是变相鼓励“台独”。其二，两会签署的二十多个协议的执行将面临困难。两会签署的二十多个协议是双方基于“九二共识”这一政治基础而签署的协议，虽然后来经过了两岸公权力部门的审批程序，增强了其合法性和稳固性，但并没有改变其基础仍是“九二共识”这一事实。换言之，两会签署的二十多个协议之所以顺畅地运行，是由于其得到了“九二共识”的支撑。倘若民进党上台后不接受“九二共识”，则使得两会签署的协议失去了原有的基础，即使大陆不予以将其中止，其执行效果也会大打折扣。对于这一可能出现的结果，似乎蔡英文已经有所预料。为减少或防止两岸关系陷入“冷和平”后可能会给台湾经济发展带来的负面影响，蔡英文目前所谓的“南向政策”，以及向日本积极寻求经济支持，可以被视作蔡英文为避免上台后因大陆调整惠台政策而使台湾经济陷入困境所采作的先期努力。

第三，台湾的“国际活动空间”将会被压缩。其一，两岸的“外交休兵”局面将会被打破。马英九上台主政后，主动与大陆采取“外交休兵”策略，互不挖对方“邦交国”，才使得台湾当局暂时维持了原来的“邦交”数量。但是，一旦两岸陷入“冷和平”状态，双方的“外交博弈”可能会重新开始，台湾当局的“邦交”数量必定会被减少。其二，台湾加入国际组织很难再有突破。马英九主政以来，在台湾加入国际组织方面，两岸形成了“先两岸，后国际”的惯例和原则，即台湾要参与国际组织，原则上都应该在两岸经过充分协商并达成具体谅解和方案后才能具体实施，反对台湾方面绕开大陆单方面的一意孤行。实践证明，台湾当局越过两岸协商、单方面地谋求加入国际组织，大陆方面必然进行抵制，跟有关国际组织打招呼或抗议，在这种情况下，台湾的单方面诉求就会“流产”。民进党上台后是否会遵循这一惯例？我们不得而知。但可以肯定的是，倘若民进党上台后采取绕开大陆、单方面申请加入国际组织的做法，只能以失败而告终。上述两个方面的分析表明，两岸关系陷入“冷和平”状态后，“台湾当局”在维持“邦交”和加入国家组织方面的空间均面临着危机。随着台湾“国际活动空间”的压缩，台湾民众可能会对大陆产生严重不满情绪，这又会进一步加剧两岸关系的紧张。目前蔡英文主张今后台湾加入国际组织的方向将被调整为加入人道主义援助性质的国际组织为重点，可以被视作其为避免陷入这一危机所做的思考。

四、“冷和平”局面的避免和应对

“冷和平”类似一个“光谱”，呈现出非均质的和平状态。其存在着两个端点，一个端点存在着向真和平演化的可能性，另一端点存在着向“冷战”甚至军事冲突演化的可能性。“冷和平”是两岸之间的不幸，也是亚太地区的不幸。尽管两岸陷入“冷和平”的态势日益明显，但并非不可能避免，只要两岸双方能够清醒地认识到“冷和平”的危害，两岸当局均从中华民族的大局出发，也可以避免陷入“冷和平”状态。

对于民主政治环境下的选举型政党来说，有一个不是规律的规律，那就是其选举前的论述与当选后的实际作法存在落差。即使美国的两大政党也不例外，选举前均宣示强硬的对华政策，但其当选后均采取冷静、理性、友好地对华政策。民进党上台后是否也会出现怎样的情况，是与大陆相向而行，接受或变相接受“九二共识”，还是与大陆相背而行，无所顾忌、变本加厉地从事“事实台独”？目前无法得知，但希望前者会出现。倘若民进党上台后，果真出现了与大陆相向而行的行动，大陆会积极地加以肯定和鼓励。前任中共中央总书记胡锦涛曾指出：“对台湾任何政党，只要不主张‘台独’、认同一个中国，我们都愿意同他们交往、对话、合作。”① 现任中共中央总书记习近平也指出：“我们对台湾同胞一视同仁，无论是谁，不管他以前有过什么主张，只要现在愿意参与推动两岸关系和平发展，我们都欢迎。”②

众所周知，坚持“九二共识”是国共两党互动交往的政治基础，也是前提条件。正是基于这一政治基础和前提条件，国共两党自2005年连战主席访问大陆以来就开启了党际交流。2008年国民党上台执政，两岸在“九二共识”的基础上，开辟了和平发展的新局面。民进党只有接受“九二共识”，才能为两岸关系和平发展奠定基础。两岸同胞应百倍珍惜这来之不易的局面和成果，防止“台独”活动的蔓延。正如大陆中共中央总书记习近平所指出：“‘台独’分裂势力及其活动损害国家主权和领土完整，企图挑起两岸民众和社会对立、割断两岸同胞的精神纽带，是两岸关系和平发展的最大障碍，是台海和平稳定的最大威胁，必须坚决反对。两岸同胞要对‘台独’势力保持高度警惕。”③ 两岸关系的风风雨雨，给我们的启迪是，两岸合则共赢两利，斗则双输互损。

---

① 胡锦涛：《坚定不移沿着中国特色社会主义道路前进　为全面建成小康社会而奋斗——在中国共产党第十八次全国代表大会上的报告》，人民出版社，2012年11月版，第45页。

② 习近平：《共圆中华民族伟大复兴的中国梦》，载《习近平谈治国理政》，外文出版社，2014年，第239—240页。

③ 习近平：《坚持两岸关系和平发展道路　促进共同发展造福两岸同胞》，《人民日报》，2015年3月5日。

“一带一路”应重软件建设与台企关系

林钰祥①

“一带一路”建设加上亚投行的创立及丝路基金为未来中国的战略布局，对外关系，经济发展开创了一幅美好的前景。之后就看如何布局，如何推动，及将面对那些荆棘前途。

今年10月中旬，习近平主席对国际局势给了五个最新判断提出“必须充分吸收各种优秀文明、优秀文化和文明发展成果。这种融合，既体现了人类文明的包容性，又体现了人类发展的共享性”。但查看“一带一路”的相关规划，就缺少了这方面的国内文明文化建设的推动计划。回顾汉唐盛世所体现的中国文化融合外族文化形成新文化的果实，是值得加以回味的。“一带一路”的推动，将和多种文化和人种交流，如何展现中国文化和文明的优势，是有待努力的。近年来中外旅客大量交流接触所引起的摩擦，就值得去重视改善。中国传统的四维八德就是固有的宝贝，有待继续来推动和发扬。可以透过学校教育与社会规范的制定并行来推动。

多种语言文化历史教育的推展及留学生的吸收：对外接触最重要的就是要对不同的语言、文化相互认识了解，“一带一路”的推动要靠各种专业知识，但更根本的对语言文化的了解更为重要，可以增加助力，减少阻力。中国的广西、云南、西藏、新疆和“一带一路”必经国家接壤，历史关系密切，对邻国语言文化多有认识，善加运用即可收事半功倍之效。

“一带一路”沿线国家大专院校牵手！为解决“一带一路”战略推进时贯通各国的人力资源短缺困境，沿线八国共四十七所大学2015年10月17日发布“敦煌共识”，成立“一带一路”高校战略联盟，复旦大学、兰州大学、北京师范大学与俄国及韩国等四十六所大专院校共襄盛举。这样的发展是值得肯定和加强的。

① “国策”研究基金会研究员。

"一带一路"从中国的立场看是有大利多的可能，在东南亚现在已取得泰国铁路建设与印度尼西亚高铁建设的机会，在电力开发和电网联结上也有很大的进展。但中国将面对东南亚国家与人民对中国信任（China Trust）与中国"威胁"（China Threat）的矛盾情节。外又有美国重返亚洲与日本挟亚洲开发银行的竞争，海上丝路与南海主权争议也存在着矛盾，要如何能双面兼顾也要有很高的智慧来处理。东南亚国家中众多的华人既是互动的助力，但多次排华动乱的历史也深深值得借鉴。

"一带一路"所接触各国大多是开发中国家，国际债信并不很好，很多的援助贷款最后都变成捐助，取消债务。以亚投行和丝路基金来支持"一带一路"，必然也要面对相同的问题。亚投行是五十多个国家所投资，对投资安全的考虑必然强于单一国家援助的考虑。

台湾企业的角色：

台湾企业的特色包括，中小企业为主，重生产精致零配件，产品转变弹性大，产品轻薄短小，就算是大企业也是提供成品的重要零组件。台湾自有品牌产品在世界上算是少数。除了众所周知的电子零件，近年螺丝、镜片、面膜、高级纺织品成为世界领先的产地。所以对"一带一路"的参与常是无形的，只要市场到哪里，台湾的零配件就到哪里。亚投行的参与是让官方代表有参与的机会却也有投资的风险，有官方的参与对台企可增加安全感。台湾在管理软件的开发上也有突出的表现，日本高铁进军东南亚就邀请台湾高铁参加，大陆高铁应也可考虑找台湾高铁合作。台湾的高速公路建设也获得国际高度的肯定，有很大合作的空间。台湾企业的国际接触经验是无价的软件智能财产，台湾企业的国际信用更广受国际企业的信赖，是国际经贸往来的优等生，可作为大陆对外接触的桥梁。

东盟在区域及台海两岸关系网的中心性分析

李　红　覃巧玲　农　方　等课题组①

一、引言

帕克（Parker，G.，1998）在《地缘政治学：过去、现在和未来》第九章“驳倒盲目的地理学家？中心—外围世界”中认为，中心原则是迄今为止我们所探讨的那些地缘政治世界观中最常见的特征。它基于这样一种观点：无论国际关系的结构变得多么复杂，它总存在一个拥有特别重要作用的“中心位置”（central place，即中心地理论）。这种特殊的重要性并不单单指政治的，它是政治、商贸、技术、文化、人口和军事各种因素的结合体。具有此种特征的位置可以是一个城市、一个国家或者一个地区，用地缘政治学术语可以把它分别描述为核心的区域、地区、地带、重心或心脏地带。② 尽管被视为能扮演这种角色的实际位置在不断改变，但在某一特殊国家、地域或全球范围内存在着一个或多个“中心”的基本观点却依旧未变。那么，对于东亚或者亚太地区而言，其“中心位置”何在？

特别的，20 世纪 90 年代以来，东南亚国家联盟（“东盟”）对其自身“中心性”③ 的强调，及其在当前东亚乃至亚太地区合作格局中的地位变迁，使世界目光聚焦东盟。每当台海两岸高层在东南亚互动，各国与东盟高层接踵互访，或大国政要云集东盟地区，或以东盟为中心的轴辐式区域自由贸易网络不断创

---

① 卢万国、董双华、张珺等部分地参加了本文大量数据的搜集整理。
［基金项目］国家自然科学基金项目“文化外交网络在地缘经济区的溢出效应及其机制研究：知识关联视角”（41561026）。

② ［英］杰弗里·帕克：《地缘政治学：过去、现在和未来》，刘从德译，北京：新华出版社，2003 年，第 178 页。

③ 英译为“［ASEAN］centrality”，我国常将其译为“［东盟］主导地位”或“核心作用”，有时亦译为“集中性”。

新，人们都会问到一个问题：“为什么东盟会受到如此重视?”或者，“东盟真的是区域的中心吗?”“其中心地位未来如何发展?”等等。对此问题，过去简单的回答是：“因为东盟处于两大洲（亚洲与大洋洲）和两大洋（太平洋与印度洋）的中心地位，战略位置及战略资源十分突出……”事实上，东盟并非中国与日本或美国的地理中心，但为何包括多个“10+1”之类的区域合作机制都以东盟为中心?

美国前国务院政策规划司司长安妮-玛丽·斯劳特教授在《外交事务》(*Foreign Affairs*)上的文章指出，如今这个复杂相互依存和密切连接的世界，不再是“个人英雄”展示超凡能力的舞台；相反，真正举足轻重的国家，是那些网络中的核心行为体，它们精心编织网络，与他国战略性相连，并置身于全球关系网络的中心。同时她强调：在21世纪只有相互连接才是发展之道，与他国相互连接的程度已成为塑造国际影响力的关键因素。① 网络中心性战略是一种集战略约束、本利分析与责任共担为一体的重大外交战略。从当前的国际交往来看，在关键网络中的定位以及配置、指挥和创造网络的能力，现已成为国际关系国家行为体的一个重要权力来源。② 因此，为更好地分析一个国家或组织在国际交往与合作中的地位和作用，从交往主体相互关系入手的社会网络分析法近年已逐步运用于国际关系研究领域。根据一些学者的观点，社会网络分析方法在国际关系中的特殊作用在于它描述了国际网络的工作原理和网络关系如何影响国家行为体的外交决策以及所产生的结果。该方法补充了注重于行为体属性和静态平衡结构的传统研究路径，强调物质和社会关系如何通过动态过程产生国际关系行为体间的结构。③ 新近的例子如Kumar等（2014）用社会网络方法研究1979—2010年东盟国家在经济学领域的国际研究合作，④，Anthony(2014)运用社会网络分析方法论证东盟如何通过构建国际关系网络而成为区域合作的中心，认为尽管东盟缺乏成为区域合作领导者的物质基础，但其在区域

---

① Slaughter A. M. America's Edge: Power in the Networked Century, *Foreign Affairs*, 2009, 88 (1): 94—113.

② Slaughter A. M, A Grand Strategy of Network Centrality, in R. Fontaine and K. M. Lord (Eds.), *America's Path: Grand Strategy for the Next Administration*, Center for a New American Security, 2012: 45—56.

③ 陈冲：《国际关系的社会网络分析》，《国际政治科学》，2009年第4期，第92—117页。

④ Kumar. S., Rohani. V. A., & Ratnavelu, K. International research collaborations of ASEAN Nations in economics, 1979—2010, *Scientometrics*, 2014, 101 (1): 847—867.

合作网络中较高的中介作用使之成功地坐上了区域合作列车的驾驶席。① 潘峰华等（2015）基于社会网络分析方法和经贸视角，对中国周边地缘政治环境的分析，② 让我们对国际区域合作有更深的认识。但对东盟这样连接两大洲和两大洋的地缘区或地缘战略区③的对外合作战略，国内外较少有运用社会网络分析方法对其进行定性与定量相结合的分析。本文拟用社会网络分析法探讨东亚及亚太区地缘政治、经济合作网络的内部结构，并重点考察东盟在地缘区域合作网络中所处的地位以及其成因，进而审视东盟中心性战略的未来发展路向及其可能策略，以回答东盟在东亚及亚太区域的中心性地位问题，更为客观地分析东盟在地缘区域合作中的主导作用，并丰富相关研究。

二、东盟区域中心性战略的发端

随着经济全球化与区域经济一体化进程加快，作为由中小国家组成、发展中国家最大的一个区域合作组织，东盟也在积极调整自身发展的战略部署与理念。其中，一个重要的战略理念就是强调“东盟中心性”，即在以东盟为主导的地缘区域架构下开展合作与对话，以实现东盟在区域合作中的主导地位。

东盟中心地位概念的发端可以追溯到1994 年东盟地区论坛（ARF）上的安全对话。在该次论坛对话中，东盟开始设想在地区事务方面从过去的被动参与者坐上驱动整个区域前进的驾驶席（driver seat），成为地区合作的领导力量。次年，东盟的一个文件将其在本地区的角色定义为“东盟地区论坛的主要驱动力（the primary driving force of the ARF）”。④ 此后这个概念就被广泛的运用于东盟的区域合作之中，用以显示东盟强化中心性、主导本地区合作的战略意图。⑤ 随着东盟经济一体化进程加快，及其在东亚区地位的不断提高，东盟逐步将其战略意图转向谋求在亚太地区合作的中心主导地位。

---

① Caballero - Anthony, M. Understanding ASEAN's centrality: bases and prospects in an evolving regional architecture, *Pacific Review*, 2014, 27 (4): 563—584.

② 潘峰华、赖志勇、葛岳静：《经贸视角下中国周边地缘环境分析——基于社会网络分析方法》，《地理研究》，2015 年第 4 期，第 775—786 页。

③ 王正毅：《边缘地带发展论：世界体系与东南亚的发展》，上海：上海人民出版社，1997 年，第 23 页。

④ P. A. Petri, M. G. Plummer. ASEAN Centrality, RCEP, and the TPP. Osaka University, 2013. http: // www. apeaweb. org/confer/osaka13/papers/Plummer_ Michael. pdf.

⑤ P. A. Petri, M. G. Plummer. ASEAN centrality and the ASEAN - US economic relationship. East - West Center, 2013. https: //www. aeaweb. org/aea/2014conference/program/retrieve. php? pdfid = 817.

为强调在区域合作中的中心性，防止在发展中被边缘化，东盟更是将东盟中心性概念写入宪章以突显其战略意图。在 2008 年 12 月 15 日生效的《东盟宪章》第 1 条第 15 款明确提出东盟的宗旨之一：在一个开放、透明和包容的区域架构中保持东盟的中心性（maintain the centrality）与主动性，并作为其与外部伙伴关系及合作的主要动力；① 第 2 条第 2（m）款提出东盟的原则之一：在保持主动接触、对外开放、包容共享和非歧视性立场的同时，坚持遵循东盟在对外政治、经济、社会与文化关系中的中心性原则；② 第 32 条（b）指出，应保持东盟的中心性（ensure the centrality of ASEAN）；③ 第 41 条第 3 款指出：东盟应成为其所开创的众区域安排协定的主要推动力，并保持其在区域合作与共同体构建中的中心性，④ 等等，这些都凸显出东盟在国际及地区事务中对其中心地位的强调。事实上，作为一个由中小发展中国家组成的地区组织，东盟不但在确保自身独立性的同时保持与区外大国的良好关系，而且还成功地将这些大国吸引到以东盟为核心的地区多边框架中来——从 20 世纪 90 年代开始，东盟成功地将亚太地区主要大国引入包括东盟地区论坛（ARF）、东盟加三（东盟加中日韩）以及东亚峰会（EAS）等框架中。在普遍认为只有大国、强者才能主导世界的逻辑中，这不能不说是一个奇迹，也是国际政治中的罕见现象。⑤ 这更值得我们从中心性视角出发对东盟区域合作中的地位与作用进行审视。

三、东盟中心性战略发展的主要支撑

东盟在区域中心性战略的成功发展，存在着两个方面的重要因素，一是与周边国家的关系，二是自身的内部关系。因此东盟所构建的区域合作网络主要由三个层次组成，第一层为东盟内部成员国所形成的区内网络，第二层为东盟作为一个集体与东亚国家所形成的区际网络，第三层为东盟将合作网络范围扩展到亚太地区所形成的更大范围的区际网络，由此组成了“东盟—东亚—亚太”

---

① 有学者译为“在一个公开的、透明的、包容的地区结构中，将保持东盟集中立（似应是集中性——引者注）和积极的形象作为其在对外关系和合作上的基本推动力。”引自：王玉主：《东盟 40 年——区域合作的动力机制》（1967—2007），北京：社会科学文献出版社，2011 年，第 283 页。

② 国内译为“保持东盟在对外政治、经济、社会和文化联系的集中性，保持积极参与的、开放的、包容的和无歧视的状态。”见王玉主（2011）第 283 页。

③ 王玉主译为“确保以东盟为中心”，见王玉主（2011）第 293 页。

④ 王玉主将“中心性”译为“中心地位”，见王玉主（2011）第 294 页。

⑤ 张云：《国际政治中“弱者”的逻辑——东盟和亚太地区大国关系》，北京：社会科学文献出版社，2010 年。

的多层次地缘政治空间维度。而区内合作网络嵌入区际合作网络之中所带来的是多重交织的网络格局。这种“嵌套式”的区域合作网络格局使国家间的合作关系变得更为复杂，并逐渐形成具有自身特点的区域性社会关系系统。因此东盟区域中心战略的发展需要统筹不同政治空间维度的利益关系，需要处理不同层次网络的合作难题，即东盟欲成为区域合作发展的主导力量，要协调东盟内部及东盟与周边大国的关系，赢得大国的支持与认可。目前，经过自身努力，东盟已成为东亚地区合作的主导者，其“中心性”战略实施取得重大进展。

（一）亚太强手的支持认可，增强东盟在网络中的重要性

东盟的中心性战略自提出以来至今二十余年，目前已基本得到中、日、美、印等亚太大国的认可。为坚持与维护和平发展战略，防止地区威胁，中国表示：中方愿意支持和参与以东盟为主导、协商一致、循序渐进、照顾各方舒适度、平等互利、相互尊重、求同存异为特征的合作。而美国为维护其在亚太地区的话语权，日本因试图主导东亚合作的方案频频触礁，但又惧于东亚合作主导权落入中国之手，都主张尊重“东盟”主导原则。除此之外，印度也对东盟主导地区合作表示支持，并与东盟结成战略伙伴关系。中、日、美、印等作为亚太地区政治、经济、外交实力强国，它们作为节点在东亚地区或亚太地区合作关系网络中的重要性不言而喻，是网络中的重要节点，而其对东盟主导地位的支持使东盟成为区域合作网络中的中心节点。同时东盟也通过这些重要节点直接或间接连通网络内其他节点——这些其他节点在关系网络中大多为重要节点国家的结盟国。通过这样一种方式东盟不但赢得了亚太大国对其区域中心性战略的支持，也“拉拢”了依附于这些大国的小国，无疑增强了东盟在东亚乃至亚太区域合作关系网络中的重要性。正是这种大国之间的芥蒂、权力真空乃至对东盟的相继支持，让东盟“自然而然”坐上了东亚合作列车的驾驶席，并在亚太地区合作中发挥重要作用。

（二）东盟积极力争与构建，提高自身在网络中的中介作用

冷战结束后，东盟在解决地区事务问题中，逐步成为东亚区域合作的主导力量及亚太区域合作的重要力量已是不争的事实。Acharya（2014）认为在区域领导者的争夺方面亚太大国存在“能力与合法性”的不统一，即部分国家虽有能力但不具备合法性，而部分国家虽具有合法性但能力尚不足领导整个地区的

合作发展。① 在存在这种能力与合法性不统一的情况下，东盟主要运用以下两个竞争措施使其成为区域合作的领导或重要力量。

其一，利用东亚地区乃至亚太地区大国之间的矛盾，实施灵活务实的“大国平衡”战略，巧取东亚地区合作主导权，提升自身在亚太区域合作中的重要性。在东亚区域合作方面，按照以往的国际经验，作为东亚大国的中日韩是主导东亚合作发展的最佳选择，但东盟却成为东亚地区合作发展的掌舵之手，其中一个重要原因在于东亚地区主要国家之间的历史纠纷和现实矛盾使得“大国主导”模式难以形成。首先，中国作为世界第二大经济体，且在国际上有一定政治影响力，有能力主导东亚合作发展的大局，但中国长期倡导和平共处五项原则、韬光养晦及和谐共进的发展理念，无意于东亚主导权之争。其次，日本虽有实力也有意愿主导东亚地区合作，但是由于历史及美日关系等多方面原因致使日本在东亚地区缺乏号召力。韩国受经济实力和政治影响力等方面的限制，无法承担主导东亚合作的大任。在亚太区域合作方面，美国作为亚太地区实力最强大的国家，是亚太地区合作主导地位的最佳“候选人”。但美国在亚太地区所推行的政治、经济、安全等措施受到了亚太多国的反对和抵制，一些国家更是对美国重返亚太战略存有疑虑。除此之外，美国长期实行霸权主义和强权政治，强调双边同盟以及干涉他国内政等行为使得亚太各国对建立以美国为核心的合作框架心存芥蒂。由此可见，即使政治经济实力强大的美国在短期内也无法主导亚太地区合作。这种由于现实原因导致区内大国在区域合作网络中作用的“弱化”，恰恰从另一方面提升了东盟在区域合作网络的重要性。

其二，主导东亚及亚太地区多个重要合作机制，积极搭建区域合作网络，构建以东盟为中心的合作平台。目前以东亚为内核的亚太地区主要合作机制有亚太经合组织（APEC）、3 个 10 +1、10 +3、10 +6、东亚峰会（10 +8）、中日韩峰会以及正在谈判中的跨太平洋伙伴关系协议（TPP）和区域全面经济伙伴关系（RCEP），其中 10 +1、10 +3、10 +6、东亚峰会（10 +8）及 RCEP 都是由东盟主导推动的，在这些合作机制中，东盟是合作规则的主要制定者，其他国家更多扮演是“游戏参与者”的角色。通过这些合作机制有助于形成和稳定其在东亚合作网络和合作组织中的核心地位，并有力推动东盟的“中心性”战略的实施。而东盟的中心性如何体现？其中 Humaidah 就从网络视角出发，通过

① Acharya, A. Foundations of Collective Action in Asia: Theory and Practice of Regional Cooperation, in G. Capannelli, & M. Kawai (Eds.), *The Political Economy of Asian Regionalism*, Springer, 2014.

对东盟互联互通战略的分析，认为当前东盟在缓解东亚地区大国关系与推动东亚一体化发展方面起到重要作用，因此可以把东盟看成一种介度中心性（betweenness centrality）。① 为此本文运用了社会网络理论中的2－模（Module－2 即"是"与"否"）网络对亚太地区的十七个国家②参与的十二个主要合作机制进行了分析，旨在探究东盟在区域合作框架中的介度中心性。在数据分析时，若行动者（国家）参与了某个合作框架，即取值为1，反之为0。另外，虽然东盟十国并非所有国家都参与APEC和TPP，但考虑到东盟十国中的七个国家参与了APEC，而只有四个国家参与了TPP，因此本文在数据处理时将东盟参与APEC取值为1，将其参与TPP取值为0。数据的分析结果如图1所示。

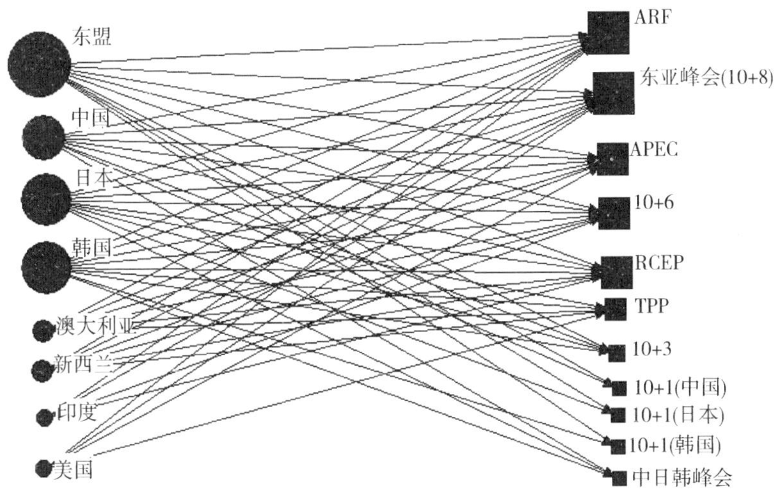

图1　亚太地区2－模合作网络的介度中心性分析

在图1中我们可以看到在亚太地区合作网络中，东盟的介度中心最大，这得益于东盟是多个合作机制的推动、构建或参与者；而在十二个合作组织中，由于ARF、东亚峰会、APEC、"10＋6"、RCEP参与国家较多，成为了东亚乃至亚太多国协商合作的重要平台，因而在合作网络中发挥了较大的中介功能。在

① Humaidah, I. *Questioning ASEAN Centrality in East Asian Regionalism: The Case of ASEAN Connectivity*, Erasmus University, 2012.

② 为更好地考察东盟在区域合作中的中心性，本文是将东盟看作一个集体行动者来进行网络分析。

这些介度中心性较大的合作组织（协议）中，除 APEC 外，其他四个都是由东盟主导的，这更加突出了东盟在区域合作网络中的中介中心性。把合作领域缩小到东亚地区，在已有的合作机制：三个 10 +1、10 +3 以及中日韩峰会中，10 +3 的介度中心性最大，这也与当前东盟利用 10 +3 合作机制主导东亚合作发展的事实相符。东亚以及亚太地区的大国在以东盟为核心的合作平台上展开对话与交流，“生动形象”地突显了东盟在东亚乃至亚太地区合作网络的中介作用，同时也提高了东盟在区域国际事务中的话语权。东盟的中心地位正逐渐从概念变为现实，从地理中心走向功能中心。

（三）充当台海两岸关系进一步发展的黏合剂，强化东盟在网络中的“特殊地位”

在台海两岸关系中，东盟在政治与经贸方面的中间地位也一直得到台海两岸的默认。从 1993 年 4 月的汪辜会谈，到紧随其后，从 1993 年底开始到 2008 年 5 月的台湾“南向政策”,① 两岸在东盟的多次博弈，以及数次在东盟国家举办的 APEC 会议，再到 2015 年的习马会，东盟在两岸的互动中起到“中人”、中介的角色，尽管未必是主导地位，但也堪称“重要的推动者”。以下中国大陆、台湾地区及东盟国家经贸关系的数据，从一个侧面反映出东盟的这种“特殊”地位。

分别从东盟国家与中国大陆、台湾地区的双边贸易时间序列来看，如图 2、图 3 所示，1995—2014 年东盟与中国大陆及东盟与台湾地区的贸易总额不断攀升，呈现明显的上升趋势，东盟与中国大陆及台湾之间的贸易往来日益增强。而从 2000—2014 年东亚主要经济体进出口贸易网络关系来看（如图 4 所示），中国大陆（CHN）和台湾（CHN - TW）在该网络中占有重要的地位；同时，中国大陆台湾地区与东盟各国之间都存在不同程度的贸易往来，若将东盟看成一个整体，东盟同样成为该贸易网络中的重要成员。由此看来东盟、中国大陆及台湾地区三者在东亚贸易网络中的关系是十分密切的。

在中国—东盟自由贸易区（CAFTA）谈判及成立之后，台湾把大陆与东盟深化经贸合作视为一种威胁，担心 CAFTA 和东盟“10 +1”合作将加剧台湾在东亚区域的边缘化。从贸易网络的演进（参图 4）来看，中国大陆的经贸中心性确实在提高。不过，东盟与台海两岸的经贸往来仍是东亚区域经济的重要一环，与台海两岸的经济整合也势必主导东亚区域经济整合的发展。在东盟与两

① 陈尚懋、谢明勋：《“南向政策”后台湾的东南亚研究概况》，载李红、方冬莉等《中国—东盟合作：从 2.0 走向 3.0》，桂林广西师范大学出版社，2015 年，第 184—202 页。

岸之间的三层经贸互动或区域产业链——即东盟—中国大陆—台湾分工合作——之中，东盟一定程度上起着推动作用，扮演两岸经贸合作中介者或联结者的角色。

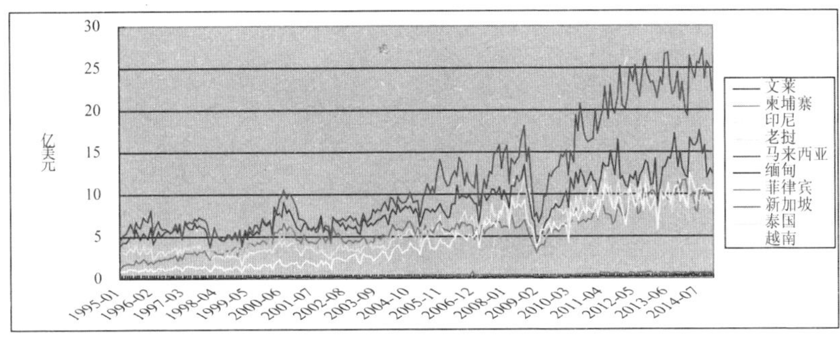

图2　1995—2014 年各月中国大陆与东盟十国的贸易总额：从 204 到 4804 亿美元

资料来源：中国海关统计

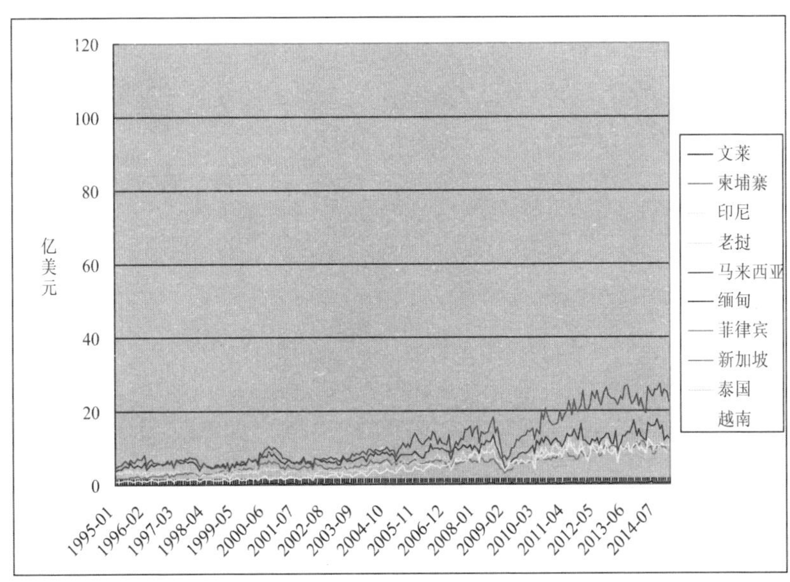

图3　1995—2014 年各月台湾与东盟十国的贸易总额：从 255 到 936 亿美元

资料来源：台湾经济事务主管机关贸易统计

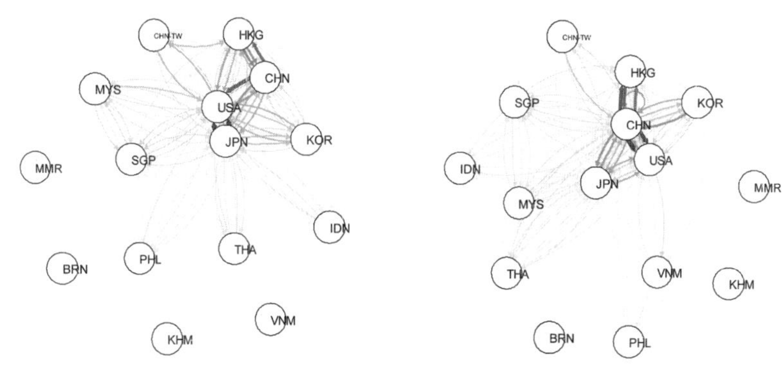

图4 2000年（左）和2014年（右）东亚主要经济体进出口贸易网络

资料来源：根据UNCOMTRDE及资料来源：台湾经济事务主管机关贸易统计合成

投资方面，随着国际经济合作进一步深入，资金在东亚地区的流动进一步加强，而东盟作为新兴的且增长速度较快的市场，迅速得到国际投资者青睐，成为吸引外商投资的主要地区之一。而从2005年至2013年中国大陆对东盟及台湾对东盟投资的数据来看，中国大陆对东盟的投资增长高达近50倍，台湾对东盟的投资增长约15倍，可以看出无论是中国大陆还是台湾对东盟的投资额度都大幅提升，并且有继续增长的趋势（图5与图6）。

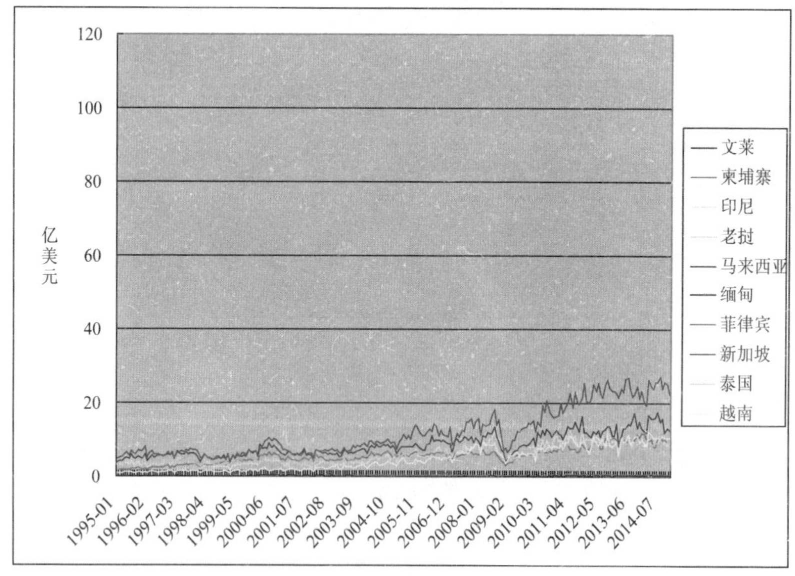

图5 2005—2013年中国大陆在东盟国家的投资流量：从3到145亿美元

资料来源：《2014年度中国对外投资统计公报》

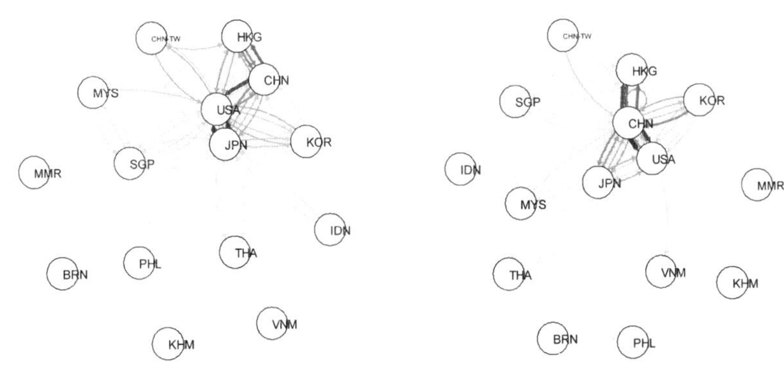

图 6　2005—2013 年“台湾”在东盟主要国家的投资流量：从 3 到 57 亿美元

资料来源：台湾经济事务主管机关“投审会”

就台湾而言，有学者认为，随着台湾对东南亚及中国大陆直接投资的快速增加，台湾与东亚地区的经贸关系亦日趋深化，不仅已成为东亚各地外商直接投资的重要来源，亦在东亚建立紧密的产业分工体系，或为区域零部件的重要供应地之一，扮演着区域经贸整合的枢纽角色。① 可以说，这种经贸投资合作的效应是多重的。

旅客方面，2005 年至 2014 年到访中国大陆及台湾的东盟游客不断增加，呈明显的上升趋势，并且此趋势在未来很长一段时间内将会延续下去（图 7 与图 8）。而从东亚主要经济体的旅游网络（图 9）可见，相对而言，东盟与中国大陆及台湾三者之间的旅游人口流动加强，旅游往来日益密切。

从以上的贸易、投资、旅游数据我们可以总结出，东盟与中国大陆及台湾的经济合作日益深化，东盟已分别与中国大陆、台湾建立了密切的经济联系。在国际经济合作日益碎片化的潮流中，以国家为经济主体的合作也得到了加强，并逐渐形成经济合作网络。东盟在加强与中国大陆及台湾的经济合作中，正潜移默化地通过网络效应，如通过自身构建的平台推动台海两岸的经济合作与互动，无形中缓和了台海两岸关系，并推动台海两岸关系继续深入发展。由此可以说明东盟在推动台海两岸关系发展中具有“特殊地位”，而这种特殊地位无疑又增强了东盟在区域合作中的“中心地位”。

① 黄兆仁、朱浩：《台湾与东协主要国家之经贸互动关系》，《台湾国际研究季刊》，2012 年第 3 期，第 202 页。

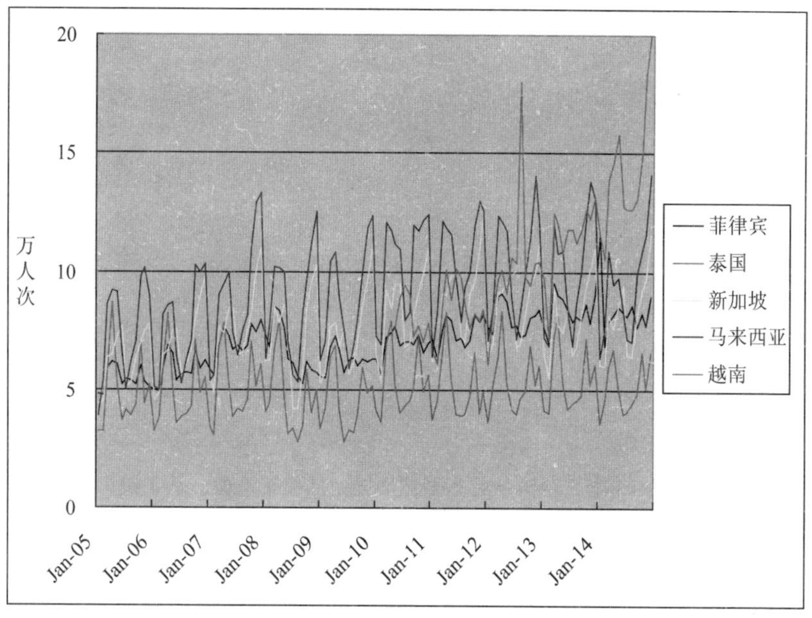

图7 2005—2014 年各月到访中国大陆的主要东盟国旅客：从 10 万到近 70 万

资料来源：中国国家旅游局统计

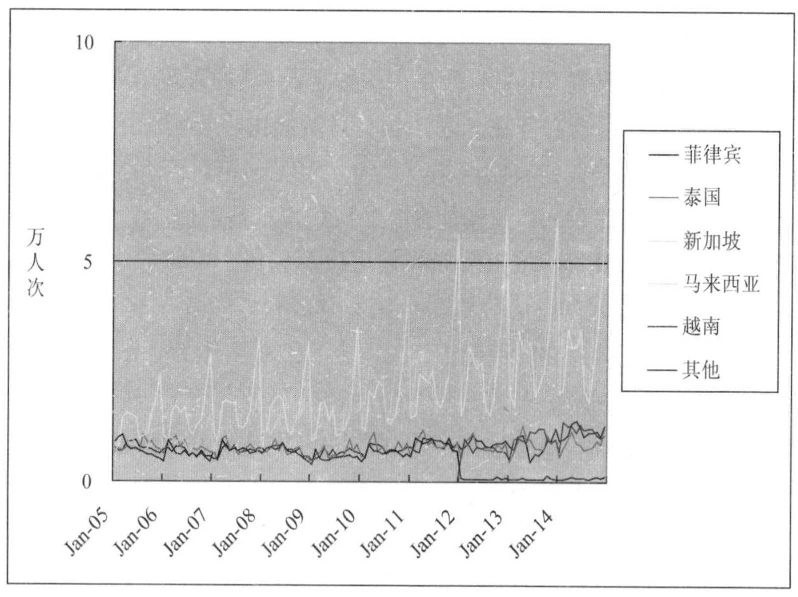

图8 2005—2014 年各月到访台湾的东南亚国家旅客：从 3 万到 10 万

资料来源：台湾观光事务主管机关统计

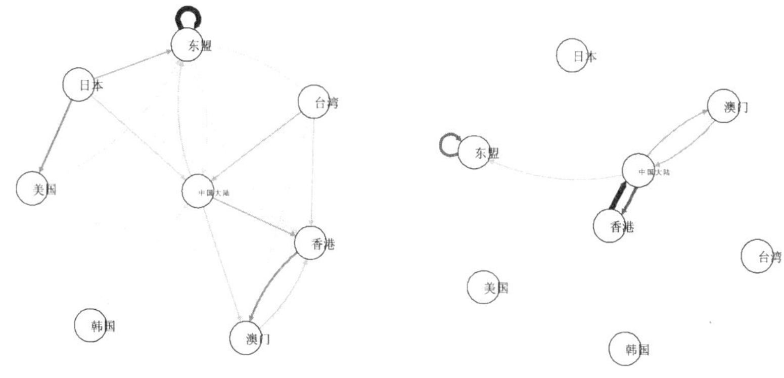

图9　2000年（左）和2014年（右）东亚主要经济体旅游网络

资料来源：根据相关各国旅游统计合成，部分国家（地区）统计不完全。

四、东盟中心性战略发展的主要障碍

目前东盟在东亚地区合作中已由原先的“被动追随者”到“积极参与者”，再到“中心主导者”，地位逐步提升。① 但在网络化的社交媒体与可视化的数码外交（digital diplomacy）交织的今天，东盟地区的外交事务正面临新的挑战。② 这让我们质疑：在“大国逻辑”的国际竞争环境中，这种“小马拉大车”的发展模式是否真的能够持续主导区域合作大局？事实上，与中国、日本相比，东盟在经济、政治、军事和科技等多个层面都存在较大差距，处于明显劣势，东盟中心性战略的实施既存在着政治上的障碍也存在着经济上的弱势。这在一定程度上动摇了东盟在区域合作网络中主导地位或重要地位。

（一）政治上内忧外患，制约东盟网络中心性的提升

虽然东盟一直致力于追寻其在区域合作中的中心性与主动性地位，但是由于多方利益难以协调，致使东盟中心性战略长期备受质疑。从东盟内部合作来看，东盟成员国之间的合作存在诸多矛盾悬而未决，主要体现在部分矛盾的根深蒂固和成员国利益的难以协调。东盟内部成员国之间矛盾既有难以化解历史积怨又有涉及国家主权的领土纷争，既存在无法忽视的宗教问题，又包含着错综复杂的政权争夺，由于多种矛盾交织造成合作成本过高，极大地降低了东盟

① 张伯伟、温祁平：《东盟地位的历史变迁——区域经济一体化视角的考察》，《亚太经济》，2010年第5期，第8—13页。

② The Aspen Institute, Diplomacy in a Networked World [OB/OL]. http://csreports.aspeninstitute.org/Dialogue-on-Diplomacy-and-Technology/2013/report/details/0027/ADDTECH-2013-Chapter-2. 2013.

内部的合作效率。另外，东盟作为一个由中小国组成的集体行动者，内部缺乏超国家的具有约束力的权力机制。成员国过度强调主权的完整性与国家利益最大化，难以对东盟进行部分主权的让渡，使东盟自身的合作缺乏稳定性与持续性,① 致使许多区域合作方案无法在整个东盟地区落实和执行：东盟秉承"协商一致"原则令其达成一致行动时需要处理和协调好各个成员之间的利益关系，而这对于缺乏内部凝聚力的东盟来说并非易事，这些因素削弱了东盟在东亚或亚太地区的影响力。

从与外部建立合作关系来看，首先，东盟之所以能够取得大国的信任并非自身实力的强大，恰恰相反是因为自身实力弱小而形成的"不具威胁性"，且这种"不具威胁性"在一定程度上也造成了东盟在区域合作网络中的主导地位或重要地位的不稳定性。一方面，虽然日本主张尊重"东盟主导"，但这只是日本在雁行模式发展受阻后无力重返东亚合作主导地位的暂时妥协，事实上日本从未放弃主导东亚合作的野心。另一方面，美国重返亚太的外交政策加剧当前东亚地区合作格局的不稳定性，特别是由美国主导的 TPP 合作协议不断化解东盟在东亚及亚太地区的影响力，虽然美国一再强调 TTP 与 RCEP 并非竞争关系，但 TPP 的成立及运行对当前以东盟为核心的合作框架造成的冲击已成为不争的事实。其次，当前由东盟主导的多个自由贸易协定存在错综复杂的"面碗效应"(spaghetti/noodle bowl effects),② 严重影响了区内各国的合作效率。最后，东盟为巩固和发展自身在区域合作网络中的地位：即为防止区域内大国对其地位的威胁、不断将部分机制外的大国引入现有的合作机制，也就是东盟的区域再平衡战略。若东盟为平衡区域内各大国之间的力量，盲目地引进更多的域外大国进行区域再平衡，很有可能导致东盟对当前局势失控，造成现有的合作机制主导权"落入他国之手"。总之，政治上内忧外患，会对当前以东盟为中心的区域合作网络造成巨大的威胁，大国之间的博弈很有可能使东盟失去已有的重要支持者，从而使东盟在区域合作网络的重要性逐渐减弱。

4.2 经济上实力不足，动摇东盟网络中心地位的稳定性

虽然近些年来，东盟以飞快的经济发展速度成为备受瞩目的新兴经济体，但从全球经济发展水平来看，明显落后于发达经济体，在东亚地区东盟总体经

---

① Emmers R., *Cooperative Security and the Balance of Power in ASEAN and the ARF*, Routledge, 2012.

② Baldwin, R. E., Managing the noodle bowl: The fragility of East Asian regionalism, *The Singapore Economic Review*, 2008, 53 (3): 449—478.

济实力不及中日，而在亚太层面，东盟的经济实力也并未显现出优势，仍有待于进一步发展。因此，在一定程度上东盟被视为亚太地区的外围。① 具体表现在以 2013 年世界银行公布的各国 GDP 计算，东盟仅占亚太主要经济体② GDP 总和的 6.2%，不足 10%，远不及美国的 44.0%，中国大陆的 24.2%，日本的 12.8%。此外，根据社会网络理论，若网络中一个行动者与很多其他行动者有直接联系，该行动者就处在中心地位，③ 其度数中心性（degree centrality）也就高。为此我们以 2010 年亚太主要经济体相互间的贸易流进行度数中心性分析，其结果（参见图 10）也显示，以贸易指标衡量，在亚太地区主要经济体的贸易往来中，中国大陆的度数中心性最高，美国次之，东盟与日本旗鼓相当。可见，在本区域的贸易网络中，全球性的贸易大国中国与美国最为重要，日本也举足轻重。故从经济的角度来看，东盟并非亚太甚至东亚地区的中心。事实上，由于经济上的弱势，东盟的区域战略很大程度上受到亚太大国的牵制，东盟中心性战略也因为东盟经济实力上的不足而面临困境。

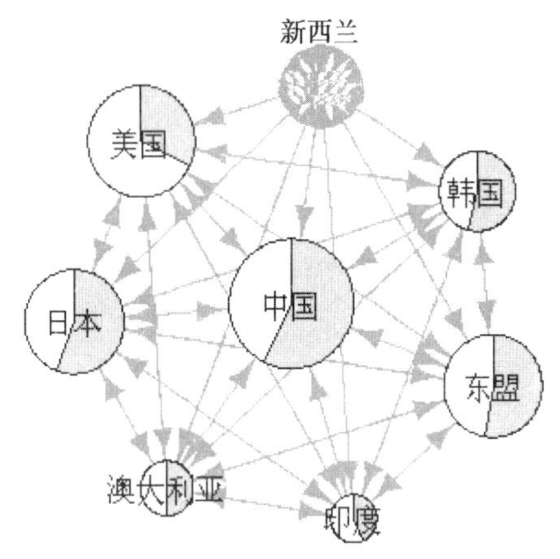

图 10　2010 年亚太地区主要国家贸易网络中心性分析

数据来源：IMF 世界贸易方向统计年鉴

说明：图中蓝色部分代表出度，白色部分代表入度。因老挝和缅甸贸易数据缺失，东盟数据并未包括老缅两国。

---

① Chesterman, S., Does ASEAN Exist: The Association of Southeast Asian Nations as an International Legal Person, *SYBIL*, 2008, 12: 199—211.

② 亚太主要经济体是指东盟、中国、日本、韩国、印度、澳大利亚、新西兰、美国。因老挝和缅甸贸易数据缺失，东盟数据并未包括老缅两国。

③ 刘军：《社会网络分析方法》，北京：社会文献科学出版社，2004 年。

与此同时，东盟各国经济发展差距较大，存在着明显的核心—边缘结构。同样以2013年世界银行公布的各国GDP计算，印度尼西亚、马来西亚、菲律宾、新加坡、泰国这五个国家的GDP之后约占东盟十国GDP总和的91%，而其他国家只约有9%，这说明了东盟内部成员国存在着较为悬殊的经济发展差距。从2010年东盟内部成员国之间的贸易数据来看，东盟地区的贸易主要集中在印度尼西亚、新加坡、马来西亚以及泰国四者之间的相互贸易，四者之间的贸易总额约占东盟十国贸易总额的92%。根据GDP及贸易数额这两个指标我们可以清晰地看到东盟内部成员国之间经济发展极为不平衡，这不但阻碍了东盟的一体化进程，同时导致东盟地区的经济发展水平远远落后于亚太地区主要大国。另外，东盟内部成员国之间较大经济制度差异及相互之间较低的基础设施联通度，造成了内部经济合作成本居高、内部经济相互依存度过低、内部经济整合速度缓慢、各种资源无法充分整合以推动整个东盟地区的经济发展。由于经济发展的内部不平衡及外部的悬殊差距，使得东盟的东亚合作主导地位及亚太地区合作的重要地位极不稳定。东盟经济实力上的不足已成为东盟构建以其为中心的区域合作网络的主要缺陷。缺乏经济实力的支撑，其中心性战略将面临滑铁卢的危险。

总而言之，东盟内部矛盾过大、整体凝聚力过低、经济发展差距过大制约了东盟在区域合作领导能力的发挥。介于政治与经济上的原因，东盟政治经济一体化还有很长的路要走，而东盟中心性战略的推动仍需跨越诸多障碍。

五、结语

虽然东盟通过不断推进政治、经济、安全和社会等领域的一体化发展，构建以其为中心的地缘、区域合作框架，并曾成功取得东亚地区合作的领导权和成为推动亚太区域合作的重要力量，但是，未来东盟在东亚和亚太地区的地位仍难以稳固，面临诸多挑战。其主导地位源于东盟是一个在地缘区域发展中不具威胁性的中小国家集团——东盟中心性或主导权的决定是多国力量竞争的均衡点。① 事实上，未来东盟要继续成为东亚、亚太地缘区域合作的主导者，很大程度上将取决于三个方面，即：东盟内部成员国间的关系，东盟所主导各项

① Chin, K. W., Introduction: ASEAN—Facing the fifth decade, *Contemporary Southeast Asia: A Journal of International and Strategic Affairs*, 2007, 29 (3): 395—405.

合作机制间的交织关系，以及东盟与周边国家特别是与周边大国的关系。[①] 而两个关键措施是，一要保持以东盟为核心的合作网络中成员国的数量，特别是亚太大国；二要扩大现有机制协商国际事务的范围，进一步提高自身在区域国际事务中的话语权。因此东盟要维持和发展其中心性战略必须积极推进东盟一体化进程，处理好各项合作机制之间的网状关系，以及处理好与周边国家的网络均衡关系。通过这些措施来消除当前威胁东盟在区域合作网络中地位的阻碍因素，进而维护东盟在地缘区域合作网络中的中心性、在亚太区域合作网络的重要地位。具体而言，当前东盟要解决的关键问题，可能会采取或者进一步强化如下措施：一是消除地区合作障碍，提高内部凝聚力。通过解决矛盾争端与建立超国家权利的协调机构进一步减少内部成员国之间的合作障碍，从而提升成员国之间的合作效率与内部凝聚力。二是缩小成员国经济发展差距，提升整体经济实力。为此会继续加大东盟内部互联互通计划的实施，提高成员国之间在物理设施、制度对接与人员交往等方面的联通度。三是提升对外联系程度，增强区域影响力。继续加强对外联系网络，特别是与周边大国的联系网，以提高其在东亚乃至亚太地区的影响力。值得注意的是，随着中国在地区及国际影响力的增强，理应成为东盟加强政治经济合作的主要对象之一。[②] 四是完善现有合作机制，提高对外合作效率。东盟应该妥善处理好自身主导的地缘区域组织或协议之间的网络关系，避免因面碗效应造成合作的低效率，并整合出主要的合作框架，促使以东盟为核心的区域合作框架更具稳定性、持久性与有效性。五是在两岸关系中扮演促进者的角色。东盟在台海两岸关系中，也可通过吸纳台商参加包括诸如中国—东盟博览会等，热络两岸政治、经济和文化交往。总之，从国际合作的网络关系分析出发，面对推进其中心性战略所存在的政治与经济多重障碍，要成为真正的区域合作中心或持续主导者、推动者，未来东盟需更注重强化自身以及与大国的网状合作关系。

参考文献：

[1] [英] 杰弗里·帕克：《地缘政治学：过去、现在和未来》，刘从德译，北京：新华出版社，2003 年。

---

① Jones L. , Still in the “Drivers’ Seat”, But for How Long? ASEAN’ s Capacity for Leadership in East – Asian International Relations, *Journal of Current Southeast Asian Affairs*, 2010, 29 (3): 95—113.

② Kim, M. , Why Does A Small Power Lead? ASEAN Leadership in Asia – Pacific Regionalism, *Pacific Focus*, 2012, 27 (1): 111—134.

[2] Slaughter A. M. , America's Edge: Power in the Networked Century, *Foreign Affairs*, 2009, 88 (1) .

[3] Slaughter A. M, A Grand Strategy of Network Centrality, in R. Fontaine and K. M. Lord (Eds.), *America's Path: Grand Strategy for the Next Administration*, Center for a New American Security, 2012.

[4] 陈冲:《国际关系的社会网络分析》,《国际政治科学》, 2009 年第 4 期。

[5] Kumar. S. , Rohani. V. A. , & Ratnavelu, K. International research collaborations of ASEAN Nations in economics, 1979—2010, *Scientometrics*, 2014, 101 (1) .

[6] Caballero - Anthony, M. , Understanding ASEAN's centrality: bases and prospects in an evolving regional architecture, *Pacific Review*, 2014, 27 (4) .

[7] 潘峰华、赖志勇、葛岳静:《经贸视角下中国周边地缘环境分析——基于社会网络分析方法》,《地理研究》, 2015 年第 4 期。

[8] 王正毅:《边缘地带发展论: 世界体系与东南亚的发展》, 上海人民出版社, 1997 年。

[9] P. A. Petri, M. G. Plummer. ASEAN Centrality, RCEP, and the TPP. Osaka University, 2013. http: // www. apeaweb. org/confer/osaka13/papers/Plummer_ Michael. pdf.

[10] P. A. Petri, M. G. Plummer. ASEAN centrality and the ASEAN - US economic relationship. East - West Center, 2013. https: //www. aeaweb. org/aea/2014conference/ program/retrieve. php? pdfid = 817.

[11] 张云:《国际政治中“弱者”的逻辑——东盟和亚太地区大国关系》, 北京: 社会科学文献出版社, 2010 年。

[12] Acharya, A. , Foundations of Collective Action in Asia: Theory and Practice of Regional Cooperation, in G. Capannelli, & M. Kawai (Eds.), The Political Economy of Asian Regionalism, Springer, 2014.

[13] Humaidah, I. , *Questioning ASEAN Centrality in East Asian Regionalism: The Case of ASEAN Connectivity*, Erasmus University, 2012.

[14] 陈尚懋、谢明勋:《“南向政策”后台湾的东南亚研究概况》, 载李红、方冬莉等:《中国——东盟合作: 从 2.0 走向 3.0》, 桂林广西师范大学出版社, 2015 年。

[15] 黄兆仁、朱浩:《台湾与东协主要国家之经贸互动关系》,《台湾国际研究季刊》, 2012 年第 3 期。

[16] 张伯伟、温祁平:《东盟地位的历史变迁——区域经济一体化视角的考察》,《亚太经济》, 2010 年第 5 期。

[17] The Aspen Institute, Diplomacy in a Networked World [OB/OL] . http: //csreports. aspeninstitute. org/Dialogue - on - Diplomacy - and - Technology/2013/report/details/0027/ADDTECH - 2013 - Chapter - 2. 2013.

[18] Emmers R. , *Cooperative Security and the Balance of Power in ASEAN and the ARF.*

Routledge, 2012.

[19] Baldwin, R. E. , Managing the noodle bowl: The fragility of East Asian regionalism, *The Singapore Economic Review*, 2008, 53 (3) .

[20] Chesterman, S. , Does ASEAN Exist: The Association of Southeast Asian Nations as an International Legal Person, *SYBIL*, 2008, 12.

[21] 刘军:《社会网络分析方法》, 北京:社会文献科学出版社, 2004 年。

[22] Chin, K. W. , Introduction: ASEAN—Facing the fifth decade, *Contemporary Southeast Asia: A Journal of International and Strategic Affairs*, 2007, 29 (3) .

[23] Jones L. , Still in the "Drivers' Seat", But for How Long? ASEAN's Capacity for Leadership in East - Asian International Relations, *Journal of Current Southeast Asian Affairs*, 2010, 29 (3) .

[24] Kim, M. , Why Does A Small Power Lead? ASEAN Leadership in Asia - Pacific Regionalism, *Pacific Focus*, 2012, 27 (1) .

东亚体系演化视角下台湾参与区域经济合作的空间与路径：大陆视角

刘澈元①

一、引言：问题提出与研究视角

两岸关系和平发展条件下，台湾如何有效参与国际经济合作，在化解经济边缘化困境的同时构筑两岸在国际经济空间的和谐关系，既是两岸的共同认知，也是两岸关系发展的必然趋势。ECFA 签署与实施后，台湾曾就此提出种种设想与方案，大陆也对此释出极大善意。2013 年 4 月 8 日博鳌亚洲论坛期间，习近平总书记会见台湾前副领导人萧万长先生时提出："两岸可以适时务实探讨经济共同发展、区域经济合作进程相衔接的适当方式和可行途径"。② 此后，两岸事务部门领导人先后两次会谈，达成"共同启动两岸经济共同发展与区域经济合作研究"共识。③ "共同研究"的启动表明，两岸将在先期分别研究的基础上整合既有成果，寻求研究契合点，探寻最终解决方案。

观诸两岸既有研究，探寻阻碍两岸共同参与国际经济合作的因素，大陆的关注固然在于台湾是否借大陆支持在国际上制造"两个中国"、"一中一台"，从而引发两岸所不愿看到的政治争端，④ 而台湾无论蓝绿长此以往的看法则是其因"遭到中国的恶意排挤而导致缺席。"⑤

考察两岸在此问题上的分歧及其形成机理，两岸特殊关系的形成固然是内

---

① 广西师范大学桂台合作研究中心。

② 《习近平会见萧万长 对促进两岸合作提出 4 点希望》［EB/OL］. www. gov. cn，2013 - 04 - 08.

③ 林庭瑶：《王张二会两岸将研究区域整合》，《联合报》，2014 年 6 月 26 日。

④ 刘澈元、陈庆鹏：《两岸经济区治理研究：共同体视角》，《广西师范大学学报（哲学社会科学版）》，2013 年第 5 期，第 73—80 页。

⑤ 周百信、李裕民：《东亚区域整合趋势与我国因应策略》，《区域与社会发展研究》，2009 年第 2 期，第 322—326 页。

战的结果，但其在战后的固化则与大国干预不无关系，甚至是决定性的外部因素。如果没有国际因素的干预，两岸关系的复杂程度将不至于此。两岸在参与国际经济合作中出现的所谓“博弈”也与国际因素密切相关。强调两岸关系、两岸政治定位中两岸各自的战略与策略影响，其实更多是将两岸置于对立的双方，事实上，从两岸关系发展的进程看，两岸对于一个中国原则动摇的时间短、认可的时间长，而大国干预下国际关系的变化则是影响两岸关系尤其是台湾对于两岸关系认知与政策的重要因素。台湾是中国的一个部分，也是东亚一个具有特殊地缘战略价值的区域，抛开台湾内部蓝绿关系及其与大陆的意识形态分歧，台湾对于东亚区域的认可应该是自然而然的。2008 年以来，台当局始终强调将从“区域麻烦制造者”走向“区域和平创造者”，反映出台湾对于东亚区域的认可。因此，建构国际关系中具有良性秩序的东亚体系也是台湾所乐见的。然而，东亚体系的建构恰恰也是大国干预的对象，两岸关系的被干预也在其中。也正是东亚体系建构中域外力量尤其是大国干预下区域成员“选边站”现象的出现，使得东亚体系的建构异常艰辛、复杂，也构成本文所讨论问题的宏观背景和重要内涵。

因此，单纯从两岸角度探讨两岸共同参与尤其是台湾参与东亚经济合作问题，虽有一定价值，但远非探讨问题的完整视角。目前为止，美台关系是台湾最重要的外部关系，也是对两岸关系制约最大的外部因素。美国遏制和影响两岸关系的一系列战略举措也断非美国一家所能独立支撑，而是借助于其在亚太区域尤其是东亚同盟体系中诸多国家完成，这些因素无一不与东亚体系的建构有关。如知名国际问题专家俞新天所言：“必须将两岸关系研究放到历史的、世界的、未来的大图景下思考，否则可能关注细枝末节，而丢失大形大势。”① 正因如此，从东亚体系演化角度探讨台湾参与国际经济整合问题，将其置于国际区域化、全球化及与其密切关联的区域安全、区域体系范畴内，不仅是对两岸角度的补充，甚至可以看作是从外部探讨该问题的关键视角。

二、冷战后东亚体系的演化及其对区域经济一体化的影响

区域国际体系既是区域内外国际关系的客观形态体现，也是区域内国家型塑区域形象，反映区域内国家对本区域乃至全球性事务话语权的主观建构。正因如此，区域国际体系不仅包含了区域国际关系在安全、政治、经济、文化、

---

① 俞新天：《世界权力转移特点及其对两岸关系的影响》，《台海研究》，2014 年第 2 期，第 38—48 页。

社会等领域、层面的战略与策略，也承载了区域国家处理区域内外国际关系的机制、功能、结构、观念等要素。① 冷战后东亚体系在本体要素、权力结构、制度结构以及观念结构②等方面都发生了显著变化，也呈现出了前所未有的新特点。其中最为明显的特点是“建构与被建构持续博弈，经济、政治与区域安全交互影响”促动东亚体系演化。

1. 冷战后东亚体系的演化：建构与被建构

冷战后东亚体系的演化一方面表现为域内各类行为体通过专用性投资进行建构以减少不确定性、降低交易费用③的过程，另一方面则表现为域外国际因素的强力干预而致东亚面临“信息与力量不对称”的被建构困境。

冷战后东亚体系演化的前提是美苏两极对抗均势的解构。双霸权格局解体后所出现的阶段性权力真空，为东亚区域主体提供了新本土体系建构空间。建构首先和主要表现为一种“非对抗思维与一体化意识”的观念建构。目前为止关于东亚体系的论述中，东亚国家和地区被先入为主地划分为两个阵营。这虽然是无可辩驳的现实，但这一现实更多是被建构后东亚体系的客观表现，而非东亚体系主观建构的反映。以可能影响东亚安全的几个因素及其所涉及国家和地区④的意识与行为动向为指标，观诸东亚主体在冷战后的矛盾心理和复杂行动，“非对抗思维与一体化意识”这一观念走向是不容否认的。东盟的战略转向、以东盟为平台构建的东亚经济一体化机制形成、部分东亚国家和地区试图摆脱美国战略控制的心态表露或许是这方面最好的佐证。以若干东亚主体的意愿和行动为例，众所周知，基于冷战背景而成立的东南亚国家联盟，其主要动机在于联合抗御强权，不仅针对美苏两强，也包括东南亚国家认为的“地区强

---

① 有学者将区域国际体系的构成要素总结为实力结构、利益格局和观念分布，本文对此进行了进一步拓展。参见：刘丰：《国际体系转型与中国的角色定位外交评论》，2013年第2期，第1—16页。

② 秦亚青认为，国际体系的转型在理论上可表现为本体要素的变化、权力结构的变化、制度结构的变化以及观念结构的变化等。本文认为这是一个科学的论述框架。参见：秦亚青：《国际体系的延续与变革》，《外交评论》，2010年第1期，第1—13页。

③ 罗伯特·基欧汉认为，区域国际体系构建的实质是对专用性投资、不确定性以及交易费用等问题的反应。其功能则在于减少预期行为的范围从而获取信息，使力量分布不对称状况或程度减弱。参见：Robert O. Keohane, AfterHegemony: Cooperation and Discord in the World Political Economy, p. 97.

④ 研究者一般将东亚安全可能的影响因素归纳为三类，第一类是历史矛盾的延续，如日本与中韩关系；第二类是国家间领土和主权纠纷，如南海问题、钓鱼岛问题、东盟部分国家间的领海纠纷；第三类是国家统一问题，如两岸关系、韩朝关系。三类问题程度不同地涉及几乎所有的东亚国家和地区。

权”中国。甚至在1997年亚洲金融危机前，东盟作为地区安全一体化组织的主要存在价值即在于对抗中国。冷战结束、美苏对抗消失以及随之而来的东亚金融危机，促使东盟加快从安全一体化组织向经济一体化组织的转变进程，而其与中国“从对立、猜疑到以平等、睦邻和互信为基础的对话、合作和战略伙伴关系发展历程”就是东亚主体建构东亚体系主观努力的时空缩影范本。① 日本基于其“非正常国家”的身份而将安全保障建立在与美国的军事同盟关系之上，但是，20世纪90年代以来日本历届政府均怀有逐渐脱离美国保护的企图。21世纪以来，日本曾明确提出建立“东亚共同体”的一体化构想。② 尽管日本的目的是与中国争夺东亚经济一体化的话语权和主导权，但由其地区一体化意识客观反映的非对抗思维则是显性存在的。同为美国军事同盟的韩国，虽然将美韩军事同盟置于国家战略的重要甚至核心地位，但其目的主要在于解决半岛危机——韩朝危机，其对区域的认同及构建东亚区域体系的愿望和努力无论如何都不能否认。如果将东亚区域成员建构本土国际体系的意愿称之为一种“认知区域主义”（cognitive regionalism）的话，那么，中国大陆和台湾自2008年以来致力两岸关系和平发展，构建制度性经济合作机制ECFA以保障两岸持续合作的努力就不仅仅是打造“想象的共同体”（Imagined Community）的有效作为。③

如果说东亚体系的建构进程目前仅止于“非对抗思维和一体化意识”的观念形成阶段的话，那么，其被建构进程则直接表现为域外国家的强力介入与强势主导，美国“亚太再平衡”战略的实施即是这方面的典型。客观分析“亚太再平衡”战略的目的，遏制中国固然是其重要目标，但借此巩固与警告其东亚同盟也是题中应有之义。2012年美国公布的国防战略指针即明确宣布：“对未来地区的稳定与发展至关重要的是我们在亚洲地区的盟友与核心伙伴的关系。我们将一如既往地重视为亚太地区的安全提供了根基的现有同盟。”④ 东亚区域成

---

① 《中国——东盟名人小组报告》，北京：世界知识出版社，2006年。
魏玲：《国内进程、不对称互动与体系变化——中国、东盟与东亚合作》，《当代亚太》，2010年第6期，第50—65页。

② 2009年10月10日举行的中日韩三国首脑会谈上，日本首相鸠山由纪夫明确表示，作为亚洲的一员，日本应该制定更多重视亚洲的政策，并再次强调建立东亚共同体的构想。参见：《中日韩峰会鸠山承认日本过于依赖美国》，http：//news11631com/09/1010/14/5L95T5QG000120GU1html.

③ Nick Thomas. ASEAN +3：Community Building in East Asia? *Journal of International and Area Studies*. Vo.l 8. No. 2，2001；转引自：庞中英：《中国与亚洲》，上海：上海社会科学院出版社，2004年，第10页。

④ Sustaining U. S. Global Leadership：Priorities for 21st Century Defense［J/OL］. http：// www. defense. gov / news / Defense - Strategic - Guidance. 2012 - 01 - 05.

员“非对抗思维和一体化意识”与美国“亚太再平衡”战略的非线性呈现，既符合美国巩固东亚主导权的战略意图，也迎合区域内部分国家寻求保障以抵御其他国家崛起的需要，诱导东亚区域成员自觉不自觉、自愿不自愿“选边站”，从而开启了东亚体系演化中“建构与被建构”的长期博弈并直接改变东亚体系的演化路径。建构与被建构博弈中，如果东亚国家和地区无法形成一个有利于东亚体系持续建构的机制，东亚体系被建构的因素将增大，一个可能的趋势将是东亚体系被阶段性纳入亚太体系，成为次级区域体系，或永久性纳入亚太体系并逐渐消融于亚太体系。

2. 东亚体系演化对区域经济一体化路径的影响

如果将东亚体系演化中的建构与被建构作为域内外行为体战略层面考虑的话，其策略层面的考虑就是寻找适合的政策载体。罗伯特·吉尔平认为，国际政治经济学视野下的经济合作事实上就是政治与安全关系的延伸或者说体现。从这个角度看，东亚体系建构的关键行为体必然尝试建立由自身主导或者拥有话语权的区域经济一体化组织，次级行为体的选择则是在栖身域内组织的同时寻求与其他一体化组织的联系。与此同时，域外主体对东亚体系施行建构的最佳途径则是试图在其所主导的一体化组织与东亚次级行为体之间建立或深或浅的联系。东亚体系目前所呈现的“制度嵌套交叠”模式就是其现实体现。① 从东亚若干行为体的角度看，“从域外获得安全保护，从域内获得贸易市场”也许是其最理想的国际政治经济方略，但是，从域外主体的角度看，缺乏经贸利益纽带的安全供需关系显然不能有效巩固联盟，进而也将失去在东亚保持领导地位的合理性。基于此，区域经济一体化组织作为域外主体影响东亚体系的政策载体功能得到了重视。

与冷战后东亚体系的构建基本同步，东亚经济一体化始于东盟的转型，但其成型的标志则在于 CAFTA 的建立。尽管该一体化目前因“小马拉大车”而在国际政治经济协调方面遇到了一定的阻力，但是，基于东盟在平台建立方面的先导性作用，东盟的角色仍得到了东亚主要国家的认可，因而，东亚经济一体化不仅在支撑东亚体系建构中仍发挥了积极的作用。客观地说，东亚经济一体化从 CAFTA（10+1）发展到 10+3（东盟加中日韩）是一个自然演进的过程，是域内国家以经济自由化推进东亚区域国际体系构建的意愿体现。但是，东亚经济一体化从 10+3 走向 10+6 是否完全是一种区域主动则是一个见仁见智的

① 祁怀高：《国际制度变迁与东亚体系和平转型——一种制度主义视角分析》，《世界经济与政治》，2010 年第 4 期，第 54—68 页。

问题。抛开印度、新西兰、澳大利亚南亚三国向 CAFTA 靠拢以寻求经贸自由化的利益因素，应该说，RCEP 的出现多少带有被动的成分，或者说是东亚体系仓促应对外部力量试图干预区域体系建构产物。

无疑，中国是东亚体系建构的关键行为体，中国推进东亚经济一体化的路径与方向不仅在东亚内部存在隐性的主导权之争，① 在东亚外部则对美国的领导权尤其是东亚事务领导权产生了刺激或者构成了挑战。因此，美国必须通过将东亚经济一体化扩充为亚太经济一体化的方式，稀释中国的经济影响力，巩固和提升美国在亚太经济区的领导地位。② 这一点从奥巴马政府对“亚太再平衡”与 TPP 的关系定位可以得到解释。概言之，美国已不再将“亚太再平衡”作为单一的军事与安全战略，而是一个针对东亚尤其是中国的综合性“新围堵”战略。TPP 既是“亚太再平衡”战略的构成要素，也是其政策载体。至于美国宣称的 TPP 还包含与中国维持“稳定、生产性及建设性关系”③ 也反映出美国希望减少与中国的冲突与对抗，便利其战略实施的意愿。由此，亚太地区的经济合作初步形成了以“区域全面经济伙伴关系”（RCEP）和跨太平洋战略经济伙伴关系协定（TPP）双轨并行的两条路径，而 RCEP 与 TPP 本质上是东亚秩序演化中两股力量、两种战略的两个政策载体。

三、台湾在东亚体系演化中的选择空间及其参与区域经济合作的政策取向

区域国际体系演化是不同层次、不同类型行为体博弈的过程和结果。任何行为体的作为和行动不仅取决于其法理地位、综合实力，也受制于其在该过程中的选择空间。

1. 台湾作为东亚体系演化中特殊行为体的选择空间

台湾在东亚体系演化中的身份究竟是什么？这是两岸关系和国际法理交织下一个复杂而敏感的问题。虽然国际政治学在将国际关系行为体划分为国家行为体和非国家行为体的同时，并未对地区经济体做出明确的归属界定，但这不能否认台湾作为一个行为体参与东亚体系演化的功能和影响。自联合国 2758 号决议生效以来，台湾国民党当局的“代表”被从联合国及其所属一切机构中驱

---

① 参见：刘澈元《东亚经济一体化进程中的中国角色与国内市场一体化——以新地区主义经济范式为观照视角》，载《经济体制改革》2007 年第 4 期，第 127—131 页。

② Mark E. Many international，” Pivot to the Pacific？ The Obama Administration ’ s ’ Rebealancing ’ TowardAsia”，CRS Report for Congress，p. 21.

③ 参见：http：//iipdigital. usembassy. gov/st/english/texttrans/2013/03/20130311143926. htm laxzz2NdDf54fm.

逐出去，但台湾仍与一定数量的国家保持着"外交"关系，形成两岸分别占据一定外交空间、"一国两种外交"的格局。因之，有学者将台湾的身份界定为与国家主体并存的"非完整主权实体"① 而在近年来频发的南海争端中，中国官方（学界）从维护一个中国原则的目标出发，也用"六国七方"来表述南海的利益争端格局，表明台湾是一个具有特殊身份的行为体。

因此，如果按照东亚体系演化中各类行为体参与深度和影响程度进行不涉及法理的划分，"关键行为体、次级行为体、特殊行为体"② 的划分应是符合国际现实和两岸关系的。无疑，台湾是一个特殊行为体，其职能与作用必须在两岸关系及其与各类行为体的关系框架下发挥。在该框架下讨论台湾的选择空间，涉及两个层面的问题，一是台湾有没有选择空间？或者在什么条件下完全丧失选择空间。二是选择空间的大小问题。如果把中美两国界定为东亚体系演化的关键行为体，③ 张亚中先生关于中（陆）美台关系的比喻就是对此最为恰当的论述。台湾当局"最好的战略是站在中国大陆还是美国的肩膀上？""是中国大陆还是美国愿意台湾站在它的肩上？"④ 2008 年以来，国民党当局就两岸关系与国际关系的互动奉行"亲美、和中、友日"的务实多元主义政策，⑤ 在两岸和国际间谨慎拿捏，在一定程度上保持了台湾在东亚体系演化中与关键行为体互动关系中的平衡状态。在此过程中，尽管台湾当局抱持一种极其复杂的心态，如台湾政治学者郑端跃所说，台湾"一方面乐见大陆崛起，又担心大陆力量强大对台湾"构成威胁"，或增加被统一的压力。另一方面，被美日压迫加入制止中国大陆海权"扩张"的行列，但台又不愿与大陆对抗，不愿成为棋子和牺牲品。"⑥ 但却因此为台湾赢得了模糊但不失明智的选择权。如果说台湾是否拥有

---

① 参见：盛九元《ECFA 签署后台湾参与东亚区域经济合作前景分析》，载《台湾研究》2011 年第 4 期，第 42—47 页。

② 关键行为体这一概念是国际问题学者祁怀高所提，本文对行为体划分进行了拓展。参见：祁怀高：《国际制度变迁与东亚体系和平转型——一种制度主义视角分析世界经济与政治》，2010 年第 4 期，第 54—69 页。

③ 本文认为，美国虽是域外国家，但其在东亚区域拥有的广泛影响及其现实行为，使其成为一个关键行为体。

④ 孟云：《如何开启两岸海洋战略合作?》［EB/OL］. http：//www. chinarevierwnews. com，2013 - 08 - 09.

⑤ 蔡育岱、谭伟恩：《在权力结构中求生：欧习会对台湾的启示》［EB/OL］. http：//www. ettoday. net/20130612/221851. htmizz2hhcxiiwl

⑥ 胡凌炜：《毋以自我牺牲来参加别人的战争》［EB/OL］. http：//www. CRNTT. com. html，2015 - 08 - 12.

选择权的决定因素在台湾自身的话，[①] 那么，选择权的大小则在外部环境，即取决于东亚体系演化的趋势及关键行为体的取舍幅度。在中美关于台湾问题的博弈中，美国固然竭力阻碍两岸趋统，但美国为维护自身在台海的利益，也将“反独”作为其基本策略，因而，反对“台独”是中美最大公约数。简言之，如果台湾选择“独立”，则选择的空间会完全消失，如果不选择“独立”，则无论主动还是被动，都有选择空间。空间的大小既取决于东亚体系演化中关键行为体博弈中的实力消长，也取决于该演化过程中关键行为体的利益目标和价值判断。在此既定框架下，一个较具现实意义的问题是：假如台湾在东亚体系演化关键行为体间采取“一边倒”的战略选择，那么，“是中国大陆还是美国愿意台湾站在它的肩上？”，而这对台湾又意味着何种命运？考察美国“亚太再平衡战略”提出以来涉台政策轨迹，在美国眼中，“台湾的作用只会在美国对华政策，美国亚太战略中发挥一定作用，在美国的全球战略中很难发挥实质的作用”。[②] 很难想象，如果台湾按照部分政党和政治人士的主张，对美日“一边倒”，试图“联美日制中”，自然不符合中国大陆的利益，但也未必符合美日尤其是美国利益，因为，台湾的这一选择已超出了美国对台湾加以利用的身份和力量限度，极可能将美国拖入台海战争的漩涡之中，因此，“一边倒”战略将导致台湾在中美两国的互动中面临被牺牲的风险。如此，在目前的国际关系框架下，台湾被动适应东亚体系演化，乐于接受演化结果，在符合民族利益和关键行为体实力消长大趋势下做出自己的选择应是最符合其利益的路径。

2. 台湾岛内参与区域经济整合主张的两种反差及其解释

岛内各方对于参与区域经济整合已形成一定共识，但是，围绕亚太经济整合的两条路径，各方的参与主张却存在两种反差。一是学术界、产业界与当局主张存在反差，二是主要政党的主张存在反差。自 2009 年美国参与 TPP 谈判并

---

① 按照两岸关系和国际关系现实，如果台湾承认“九二共识”或反映其核心的一个中国框架，则两岸和平。反之，由此引起两岸关系动荡未必会得到域外国家保护。因此，一定程度上说，这一决定权在台湾手中。

② 徐遵慈：《论我国“双轨并进”参与 TPP 与 RCEP 之策略与准备》，中华经济研究院台湾东盟研究中心，2014 年。

主导 TPP 以来，执政的国民党当局即开始持续表达明确的参与意愿。① CAFTA 启动以来，台湾当局也多次表达参与意愿，并基于对东亚经济整合的预期，提出了 10 +3 +1 的构想，其中，两岸签署 ECFA 以来，台湾冀望以 ECFA 为跳板参与东亚经济合作的意愿明显提高。2013 年中国东盟推出"区域全面经济合作伙伴关系框架"（RCEP）以来，东亚经济一体化走向亚太经济一体化的态势逐渐明朗，而亚太经济整合的两大路径即 TPP 与 RCEP 竞争的态势隐然出现。在此情势下，台湾当局对参与区域经济合作的意愿表达出现了微妙变化。面对亚太经济整合的两条路径，国民党当局对二者均表示参与意愿，但表态参与 TPP 的频率与积极程度明显高于 RCEP。与此同时，学术界对台湾参与 TPP 与 RCEP 的效应研究也有了初步结论，从基于研究结果的政策建议，对 RCEP 的倾向性甚于 TPP。产业界的主张也与学界基本一致。产学界主张的一个基本依据是，如果以 2013 年台湾与 TPP 和 RCEP 成员间的贸易量为衡量指标，RCEP 成员国占台湾出口比重高达 67.83%，占进口比重亦达 57.39%，尤其是中国大陆、东盟与日本作为台湾前三大贸易伙伴，三者分别占台湾出口比重 39.82%、15.20%、6.86%，合计近达 61.88%。显示台湾与 RCEP 成员国贸易关系紧密，重于 TPP 国家。②

在国民党对 TPP 与 RCEP 均表达参与意愿的同时，民进党则仅对 TPP 表达参与意愿，从未对 RCEP 表达参与意愿。民进党主席、2016 台湾地区领导人参选人蔡英文 2015 年 5 月、6 月连续访问美国、日本以后，加入 TPP 更成为其参与亚太经济整合的无二主张，形成台湾内部对参与区域经济整合主张的另一个反差。

就国民党当局与产学各界的主张反差，部分台湾学者认为存在"时滞"因素，即 TPP 的推出早于 RCEP，台湾当局对 TPP 表态后，RCEP 推出。③ 事实上，RCEP 推出后，如果台湾当局认可 RCEP 对台湾经济促进效应高于 TPP，仍然可

① 2012 年 5 月，马英九在第二任就职演说中提出：加快与亚太地区重要贸易伙伴商签经济合作协议是其第二任期推动经济增长的两大着力点之一，要"在未来八年内做好加入'跨太平洋经济伙伴协定'的准备"。此后也有多次表态。参见：http://tw.ifeng.com/special/mayingu520/detail-2012-05/21/14685787-0.shtml.
马英九：若签三协议，台湾脱胎换骨，http://tw.ifeng.com/yaowen/detail-2012-04/15/13892608-0.Shtml

② 严安林、张建：《美国"重返亚太"与两岸关系和平发展》，《东北亚学刊》，2013 年第 1 期，第 17—22 页。

③ 本文作者在台湾访问时，就此问题专门向台湾中华经济研究院大陆研究所所长刘孟俊博士请教，刘孟俊博士提出这一看法。

以做出相应表态。个中缘由，不难揣测。台湾试图通过对两条亚太经济整合路径的模糊态度，获取其安全保障与经济利益，因而奉行“经济上靠大陆，安全上靠美国”的方针，以在两岸关系与对美关系上追求“平衡”。① 同时，也不排除美国对台湾施加影响的可能。美国固然“乐见”两岸签署经济合作框架协议，开展制度性经济合作，但未必不担心台湾因加入中国大陆主导的亚太经济整合框架，逐渐被吸入大陆构建的利益链条。两岸签署并实施 ECFA 以来，美国就曾通过其在台湾的商业组织多次警告台湾“不要过分依赖某个市场”，应“追求一种平衡的关系，包括与其他国家更加密切的关系，尤其是与美国的关系，以作为国家安全日程的一部分”。② 而将台湾纳入美国主导的 TPP 框架，则在客观上提高了美国干预两岸关系，使其服务于“亚太再平衡战略”的“要价”筹码。

对于国民党和民进党的政策反差，则需从两岸红蓝绿三党在两岸关系中的互动角度探究各自的动机。如前所述，国民党表态参与 TPP 固然有寻求美国安全保障的意涵在内，但美国侧面阻止台湾参与 RCEP 的策略与措施也在一定程度上符合国民党当局的战略意图，即借助于美国的反应，高调宣示台湾加入 TPP 主张，根本用意则在于向中国大陆发出信息，乃至迫使大陆表态支持其参与 RCEP。民进党“一边倒”主张的用意则完全在于通过参与 TPP 迎合美国的“亚太再平衡”战略，降低两岸经济整合程度，实现其执政后“联合美日制衡中国大陆”的目标。两党对区域经济整合的政策主张，真实反映了各自对台湾在东亚体系演化中选择空间认知的反差。究其政策结果，高下立判。

四、两岸共同参与亚太经济一体化的契机与策略取向：结论与政策启示

1. 共同参与是两岸面向亚太经济合作应采择的思维

两岸参与亚太经济合作是“一中框架”在国际空间的体现，必须遵循两岸法理和国际法理，按照“国家主体与单独关税区”的关系定位处理。在此基础上，两岸应在相互体谅对方处境的基础上，累积互信，通过平等协商，实现共同参与目标。从两岸的实力对比和台湾内部的政治社会生态出发，中国大陆如何在东亚体系演化中避开域外国家对台湾的误导和对两岸关系的干预，使台湾的选择符合中华民族的整体利益，朝着两岸关系和平发展和国家统一的方向发

---

① Shirley A. Kan and Wayne M. Morrison, U. S. - Taiwan Relationship: Overview of Policy Issues.

② 汤绍成：《两岸关系综论》，台北：海峡学术出版社，2011 年。

展，应是一个关键着力点。两岸经济一体化与台湾参与国际经济合作相结合，在ECFA框架下支持台湾参与国际经济合作这一原则需要坚持。至于参与区域经济组织的次序，只要双方愿意在法理和互信基础上平等协商，谁先谁后应不至于构成实现目标的制约因素。

2. 台湾脱离ECFA框架参与亚太经济合作是一个假议题

在政党轮替已成为台湾政治常态的条件下，大陆对台湾参与亚太经济合作虽抱持善意支持的态度，但也存在多重担心。台湾知名政治学者汤绍成先生一语中的：“北京为维持一个中国原则，并防范在国际上出现‘两国论’的情况，更重要的是为了避免未来绿营再度上台，而接收蓝营所有的‘外交’成果来搞‘台独’，乃问题的症结所在。”① 因此，大陆的基本主张是支持台湾在ECFA框架下参与区域经济合作。

基于中国大陆在亚太经济一体化进程中的作用和影响，顾及两岸关系在亚太区域和平中的特殊地位，包括美国在内的亚太经济体在与台湾洽商经济一体化问题上始终持审慎的态度。长期以来，受两岸关系因素的影响，东亚各经济体在与台湾协商FTA问题上始终持审慎的态度。东盟虽然倾向于支持台湾尽快参与区域经济合作，但其在两岸关系中奉行的“中立与平衡”原则和支持台湾的“弹性、适当定位方式”[18]事实上是以不影响其与大陆关系为前提的。美日虽宣称TPP成员资格对APEC成员开放，鼓励台湾加入TPP，但在签署协议实质加入环节必然顾及中国大陆态度与反应。

3. 台湾参与“亚投行”与“一带一路”建设可为两岸共同参与亚太经济合作探索新模式

“亚投行”是中国主导的国际金融组织，也是亚洲基础设施建设的融资平台，市场前景广阔。“一带一路”建设既是中国的国际经济合作战略，也是中华文化“走出去”的必要途径。自“亚投行”开始筹备和“一带一路”行动规划出台以来，台湾虽对其加入亚投行的名称和参与“一带一路”建设的身份有所坚持，但总体持热切与积极态度。如能顺利参与，将增加台湾参与国际事务机会，提升国际能见度，支撑台湾融入亚太区域经济整合，为参与RCEP或TPP创造可能性与范式条件，将两岸经济合作拓展到“一带一路”新模式，探寻两岸经贸合作新方向，为岛内企业争取参与“一带一路”工程资格，增加企业跨境商机。如是，则台湾可依托亚投行运行机制和“一带一路”建设机遇，在大

① 宋镇照：《台海两岸与东南亚：三角政经关系之解析》，台北：五南图书出版有限公司，1999年。

陆支持下成功扮演亚太基础建设的资金供应者、管理与技术的供应者角色，进而带动台湾成为亚太营运中心。

基于台湾的政治社会生态和其在亚太经济合作中的地位，如果没有大陆的支持，即便台湾加入亚投行，其受益可能只能限定在参股亚投行后的资本收益，无法实质获取“一带一路”建设的营运收益。支持台湾在 AIIB（亚投行）框架下支持台湾加入亚投行后，在 ECFA 框架内建立台湾参与“一带一路”建设机制应是一个集对台让利与风险规避于一体的机制选择。如台湾内部因政治纷争短期内无法就参与方式形成一致认识，大陆也可单方面建立针对台湾企业参与“一带一路”建设的专门保障机制，就大陆承揽的“一带一路”沿线基础设施项目，根据两岸企业和人员优势，做好两岸企业与人员的对接与分工。

4. 促进虚拟平台与实体平台衔接，积极支持台湾参与功能性区域经济合作

基于台湾不同政党对两岸关系政治基础的不同认识和政策取向，为体现大陆善意，规避政治风险，大陆应区别对待台湾参与功能性亚太经济合作与机制性亚太经济合作，采取虚拟平台与实体平台相结合的方式予以应对。

功能性合作是机制性合作的基础，也是经济合作的实质。鼓励台湾以非主权经济实体身份广泛参与亚太地区各类非机制性、次区域经济合作，与相关经济体、区域经济组织建立实质经贸关系，支持企业开拓国际市场。对于机制性经济合作应坚持在两岸协商基础上参与。基于大陆在 RCEP 中所拥有的相对主导权，两岸可在“九二共识”基础上协商，支持台湾以适当身份加入，与区内国家签署《经济伙伴协定》而非自由贸易区协定（FTA）。与此同时，建立虚实结合的多层次平台，支持台湾企业实质参与国际经济合作。第一层次平台是“一带一路”战略。确立“两岸合作优先”原则，主动对接台湾企业，两岸合作承揽、实施沿线各类项目，服务业项目优先为适宜专业背景的台湾青年提供创业机会；第二层此平台是大陆自由贸易区与台湾规划中的“自由经济示范区”对接，面向国际开展产业合作；第三层次平台是大陆设立专门针对台资企业的虚拟平台，甄选大陆企业与台湾岛内企业建立战略联盟，充分利用大陆与相关国家建立的一体化关系，变通利用原产地规则和投资保障规则，支持台湾企业以较低成本开展国际经贸。

“一带一路”与两岸命运共同体的话语建构

张晋山①

伴随着和平发展的两岸关系深入进行，台湾地区在国家发展战略中的地位和作用进一步得以凸显。这样，以“丝绸之路经济带和21世纪海上丝绸之路”建设为契机，将“两岸命运共同体”这一新构想予以清晰化、理论化就显得尤为必要。本文认为，在中国与周边国家和地区共同推进新丝绸之路建设的进程中，两岸之间应该通过基础设施互联互通与贸易、金融、市场、货币、人文等领域的合作促进两岸之间的互利共赢，最终形成不可分割的利益共同体、命运共同体。

一、命运共同体的两岸话语

1. 台湾的“命运共同体”话语

台湾版的“命运共同体”最早可以追溯到早期“台独运动”的代表人物彭明敏。早在1971年10月，他就在《纽约时报》发表《台湾地区的前途》一文中主张：“国家的概念，不应该建立在共同种源、文化、宗教和语言的基础上，而应建立在共同的命运和利益上。”

1987年1月，民进党中常委谢长廷在（台湾与中国前途）辩论会上系统地表达了所谓“台湾命运共同体”的“新台湾意识”，将“面临中共政权强大的威胁和压力”作为“台湾命运共同体”的凝聚剂；认为“这是包涵所有的本省、外省同胞，也包含国民党在内的一个新的台湾意识，与传统的台湾意识、省籍意识是不同的，是对台湾意识堕落为省籍意识的提升”。

1991年11月12日，民进党第五届党主席许信良在其就职演说中也称：“经过一个世纪与中国的区隔，不同的历史发展经验使台湾逐渐形成一种不同于中国大一统民族主义的国民意识，并凝聚成一命运共同体。近年来，台湾作为一

---

① 桂林电子科技大学公共事务学院。

命运共同体的共识已逐渐形成、成熟，台湾社会在这一问题上的分歧并没有外界所渲染的那么严重。”

李登辉为了有别于“命运共同体”的字眼，别出心裁地炮制了所谓“生命共同体”的概念，并在许多重大场合都呼吁要建立“生命共同体”的共识。1993 年 5 月 20 日，李登辉在其就职三周年记者会上表示：“我们必须时时以‘生命共同体’为念，耐心地透过沟通、协调来凝聚共识。”2014 年 9 月，李登辉在日本发表题目为“未来的世界与日本”演说，在谈到日台关系的时候，李登辉说，日本与台湾是“命运共同体”，互相影响。

2. 大陆的“命运共同体”话语

2013 年 3 月，习近平在访问俄罗斯时提到了“命运共同体”的概念。随后他又在博鳌亚洲论坛上再度提出“牢固树立命运共同体意识”。此后的 8 月、9 月，习近平分别明确提及中国与东盟国家的“命运共同体”关系，在紧随其后召开的周边外交工作座谈会上，习近平更是用“命运共同体”定位新时期中国与周边国家的关系，提出“让命运共同体意识在周边国家落地生根”。此后，在上合组织峰会上，除了在周边地区，习近平在遍访亚非拉多国时同样用“命运共同体”来阐释新时期中国同广大发展中国家的关系。2013 年 3 月，习近平在坦桑尼亚发表演讲时提出了“中非命运共同体”概念。2014 年 6 月，中阿合作论坛第六届部长级会议在北京举行，习近平在开幕式讲话中提出：“中阿双方应该坚持共商、共建、共享原则，打造中阿利益共同体和命运共同体。”2014 年 7 月 17 日，习近平在与巴西总统罗塞夫会晤时说，中巴两国“已经成为命运共同体”。当天，在与拉美和加勒比国家领导人会晤时，习近平发表题为《努力构建携手共进的命运共同体》的主旨讲话，提出中国与拉美要努力构建中拉命运共同体。

3. “两岸命运共同体”话语

习近平早在 2013 年 2 月 26 日就提出了“两岸命运共同体”的说法。它在会晤中国国民党荣誉主席连战时指出，“大陆和台湾是休戚与共的命运共同体”。之前，时任全国政协主席贾庆林也提及“两岸同胞始终是血脉相连、唇齿相依的命运共同体”。

2014 年 2 月 18 日，习近平会见中国国民党荣誉主席连战及随访的台湾各界人士，认为：两岸同胞命运与共，彼此没有解不开的心结。两岸同胞虽然隔着一道海峡，但命运从来都是紧紧连在一起的。

2015 年 3 月 28 日，习近平在出席博鳌亚洲论坛时在会晤萧万长时表示，两岸同胞是血脉相连的一家人，是命运共同体。我们愿与台湾同胞一道，加强合作，继续推动两岸关系和平发展。同年5月，习近平在会见朱立伦主席率领的中国国民党大陆访问团指出，两岸同胞同根同源、同文同种，历来是命运与共的。在经济全球化深入发展、两岸联系日益密切的今天，两岸是割舍不断的命运共同体。面对新形势，国共两党和两岸双方要坚定信心、增进互信，维护两岸关系和平发展进程，携手建设两岸命运共同体。

二、两岸命运共同体的知识属性

对于台湾方面的“命运共同体”说，理论界将之归纳为“法理台独”的基础理论，把它与“台湾地位未定论”、“台湾民族论”、“住民自决论”、“中国主权观念过时论”等观点主张并列。比如国内学者朱卫东就认为，无论是“命运共同体”还是“生命共同体”实际上都是“台独”理论的变种，并认为这一说法蓄意避开民族谈命运，将民族构成的基本要素视为“不重要”，从而把“命运共同体”变成内容空洞，可以任意填塞“台独”黑货的概念。其实质是无视台湾人民和祖国大陆人民同呼吸、共命运的斗争历史，人为地将两岸人民的共同体割裂开来，将“台湾意识”等同于“台独意识”，实际上是想建立一个“台独共同体”。

就国际社会上的“命运共同体”而言，学界普遍认为：命运共同体是世界各国关系的本质，即“大家还是一个休戚与共的关系，或者讲就是一损俱损、一荣共荣。”如国内学者周方银提出，命运共同体既是中国周边外交的手段，也是中国周边外交的一个重要目标。作为手段，它有助于提升中国与周边国家的合作水平。作为目标，命运共同体与本地区长期的和平、稳定与繁荣本身具有高度的一致性。同时，命运共同体建设也高度契合了中国的和平发展道路。中国积极推动周边命运共同体建设，本身说明了中国试图走什么样的发展道路，说明了中国对地区与国际事务所采取的建设性态度。周边命运共同体建设要取得成效，意味着中国与周边国家要同时走和平发展道路，在这样一条发展道路上相互支持、共同推进。

“两岸命运共同体”的概念阐述既存在于对“台湾命运共同体”的话语反驳，同时也是隶属于“人类命运共同体”话语系统的子类别。国内学者郭震远就认为，两岸“血脉相连和休戚与共的关系，既是两岸同胞的命运共同体形成和发展的基础、推动力量，也是这一共同体的最重要特点”。另一学者王茹也表示，当我们说道命运共同体，便有着命运相连，休戚与共、荣辱与共的含义。并以“两岸族”为例，提出他们作为既有差异对比又有联结沟通功能的中间群体，是在“重叠的认同”中将两者都视为“自己人”，这有助于两岸民众在日常交往的点点滴滴中汇流成血脉相连、荣辱与共互信互赖的命运共同体。厦门大学台湾研究院李鹏教授则认为两岸命运共同体的概念理解要从感性和理性的两个层面展开，并提出，在新形势下，要想使两岸同胞血脉相连的命运共同体得以巩固，就必须把握民族认同、利益联结、增进信任这三个关键性的因素。

三、“一带一路”与“两岸命运共同体”的现实关系

2013 年，中国国家主席习近平在访问哈萨克斯坦和东南亚期间，提出建设“丝绸之路经济带”和“建设21 世纪海上丝绸之路战略构想”。经过一段时间的酝酿，“一带一路”战略正式成为国家战略。“一带一路”战略由“陆上丝带”与“海上丝路”两部分组成。陆上方向主要是“西进”，内容上包括三条路线的推进。第一条路线从新疆向正西推进，直至盛产能源的哈萨克斯坦、土库曼斯坦和里海海边。第二条路径从大陆西部出发，沿西南偏西方向前行，经巴基斯坦、阿富汗，到达与伊朗接壤的俾路支边境地区和波斯湾水域。第三条路线从与西藏相邻的云南省始发，利用铁路和公路进入东南亚。其中，有一段是古代“丝绸之路”的西南分支路线与现代路线的结合（这条线进入孟加拉国后往印度东北部延伸，到达伊朗）。海上方向主要是“南下”，包括以东南亚地区为重点，逐渐经印度洋向非洲、欧洲甚至美洲方向发展，体现出“一带一路”战略的全球化意识，以及对国际经济合作支撑作用的重视。

“一带一路”战略对两岸关系的发展具有重要意义，它为深化两岸合作提供了新的机遇。国家海洋局海洋发展战略研究所研究员李明杰指出，台湾四面环海，发展海洋经济、保卫海上贸易运输通道、保护海洋环境对台湾至关重要。台湾作为中华民族大家庭的重要一员，积极参与“21 世纪海上丝绸之路”建设，对于台湾是一个难得的发展机遇。南开大学台湾经济研究所所长曹小衡教授认为，随着两岸经济合作不断深化，已奠定了两岸共同参与“一带一路”战略的坚实基础，同时，两岸合作参与“一带一路”战略也将为两岸经济合作的进一步深化提供了一个前所未有的战略机遇，值得高度关注。中国社会科学院台湾研究所副研究员柳英指出，随着中国崛起，在亚太承担着越来越多责任，“一带一路”战略的提出为亚太区域经济发展与合作提供了新路径，也为台湾参与亚太区域经济合作提供了新思维。柳英认为，台湾应参与中华民族伟大复兴的进程，参与“一带一路”建设有利于台湾分享亚洲及大陆经济增长红利，为台湾产业发展带来机遇，为台湾多角度参与区域经济合作提供平台。她指出，两岸应在“一中原则”框架下共同探讨参与区域经济合作的合理方式，进一步深化两岸经济融合。

台湾学者曾圣文指出，两岸经贸关系的发展，在全球化与区域化经济整合的潮流下，ECFA 的签署对两岸经济关系的发展做了正式机制的安排，从长期的经济数据观察，两岸经贸交流的制度化，有利于两岸经贸发展与产业发展。尤其海运业与经贸发展息息相关，是台湾经济体永续发展的重要命脉。“一带一路”战略的提出，为台湾海运相关产业提供了未来持续成长的合作商机。台湾真理大学国贸系副教授龚春生认为，台湾的经济发展，一向甚为依赖对外贸易，台湾民众理应优先从经贸的角度来检视“一带一路”战略及“亚投行”的运作，如确实对台湾整体有利，即应抛弃“为反对而反对”的狭隘心态及忽视其他虚无缥缈的微末枝节，代之以积极地参与它、支持它及利用它。

在笔者看来，“一带一路”战略对于两岸命运共同体的建构显得尤为必要，这是因为在这一战略实现过程中，不仅会唤起双方共同的历史记忆，更能带来利益增量的重新分配。中国古代丝绸之路是连接亚欧大陆东西南北的商贸道路，是不同国家、不同民族、不同宗教之间和平交往之路。台湾也是这一遗产的继承者，两岸应共同弘扬古代丝路精神。今天，两岸共建现代丝绸之路，从大陆看，一项重大战略考虑是促进西部地区的开放格局，进一步连接西亚、中亚、南亚；从台湾看，建设现代丝绸之路要形成多形式的互联互通网络，这一进程中的很多基础设施项目，除联通欧洲、中东及中亚的铁路、公路和航运线等项目外，还涉及信息、物流、互联网等许多台湾拥有优势的领域。又如，在地缘上，“一带一路”战略将在中国大陆和欧洲以及中亚地区之间，通过“沿路”上“合作科技园区”等项目的带动，在经济领域创造更多的共同利益。台湾资本可以凭借早期进入大陆所形成的在西部地区的开发优势，在“一带一路”推进的过程中，扩大投资，或者与大陆企业合作，进行科研和技术转化。海上方面，台湾有早年“南下政策”的经验，台商在东南亚耕耘多年，台湾资本至今仍然是影响东南亚经济的重要力量，在“一带一路”战略中具有广阔的空间，可发挥作用。

“一带一路”是新时期我国实施新一轮扩大开放、营造有利周边环境的重大战略决策，对于巩固和提升中国与周边国家与地区的睦邻友好合作关系具有十分重大和深远的战略意义，而两岸命运共同体的现实建构也要发在这一基本政治格局中才能具有可能性。应该看到，“一带一路”和“两岸命运共同体”二者之间有着十分密切的内在联系。所谓“两岸命运共同体”，即为台海之间基于双方过往历史的共同经历和未来发展的共同追求这一基础之上，通过在政治、经济、社会、安全、文化等领域的全方位合作产生的利益增量关系和分配格局。而“一带一路”强调的是“互联互通”，主要内容是“五通”：“政策沟通”、

“道路联通”、“贸易畅通”、“货币流通”和“民心相通”，突出务实合作和项目合作。由此可见，“一带一路”是“两岸命运共同体”建设的路径和支撑、桥梁和纽带，而两岸命运共同体则是“一带一路”建设的重要宗旨和发展方向。

综上所述，“两岸命运共同体”主要内涵包括五个方面，即“讲信修睦（政治上）、合作共赢（经济上）、守望相助（安全上）、心心相印（文化上）、开放包容（对外关系上）”。这一战略构想不仅要反映两岸之间的利益诉求，更要兼顾台海民众的心理关切。这可从三个层面来加以理解：一是致力于打造利益共同体，促进两岸之间生产要素有序自由流动、资源高效配置、市场深度融合，实现利益共享均沾，切实给两岸人民带来福祉；二是致力于打造情感共同体，两岸要将秉承“两岸一家亲”理念，加强人文交流，以包容和尊重减少彼此的政治文化冲突，实现不同社会制度间的和谐共处。三是致力于打造责任共同体，大陆和台湾在非传统安全领域努力开展密切合作，提升提供公共产品和服务的能力。

四、“一带一路”建设下“两岸命运共同体”的建构路径

两岸命运共同体有多方面的深厚内容，从建设的过程来说，第一步可能是通过提升区域经济一体化的水平，建设比较深入和完善的经济共同体，在此基础上，逐渐建设安全共同体，然后才是包含政治、经济、安全、社会、文化等多方面内涵的成熟的周边命运共同体。在建设的过程中，每一步推进都十分不易。同时，经济共同体的建设不会自动导致安全共同体的形成，安全共同体的发展也不会自动导致十分紧密的命运共同体的完成。在这个过程中，要经历两岸关系多次质的提升过程，这需要台海各方的共同努力推进。

1. 促进两岸之间的经济一体化。在全球化背景下，经济一体化是利益共同体的基本前提。“一带一路”涉及范围极广，初步估算沿线总人口约44亿，经济总量约21万亿美元，分别约占全球的63%和29%，将是世界上最长、最具活力和最具发展潜力的一条国际经济大走廊。它将两岸之间连接起来，通过基础设施互联互通与促进贸易投资便利化，将切实带动相关区域经济一体化，有利于各区域间互通有无、优势互补，有助于实现台海之间发展战略的对接，编织更加紧密的共同利益网络，将各方利益融合提升到更高水平，让台湾地区得益于大陆的发展，也使大陆能从台湾的共同发展中获得帮助。

2. 促进两岸之间的共同安全、合作安全。两岸之间密切合作，通过建设新丝绸之路实现大陆与台湾的共同安全、合作安全，既是建设“两岸命运共同体”的必要条件，也是我国对建立和平发展的两岸关系和台海秩序新格局的重要责

献。它的基本内容包括：加强政治沟通和战略互信，尊重双方的不同文明、不同社会制度、不同发展模式选择，营造超越制度差异和发展差距的两岸关系，使得台海之间成为太平洋地区相对稳定的地缘战略板块。

3. 以人文交流促进相互理解和相互包容。人文交流与商贸交流并进，是古丝绸之路给予我们的宝贵遗产，而这也对当前的两岸关系有着借鉴中作用。两岸之间社会制度不同，发展水平各异，未来发展需要发挥多样化优势，走多样化道路，和而不同，因此人员沟通、文化交流和文明对话至关重要。应将人文交流作为新丝绸之路建设的一项重要内容，加强两岸在各领域、各阶层、各宗教信仰的人际交往，积极开展旅游、科教、地方合作等友好交往，巩固和扩大两关系长远发展的社会和民意基础，让两岸命运共同体意识在台海之间落地生根。

4. 从多边和双边各个层面推进两岸命运共同体建设。“一带一路”和“两岸命运共同体”均是合作、发展的理念和倡议，不是一个实体和机制，要充分依靠台海双方既有的双多边机制，借助既有的、行之有效的区域合作平台，并形成互动。第一个层面是在两岸合作层面的整体推进，加强政策沟通、道路联通、贸易畅通、货币流通、民心相通等多个方面的互联互通；第二个层面是在区域合作层面上局面推进，充分发挥山水相连、人文相通的优势，在次区域合作中注入命运共同体建设的相关内容；第三个层面是城市和具体领域上的重点推进，首先推进与两岸关系中往来密切、基础扎实、互信度高的相关建设，取得突破，形成示范。

台湾加入 RCEP 与 TPP 的经济效应
——基于 GTAP 模型的模拟分析*

邓利娟① 侯丹丹② 黄燕萍③

一、引言

WTO 多哈回合谈判受挫后，全球多边贸易框架的局限性也逐步暴露，各国（地区）开始转向自由贸易协定（FTA）的谈判。为了避免贸易转移效应带来的负面冲击，④ 世界各国（地区）大都积极参与区域经济整合之中。由于两岸关系的特殊性等原因，台湾目前仅与包括中国大陆在内的八个国家及地区签署了七个 FTA，据台湾地区经济主管机构资料，2013 年台湾 FTA 出口覆盖率仅为 9.69%，⑤ 而其海外最强劲的竞争对手韩国却已与台湾主要的出口市场——中国大陆、美国、欧盟以及东盟等完成了 FTA 的签署，这将使台湾受到严重的贸易与投资转移冲击。与此同时，台湾也未参与亚太区域经济一体化最重要的两大谈判——区域全面经济伙伴关系（RCEP）与跨太平洋伙伴协议（TPP）谈判。2015 年 10 月 5 日，TPP 的十二个成员国已结束谈判，并就货物贸易、纺织服

---

* 基金项目：福建省社会科学规划项目“台湾参与亚太区域经济合作的效应研究”（K34036），教育部人文社会科学重点研究基地重大项目“海峡两岸民间社会桥接模式和路径研究”（13JJD810011），国家社会科学基金重大项目“丰富‘一国两制’实践和推进祖国统一研究”（13&ZD052）。

① 两岸关系和平发展协同创新中心首席专家，厦门大学台湾研究院副院长、教授、博导。

② 两岸关系和平发展协同创新中心、厦门大学台湾研究院博士研究生。

③ 两岸关系和平发展协同创新中心助理教授、厦门大学台湾研究院助理教授，经济学博士。

④ 贸易转移效应是指由于关税同盟对内取消关税，对外实行统一的保护关税，关税同盟国把原来从同盟外非成员国低成本生产的产品进口，转换为从同盟内成员国高成本生产的产品进口，从而发生了贸易转移。

⑤ 数据来源：台湾地区经济主管机构国际贸易局，其中台湾与大陆的贸易只纳入 ECFA 早收清单部分。

装、原产地规则、投资等多领域达成基本协定。从 2012 年 11 月至今，RCEP 的十六个成员国已经进行了八轮谈判，并有望在 2015 年年底结束实质谈判。如何能够争取较公平的贸易环境，融入亚太区域经济整合，避免进一步被“边缘化”已成为当前台湾十分紧迫的任务。近年来台湾当局多次公开表示希望加入 RCEP 与 TPP 尤其是 TPP，而在 TPP 基本协定签订后，急迫心理更显突出。但是，关于是否要加入 TPP？加入 TPP 对台湾有何经济影响？应如何加入 TPP 等问题在岛内却有很大的争议。

目前，已有文献对 RCEP、TPP 建成所产生的经济效应展开研究：陈淑梅（2014）认为，RCEP 建成对区域内成员具有贸易创造效应，绝大多数成员都将受益，区域外其他成员则会受到贸易转移冲击；区域内成员既有产业会遭受损失也有产业将从中获益，但各成员能充分利用其比较优势，促进区域内成员的产业结构升级及国际产业结构转移。万璐（2011）认为，美国加入 TPP 会使成员国在经济增长率、福利水平及贸易条件等方面呈正效应，而区域外国家将受损。沈铭辉（2012）则认为，TPP 为美国带来的福利收益有限，为小型开放经济体（特别是越南）带来的收益可观，没有参加 TPP 的经济体普遍会遭受福利损失。另外，少数文献将 TPP 与 RCEP 结合起来分析其经济效应，Cheong and Tongzon（2013）通过动态 CGE 模型对 TPP 与 RCEP 消除叠加效应后的净经济效应进行评估，认为 RCEP 所带来的经济效应最大，但会使东盟的一些国家受到损失，而 TPP 带来的经济效应相对较小。孟猛等（2015）认为，如果 RCEP 和 TPP 均建成，RCEP 成员及美国能够获得较大收益；如果只有 TPP 建成而 RCEP 未建成，美国将获得最大收益；如果只有 RCEP 建成而 TPP 未建成，所有 RCEP 成员都能获得较大收益；日本、新加坡等既加入 RCEP 又加入 TPP 的国家从只有 RCEP 建成所获得的收益要大于只有 TPP 建成所获得的收益。

亚太区域经济整合对台湾经济的影响也日益引起两岸学者的重视。华晓红（2014）对台湾加入亚太区域经济一体化安排的经济效应进行评估，认为一体化安排使台湾宏观经济改善的程度由大到小依次为 CAFTA、RCEP、CJK、AFTA、① TPP。白树强等（2015）对台湾与 TPP 成员之间的产业比较优势和贸易互补性进行测算，得出台湾加入 TPP 会使农业、燃料和矿产品受到冲击而制造业从中获益的结论。台湾地区经济事务主管机构（2013）在“台湾推动加入跨太平洋伙伴协议（TPP）之经济影响评估报告”中分析认为，未加入 TPP 会使

① CAFTA、CJK、AFTA 分别是指中国—东盟自由贸易区、中日韩自贸区、东盟自由贸易区。

台湾经济受到负面冲击，使 GDP、进出口、福利水平等均降低，且农业及加工食品业、服务业产值将减少，而制造业将会成长；加入 TPP 将为台湾带来正面经济效益，但农业及加工食品业将受到明显冲击。许博翔（2015）运用 GTAP 模型分析 RCEP、TPP 等区域贸易协定分别成立后对台湾经济的影响，结果表明，对台湾造成冲击由大到小依次是：RCEP、中日韩 FTA、TPP（十二国）+韩国、TPP（十二国）、中韩 FTA，同时 RCEP 成立对台湾出口产业冲击最大的是化学、橡胶及塑料制品，其次是机械设备、纺织等。

通过以上文献梳理发现，现有研究较多分析台湾未能融入某一区域经济整合所遭受的经济损失，较少研究台湾融入区域经济整合后的经济所得；大多孤立考虑单一的贸易协定对台湾经济的影响，较少比较多个自由贸易协定同时成立且相互作用后对台湾经济的影响；多从宏观经济层面观察台湾加入 TPP 或 RCEP 的经济效应，少从产业视角进行更深入的探讨。鉴于此，本文在设定 TPP 与 RCEP 均成立的前提下，运用全球贸易分析模型（GTAP）对台湾“未加入 RCEP 也未加入 TPP”、“只加入 TPP”、“只加入 RCEP”、“既加入 RCEP 又加入 TPP”的四种情形给台湾所带来的经济效应进行定量评估，并比较分析台湾在 RCEP 与 TPP 的不同选择上其宏观经济和产业受到的影响，最后结合台湾目前面临的内外环境分析其参与区域经济整合的路径。

二、GTAP 模拟方案的设计

全球贸易分析模型（GTAP）是根据新古典经济理论设计的多国多部门一般均衡模型。GTAP 模型假定市场是完全竞争的，生产的规模报酬不变，生产者最小化生产成本，而消费者最大化其效用，产品市场和要素市场全部出清。GTAP 目前已被广泛应用于贸易自由化和区域经济一体化的经济效应的评估。本文使用 GTAP8 数据库，根据 RCEP 与 TPP 所包含的成员将数据库中的 129 个国家（地区）划分成 9 个区域（见表 1），并根据 WITS（World Integrated Trade Solution）公布的 GTAP 与 HS2007 对照表将数据库中 57 个部门划分为 10 类产业（见表 2）。

表 1　GTAP 模型区域结构

区域名称	GTAP 数据库包含的国家（地区）名称
CHN	中国大陆
USA	美国

续表

区域名称	GTAP 数据库包含的国家（地区）名称
TWN	台湾
EU_ 28	欧盟 28 国
XTR	RCEP 与 TPP 重叠成员，包括文莱、新西兰、新加坡、澳大利亚、日本、马来西亚、越南
XOR	RCEP 其他成员，包括印度尼西亚、菲律宾、泰国、老挝、缅甸、柬埔寨、韩国、印度
XOT	TPP 其他成员，包括智利、秘鲁、墨西哥、加拿大
SSA	撒哈拉以南非洲
Row	世界其他国家和地区

注：GTAP8 数据库目前不包含文莱、缅甸，因此模型中的 XTR 不包含文莱、XOR 不包含缅甸。由于两者经济总量很小，对本文分析结果的影响可以忽略不计。

表 2　GTAP 模型产业结构

产业类别	GTAP 数据库包含的部门
农林牧渔业	水稻、谷物；小麦；其他谷物；蔬菜、水果、坚果；油籽；甘蔗、甜菜；植物性纤维；其他作物；牛羊马；其他动物产品；原料乳；羊毛、桑蚕茧；林业；渔业
矿产品	煤；石油；天然气；其他矿物；石油、煤产品；其他矿物制品；
食品、饮料及烟草等	牛肉类产品；其他肉类产品；动植物油；乳制品；加工大米；糖；其他食品；饮料、烟草制品
纺织服装	纺织品；服装
其他制成品	皮革制品；木材制品；纸制品、出版；其他制造业
化工、橡胶及塑料制品	化工、塑料、橡胶制品
机械电子设备	电子设备；其他机器及设备
运输设备	机动车辆与零部件；其他运输设备
金属及金属制品	钢铁；其他金属；金属产品
服务业	电力；天然气生产、分销；水；建筑；贸易；其他运输；水路运输；航空；通讯；金融；保险；其他服务业；休闲和其他服务；公共、行政、国防、教育、健康；居住

本文 GTAP 模型的设定不考虑技术壁垒以及其他非关税壁垒，将“关税”作为唯一的冲击变量，并设定 TPP 与 RCEP 均成立，成员之间消除所有关税壁垒，实现零关税，每个成员对非成员仍然保留独立的贸易壁垒，并考虑以下四种情形：情形 1——台湾未加入 RCEP 也未加入 TPP；情形 2——台湾只加入 TPP 但未加入 RCEP；情形 3——台湾只加入 RCEP 但未加入 TPP；情形 4——台湾既加入 RCEP 又加入 TPP。

三、GTAP 模拟结果的描述

本文采用 GTAP 模拟软件 RunGTAP 3.62，并使用 Gragg 求解方法对台湾在四种情形下所产生的经济效应进行评估，得出以下结果。

（一）宏观经济层面

从 GTAP 模型的模拟结果（表3）可以看出：若台湾未加入 RCEP 也未加入 TPP（情形1），其实际工资将下降 0.07%，进而使家庭收入及私人消费支出分别降低 2.34% 和 2.33%。当前资本回报率与期末资本存量将降低 1.54% 和 0.19%。进口和出口也将分别下降 2.98% 和 2.58%，贸易条件急剧恶化。消费、投资和进出口的减少，将使台湾经济增长乏力，GDP 将降低 2.24%，福利水平也将恶化。

若台湾只加入 TPP 但未加入 RCEP（情形 2），台湾的实际工资、当前净资本回报率以及期末资本存量将有所上升，但家庭收入和私人消费支出仍将减少。进、出口虽出现小幅上升，但仍无法使贸易条件改善，从而使 GDP 降低 0.76%，福利减少 10.62 亿美元。

若台湾只加入 RCEP 但未加入 TPP（情形 3），台湾的实际工资、家庭收入和私人消费支出将分别提高 1.21%、2.76% 和 2.68%。当前净资本回报率、期末资本存量将上升 3.19%、0.28%。进口与出口也将大幅提升，分别提高 6.57% 和 5.36%，贸易条件大大改善。在此情形下，GDP 将上升 2.64%，福利将增加 37.76 亿美元。

若台湾既加入 RCEP 又加入 TPP（情形 4），台湾的消费、投资和进出口都将在更大程度上获得改善，从而使 GDP 更大幅度的提高，福利状况更高水平的提升。

通过比较以上四种情形可以看出：在设定 RCEP 与 TPP 均成立的条件下，台湾既加入 RCEP 又加入 TPP 对其来说是最好的；但如果二者只能选其一，台湾加入 RCEP 将比加入 TPP 获得更大的经济效益；如果台湾未加入 RCEP 也未加入 TPP，其宏观经济将会恶化。

表3　台湾加入 RCEP、TPP 的宏观经济效应　　单位:%、亿美元

	实际工资	家庭收入	私人消费支出	当前净资本回报率	期末资本存量	进口	出口	贸易条件	GDP	福利水平
情形1	-0.07	-2.34	-2.33	-1.54	-0.19	-2.98	-2.58	-1.25	-2.24	-33.71
情形2	0.96	-0.78	-0.83	0.78	0.04	1.18	0.66	-0.48	-0.76	-10.62
情形3	1.21	2.76	2.68	3.19	0.28	6.57	5.36	1.35	2.64	37.76
情形4	1.55	3.34	3.23	4.03	0.36	7.92	6.43	1.67	3.18	46.56

注：(1) 当前资本回报率变动和期末资本存量是指台湾整体的，而不是指单一企业；(2) 贸易条件变动=出口价格指数变化率-进口价格指数变化率；(3) 福利变动是指等价变化（EV），即：在价格变化之前，必须从消费者那里取走多少货币，才能使他的境况与价格变化以后的境况一样好。(4) 福利水平单位为亿美元，其余指标单位为%。

（二）产业层面

观察 GTAP 模型的模拟结果（表4）可以发现：若台湾未加入 RCEP 也未加入 TPP（情形1），其农林牧渔业、矿产品、食品饮料及烟草等、纺织服装、化工橡胶及塑料制品这五类产业将遭受冲击，其中化工橡胶及塑料制品受冲击较大，产出将减少14.64%，约109.03亿美元。其他制成品、运输设备、金属及金属制品、服务业会出现小幅改善，而机械电子设备产出增长最多，约56.97亿美元。从整体产业来看，产出将减少37.9亿美元，产业发展将处于不利地位。

若台湾只加入 TPP 但未加入 RCEP（情形2），其农林牧渔业、化工橡胶及塑料制品、机械电子设备、服务业将遭受冲击，其中化工橡胶及塑料制品仍将受最大冲击，但已较情形1有所改善。矿产品、纺织服装、其他制成品、运输设备、金属及金属制品五类产业则将会获益，其中纺织服装增长幅度最大，产出增长26.00%，约为54.75亿美元。从整体产业来看，产出仍将减少5.46亿美元。对比情形1与情形2会发现，台湾加入 TPP 会使纺织服装、其他制成品有较大改善，而机械电子设备将受到一定冲击，由情形1的产出增加56.97亿美元变为情形2的产出减少11.91亿美元。可见，台湾加入 TPP 会有利于其服装、纺织、皮革制品等劳动密集型产业的发展，但不利于电子等技术密集型产业的竞争。

若台湾只加入 RCEP 但未加入 TPP（情形3），其农林牧渔业、机械电子设备、运输设备及服务业仍将遭受冲击，其余产业则均会获益，产出水平将呈不

同程度的上涨。比较情形 3 与情形 1 会发现，台湾加入 RCEP 会使化工橡胶及塑料制品、矿产品、纺织服装大大受益，产出较情形 1 分别增加了 155.72 亿美元、60.47 亿美元、48.68 亿美元，而机械电子设备、运输设备却受到了较大冲击，产出较情形 1 分别减少了 123.8 亿美元、10.9 亿美元。从整体产业来看，加入 RCEP 将使台湾产出增加 56.29 亿美元，会促进其产业成长。由此可知，台湾加入 RCEP 将有利于劳动和资金密集型产业的发展，且台湾与中国大陆、东盟市场形成的严密的产业分工也将有利于台湾产业结构的优化升级。同时，比较情形 3 与情形 2 可以看出，加入 RCEP 较加入 TPP 将更有利于化工橡胶及塑料制品、矿产品等产业的发展，但在机械电子设备、运输设备等产业上加入 TPP 要优于加入 RCEP。

台湾既加入 RCEP 又加入 TPP（情形 4）与只加入 RCEP（情形 3）时各产业的产出变动方向完全相同，但农林牧渔业、机械电子设备、服务业受冲击的程度将加深，矿产品、食品饮料及烟草等、金属及金属制品的受益程度将弱化，剩余四个行业均将更加受益，最终使总产出也较情形 3 有所上升。

通过比较四种情形可得出：台湾加入 RCEP 或 TPP 均会使一部分产业从中受益，另一部分产业遭受冲击，但从整体来看“二者都未加入”与“只加入 TPP”将会使台湾产业受损，“只加入 RCEP”与“两者都加入”则会使台湾产业获益。同时，由于台湾的农林牧渔业与其他国家（地区）相比缺乏竞争力，所以无论台湾是否加入 RCEP、TPP，农林牧渔业均会遭受一定程度的冲击。

表 4　台湾加入 RCEP、TPP 的产业产出变动效应　　单位:%、亿美元

	情形 1		情形 2		情形 3		情形 4	
	增长率	金额	增长率	金额	增长率	金额	增长率	金额
农林牧渔业	-0.17	-0.27	-1.17	-1.86	-1.28	-2.04	-2.17	-3.46
矿产品	-2.09	-11.23	0.14	0.76	6.98	37.45	6.76	36.25
食品饮料及烟草等	-0.83	-1.90	0.00	0.01	0.54	1.25	0.48	1.10
纺织服装	-6.26	-13.18	26.00	54.75	22.46	47.29	28.72	60.48
其他制成品	2.32	5.80	6.66	16.65	4.12	10.31	4.69	11.73

续表

	情形 1		情形 2		情形 3		情形 4	
	增长率	金额	增长率	金额	增长率	金额	增长率	金额
化工橡胶及塑料制品	-14.64	-109.03	-12.30	-91.62	6.27	46.69	6.39	47.59
机械电子设备	2.64	56.97	-0.55	-11.91	-3.10	-66.83	-3.30	-71.22
运输设备	2.09	4.27	3.25	6.64	-3.24	-6.63	-1.41	-2.88
金属及金属制品	4.09	29.18	4.26	30.39	0.56	4.00	0.12	0.89
服务业	0.04	1.49	-0.24	-9.27	-0.39	-15.2	-0.47	-18.43
合计	—	-37.90	—	-5.46	—	56.29	—	62.05

注：增长率单位为%、金额单位为亿美元。

四、对 GTAP 模拟结果的解释

通过比较四种情形的模拟结果可以看出，台湾既加入 RCEP 又加入 TPP 可以最大限度地促进其经济发展和产业结构优化；在二者不能兼得的情况下，无论是宏观经济层面还是产业层面加入 RCEP 都将比加入 TPP 更优；若二者都未加入，台湾的宏观经济将恶化，同时传统优势产业将遭受冲击，不利于其产业结构的自主调整。对此本文仍然从宏观经济层面和产业层面进一步解释其原因。

（一）宏观经济层面

台湾与 RCEP、TPP 共计二十一个国家（地区）的贸易往来约占台湾对外贸易的七成左右，若台湾能与这些国家（地区）相互实施关税减免，其贸易条件自然将获得极大的改善。台湾与 RCEP 成员的贸易往来约占台湾对外贸易的 56.49%，并且出口份额达 57.91%，高出进口份额 3 个百分点；台湾与 TPP 成员的贸易往来只占台湾对外贸易的 34.89%，且进口份额高出出口份额约 5 个百分点。所以与加入 TPP 相比，台湾加入 RCEP 所消除的贸易壁垒范围将更广，也将更有利于其产品出口，这对于出口导向型的台湾经济无疑十分重要。此外，大陆是台湾最大的贸易伙伴和最大的出口目的地，两岸贸易占台湾贸易总额的

22.27%,① 如果台湾加入 RCEP，其与大陆之间贸易壁垒降低，也将使两岸贸易水平更高，有利于台湾进一步拓宽出口市场。然而，如果台湾不能加入 RCEP，而韩国与中国大陆同为 RCEP 成员且已签署中韩 FTA，韩国与台湾产品在大陆市场上有着 70% 的相似度，替代性强，这必将使台湾在大陆市场上的出口份额面临被韩国挤占的风险。

（二）产业层面

一方面，产业产出的变动来源于内部需求与外部需求的变动。从表 5 可知，台湾在未加入 RCEP 与 TPP 的情况下（情形 1），实际工资、家庭收入及私人消费支出的减少将使其矿产品、纺织服装、化工橡胶及塑料制品、服务业的内部消费需求大幅度降低，台湾对其所有产业的总消费将仅增长 3.09 亿美元，内部消费需求动力明显不足。RCEP 与 TPP 建成所带来的贸易转移效应将使台湾的农林牧渔业、食品饮料及烟草等、纺织服装、化工橡胶及塑料制品的外部消费需求受阻，所有产业的外部消费减少 40.99 亿美元。由于内部消费需求增加的幅度较小，无法弥补外部消费需求的减少，台湾产业产出的下降是必然的。台湾加入 RCEP 或 TPP（情形 2、3、4）会使台湾与其他成员的贸易往来更加密切。虽然台湾增加对其他成员产品的购买会抑制对自产产品的消费，但外部消费需求大幅增加，除情形 2 中外部消费需求增加无法弥补内部消费需求的降低产出会出现减少之外，情形 3、4 中台湾外部消费需求增加的幅度远远大于内部消费需求的减少，产出自然增加。从另一个角度看，台湾减少对自产产品的消费虽然会在一定程度对台湾产业造成冲击，但居民能够以更加优惠的价格购买到其他成员的产品会使台湾居民的福利水平大大提升。

表 5　台湾加入 RCEP、TPP 的产业内、外部消费需求变动　单位：亿美元

	情形 1		情形 2		情形 3		情形 4	
	内部	外部	内部	外部	内部	外部	内部	外部
农林牧渔业	0.30	-0.57	-2.16	0.30	-2.11	0.07	-3.79	0.34
矿产品	-13.57	2.33	-11.69	12.45	6.69	30.78	5.41	30.86
食品饮料及烟草等	0.01	-1.91	-6.09	6.12	-7.14	8.38	-8.78	9.88
纺织服装	-3.84	-9.34	12.38	42.37	6.70	40.59	9.64	50.84
其他制成品	2.28	3.53	1.66	14.99	-2.24	12.59	-2.71	14.44

① 数据来源：台湾“国际贸易局”。这里的两岸贸易数据不包括经过香港的转口贸易。

续表

	情形1		情形2		情形3		情形4	
	内部	外部	内部	外部	内部	外部	内部	外部
化工橡胶及塑料制品	-15.75	-93.28	-12.55	-79.07	0.62	46.09	-0.5	48.10
机械电子设备	24.73	32.24	-10.89	-1.02	-41.12	-25.71	-50.06	-21.16
运输设备	1.72	2.56	-3.49	10.14	-6.78	0.15	-7.65	4.77
金属及金属制品	21.2	7.98	7.67	22.74	-16.05	20.05	-20.00	20.89
服务业	-13.99	15.47	-8.82	-0.45	7.36	-22.58	8.96	-27.40
总计	3.09	-40.99	-33.98	28.57	-54.07	110.41	-69.48	131.56

注：表中“内部”指台湾对其自产产品的购买，“外部”指其他国家（地区）对台湾产品的购买，即出口。

另一方面，产业产出的变动与台湾的出口结构相关。台湾对外出口的产品十分集中，主要为机械电子设备、化工橡胶及塑料制品、金属及金属制品、矿产品、纺织服装等，占台湾总出口的80%左右。在这些出口产品上台湾与RCEP成员存在明显竞争关系，如，在上述五个产业上与中国大陆、日本、韩国有竞争，在矿产品上与印度尼西亚、马来西亚、新加坡、菲律宾、越南等东南亚国家有竞争，在纺织服装上与印度、越南有竞争。台湾与TPP成员在产业上则存在着较强的优势互补关系，尤其是与美国。台湾不仅向美国进口大量的小麦、玉米、大豆等粮食作物，而且在机械电子设备、运输设备、精密仪器等技术密集型产业上也多依赖于美国。对美国出口的产品则主要集中在纺织服装、化工橡胶及塑料制品等劳动密集与资金密集型产业，虽然也向美国出口大量机械电子设备，但大多处于产业链中低端，与美国形成产业分工。由此可见，如若台湾未加入RCEP，其对RCEP成员的出口必将会被RCEP其他成员所取代，而即使台湾未加入TPP，其与TPP成员间的产业互补关系也将使其产业受到的冲击相对较小。

五、结论与思考

在设定TPP与RCEP均成立的前提下，本文研究发现：台湾既加入RCEP又加入TPP可以在最大程度上促进其经济发展和产业结构优化；在二者不能兼得的情况下，台湾加入RCEP比加入TPP更优，更有助于其经济增长和产业竞争；若二者都未加入，台湾的经济将持续恶化，同时传统优势产业将遭受巨大冲击，不利于其产业结构的自主调整。之所以如此，主要是因为在区域经济整合过程中区域内成员之间关税壁垒的降低或消除对区域外其他成员造成的贸易转移冲击所引起的连环效应，另一方面，台湾自身的产业竞争力及产业结构导致其加入 RCEP 比加入 TPP 所受冲击相对较小。

从现实来看，以台湾目前经济发展、产业竞争力和市场开放程度以及整个国际形势，台湾想要同时加入两个高标准、高水平的自由贸易协定无疑十分困难。相对 RCEP 而言，TPP 是一个更高水平、更高标准的多边自由贸易协定，不仅要求成员间实施自由贸易，而且 TPP 还包括服务贸易自由化、政府采购、知识产权保护及战略合作等。台湾经济自由化步伐缓慢，对外洽签的 FTA 数量少，对外开放力度不足。同时，台湾对部分产业实施严格保护，若开放市场将可能造成部分产业的较大冲击，尤其是台湾的农产品更将成为谈判中的“敏感区”。因此台湾在短期内很难达到 TPP 的标准是显而易见的。

基于上述分析可见，一是，未来台湾经济发展与产业结构优化相当程度上依赖于参与区域经济整合。而随着对外开放程度的加深，对一些产业造成冲击是难以避免的，正确的心态是不能“闭门自守”，而要逐步接受竞争以提高自身产业竞争力，积极融入区域经济整合中。二是，随着中国大陆经济的崛起与国际经济格局的变化，台湾参与区域经济整合是无法回避“大陆因素”的，想绕过中国大陆加入以大陆为主导的 RCEP 明显不现实。近年两岸经济整合步伐放缓，《海峡两岸服务贸易协议》搁置在台湾地区立法主管机构无法通过生效，ECFA 后续协议如《海峡两岸货物贸易协议》等的谈判也未有实质性进展。而在两岸经济尚未有效整合的情况下，台湾参与亚太区域经济整合之路将会困难重重，缺乏坚实基础。因此，现阶段台湾参与亚太区域经济整合的合理路径应当是：首先致力于两岸经济整合步伐的加快；在此基础上深化与周边国家和地区——香港、东盟、中亚以及南亚等的贸易合作，再寻求机会加入 RCEP；待条件进一步成熟之后再推动加入 TPP。简言之，台湾参与亚太区域经济整合应遵循“先易后难”的原则，按“先两岸、后周边、再 RCEP、最后 TPP”的路径逐步推进，而不是逆向而行。

注释：

[1] 陈淑梅、倪菊华：《中国加入“区域全面经济伙伴关系”的经济效应——基于 GTAP 模型的模拟分析》，《亚太经济》，2014 年第 2 期。

[2] 万璐：《美国 TPP 战略的经济效应研究——基于 GTAP 模拟的分析》，《当代亚太》，2011 年第 4 期。

[3] 沈铭辉：《跨太平洋伙伴关系协议（TPP）的成本收益分析：中国的视角》，《当

代亚太》，2012 年第 1 期。

[4] Cheong I. , Tongzon J. , Comparing the Economic Impact of theTrans – Pacific Partnership and theRegional Comprehensive EconomicPartnership, Asian Economic Papers, 2013 (12): 144—170.

[5] 孟猛、郑昭阳：《TPP 与 RCEP 贸易自由化经济效果的可计算一般均衡分析》，《国际经济探索》，2015 年第 4 期。

[6] 华晓红、宫毓雯、周晋竹：《台湾与主要亚太区域经济体的经贸联系及一体化安排效益》，《云南师范大学学报（哲学社会科学版)》，2014 年第 4 期。

[7] 白树强、郭明英、邢珺：《中国台湾地区寻求加入 TPP 的前景分析》，《现代管理科学》，2015 年第 3 期。

“一带一路”背景下甘肃省语言服务业发展战略探索*

周亚莉① 郭凤青②

在“一带一路”战略实施过程中，国家赋予我省重要的战略地位，“甘肃是连接亚欧大陆桥的战略通道和沟通西南”、“构建我国向西开放的重要门户和次区域合作战略基地”。国家“一带一路”建设战略的实施，打开了对外开放的新“窗口”，将原本地处西部偏僻“后方”的甘肃推到了向西开放的“前沿”，也给甘肃各种服务业实施“走出去”战略创造了发展机遇。

一、甘肃语言服务业发展现状

在我国，“语言服务业”这一行业地位于“2010中国国际语言服务行业大会”上首次得到官方认可。2012年，《中国语言服务业发展报告》提出，伴随着中外交流的日益扩大以及经济全球化和信息化的发展，社会化、市场化的翻译服务，以及在此基础上延伸出来的本地化服务、语言技术和辅助工具研发、翻译培训与多语信息咨询等相关服务已经形成一个新兴行业——语言服务业。此举标志着该行业已经得到政府部门和学术界的重视。袁军（2014）以翻译三要素为线索，对“语言服务”进行了界定，并指出上述语言服务业的提出将翻译服务在行业中的基础地位以及与其他服务的“血缘”关系一语道破。总之，郭晓勇（2014）表示，语言服务业已经成为现代服务业中的一个极具发展潜力的新兴分支，“而不仅仅停留在翻译层面”。

语言服务业是现代服务业的一个新兴分支，在我国刚刚兴起，在甘肃的起

* 本文系周亚莉所主持的2015年度甘肃省高等学校科研项目《“一带一路”建设背景下甘肃省语言服务业发展的SWOT分析与战略选择》项目编号：（2015A－015）的系列成果之一。

① 西北师范大学教授。

② 兰州文理学院讲师。

步和发展相对滞后和缓慢。狭义上的“语言服务”指称翻译服务是当之无愧的（袁军，2014），所以本文主要围绕语言服务业的基础——翻译角度来讲。2014年7月，甘肃文化翻译中心在兰州成立，这是一家对外文化翻译传播机构，将组织专业翻译人员做好敦煌文化、丝路文化、甘肃旅游文化、甘肃民族民俗文化等的系统翻译和对外宣传，加强城市“窗口”文化建设中的翻译，并面向全社会各界提供对外交流与合作中所必需的科技文献翻译、对外交流人员的语言培训、对外贸易产品服务的外语宣传包装等各种公共语言服务；将采用现代信息化翻译技术推进翻译学发展，开展计算机辅助翻译工具、机器翻译工具和电子资源的利用开发，提升翻译速度和质量，探讨翻译技术对翻译学科的支撑等。该中心的成立及活动内容是甘肃省在语言服务方面的重要行为举措。目前，有据可查的甘肃翻译公司也就十几家。

二、甘肃语言服务业发展的 SWOT 分析

SWOT 分析方法是美国旧金山大学 H. Weihrich 于 20 世纪 80 年代初提出的一种企业战略分析方法，通过分析企业内部环境中的优势（Strength）、劣势（Weakness）因素，外部机遇（Opportunity）、威胁（Threat）因素等，从而确定企业的战略。本文将用此法来分析甘肃语言服务业的发展战略。

（一）优势

1. 地理优势。甘肃具有独特的区位优势，是西北地区连接中、东部地区的桥梁和纽带，是贯通东亚与亚洲中部、西亚与欧洲之间的陆上交通要道。地理优势带来充足的人流、物流、信息流、资金流，为包括语言服务业在内的现代服务业的发展奠定了坚实的基础。

2. 资源优势。作为文化大省，甘肃拥有深厚的人文历史资源，伏羲文化、丝路文化、民族民间文化及现代文化等的对外文化艺术展演、文博学术交流连续不断，时间长、范围广、影响大。矿产资源、生物资源和能源资源在全国占据重要地位。特色产业如中药材等远销台湾、香港、东南亚及欧美。旅游资源丰富多彩。甘肃被誉为“丝绸之路的黄金路段”，也被国家旅游局称为“永不衰落的旅游产品”，并被列为中国对外推出的九大经典旅游路线之一。到 2015 年，旅游客源规模达到 1 亿人次，旅游总收入达到 600 亿元以上，旅游收入占地区生产总值的 8%，成为国民经济的支柱产业。丰富多样的资源对外输出需要借助语言服务业的大力支持。

3. 科教事业迅速发展。近年来，甘肃省科技投入的增加、开发创新能力的提高和教育事业的蓬勃发展，为现代服务业发展提供了必要的智力支持。尤其

是专业人才培养及校企合作的实践性人才的培养为语言服务业尤其是翻译服务储备了大量优秀人才。

（二）劣势

1. 行业地位不明确。甘肃语言服务业起步晚，从政府到地方进一步提高对语言服务业发展重要性的认识不足，所以在发展地方各种服务业方面尚未提及语言服务这一行业。

2. 人力资源缺乏。人才是经济、文化发展的关键，翻译人才更是对外经济、文化交流的核心。目前，符合甘肃经济、文化发展需求的语言服务业人才现状堪忧。翻译人才队伍既有量的不足，也有质的欠缺。复合型人才奇缺，而且地区分布不平衡，严重制约了甘肃对外经济、文化交流的深度和广度，更难以适应甘肃与国外经济、文化联系越来越紧密的现实要求。

3. 其他方面。我国语言服务业存在的总体劣势在甘肃语言服务业中表现更为突出，诸如准入门槛低，缺乏立法保障；总体规模偏小，产业集中度和国际参与度低；企业创新能力不够，同质化竞争问题突出等方面。

（三）机遇

1. 国家及地方政策扶持。“一带一路”国家战略、甘肃省“十二五”服务业发展规划的提出，以及中央和地方前后陆续出台一系列扶持、加快服务业发展的政策和措施。2015 年 4 月，国家发改委、外交部、商务部联合发布了《推动共建丝绸之路经济带和 21 世纪海上丝绸之路的愿景与行动》，明确提出要发挥甘肃综合经济文化优势。自 2013 年年底以来，甘肃抢抓国家“一带一路”战略机遇，积极扩大与“一带一路”沿线国际多层次的交流，不断提升对外开放水平，使甘肃语言服务业的发展得到良好的政策契机。

2. 语言服务需求增加。当今世界是一个高科技、信息化、经济文化全球化、国际市场一体化的时代。随着甘肃与外界一体化进程的加快，社会对语言服务的需求已呈多元态势，对其提出了更高的要求，同时也给其发展提供了更多的机遇。

3. 对外经济贸易的增长。2015 年，甘肃省委省政府确定的外贸出口增长 7% 的目标任务，不断扩大与“一带一路”沿线国家宽领域多层次的交流合作，努力提升对外开放水平。巩固传统市场，开拓新兴市场，加大向西开放力度。发挥驻伊朗、白俄罗斯和霍尔果斯商务代表处窗口、桥梁、纽带作用，有针对性地组织企业“走出去”，开拓丝绸之路沿线国家市场。这一目标既促进本省经济增长，也带动了甘肃语言服务业的发展。

（四）挑战

1. 发展阶段。甘肃的语言服务业尚处于初级发展阶段，还没正式纳入本省经济行业分类，由于行业特点以中小型乃至微型企业为主，因此急需政策扶持以实现跨越式发展。

2. 行业内外竞争。在经济全球化、一体化的形势下，甘肃省势必面临与其他省份、其他国家企业在获取产业资源、抢占市场先机、拓展市场空间等方面的激烈竞争。比如有实力的翻译公司主要集中在北上广，其竞争对甘肃的翻译公司来说是个巨大的挑战。

3. 更新和创新观念。甘肃语言服务行业必须充分利用国家大好政策环境，迎合市场需求，更新观念、创新模式、把握机遇、迎难而上，重视品牌建设，强化社会责任意识和职业道德意识，使本省语言服务业的发展有更坚实的基础。

三、甘肃语言服务业发展战略

（一）指导思想

加快语言服务业的发展是加快经济发展方式转变、推进经济结构调整、提高经济整体素质的战略举措。“十一五”时期，甘肃全省服务业进入快速发展阶段，产业地位稳步提升，服务水平逐步提高，服务产品不断丰富，服务质量明显改善，企业竞争力进一步增强，服务业呈现蓬勃发展态势，在促进经济平稳较快发展、转变经济发展方式、优化产业结构、扩大就业等方面发挥了重要作用。

（二）战略措施

1. 加大政策扶持。进一步提高对语言服务业发展重要性的认识，将其纳入地方政府的服务业发展规划并给予大力扶持。落实国务院和省政府有关促进服务业发展的一系列政策措施，制定财税、行业准入等方面的政策，形成有利于语言服务业加快发展的良好环境。积极争取国家语言服务业引导资金，设立省级语言服务业发展引导资金，加大语言服务业投资力度。

2. 引进和培养人才。多层次、多渠道培养和引进语言服务业所需人才，培育一批适应语言服务业发展要求、具有开放意识和市场开拓能力的人才队伍，构建强有力的人才支持体系。引导高等院校和中等职业学校设立与语言服务业发展相适应的学科专业，加快培养语言服务业紧缺人才。支持有条件的语言服务公司与高校、科研院所联合建立实训基地，支持各类教育培训机构开展语言服务业技能型人才再培训、再教育，提高从业人员的服务意识和业务水平。

3. 深化开放合作。紧紧围绕推进丝绸之路经济带甘肃段建设，进一步加快我省对外开放步伐，支持语言服务机构开展技术、人才等方面的国际、国内交流合作。

4. 健全语言服务市场机制。有序放开语言服务市场准入，构建统一开放、竞争有序的市场体系，努力形成政府引导、协会推动、行业自律的促进语言服务业发展的新机制，为语言服务主体营造公平竞争的环境。

总之，甘肃语言服务业是一个极具发展潜力的服务贸易领域，加强和提高语言服务质量与水平是本省与国际服务贸易得以顺利开展的前提和重要环节。随着甘肃服务业整体开放水平提高，服务贸易国际化水平和竞争力提升，其语言服务业必将获得更为广阔的空间。

参考文献：

[1] 中国翻译协会、中国翻译行业发展战略研究院：《中国语言服务业发展报告2012》，2012 年。

[2] 袁军：《语言服务的概念界定》，《中国翻译》，2014 年第 1 期，第 18—22 页。

[3] 郭晓勇：《中国语言服务业的机遇和挑战》，《中国翻译》，2014 年第 1 期，第 9—11 页。

[4] 《2014—2018 年中国语言服务行业发展前景预测与投资战略规划分析报告》，2015 年。

[5] 海因茨 · 韦克里等：《管理学》，北京：经济科学出版社，1993 年。

[6] 《甘肃发展年鉴 2015》，中国统计出版社，2015 年。

[7] 刘福生、王谋清、冯蓉、李玉明：《甘肃对外经济、文化交流中外语翻译人才的现状调查及对策研究》，《西北民族大学学报》，2003 年第 6 期，第 13—23 页。

自贸区建设背景下两岸共建“21世纪海上丝绸之路”探讨

王　勇①

一、自由贸易区建设的推进与共建“21世纪海上丝绸之路”战略的提出

（一）自由贸易区建设的推进

当前，经济全球化不断向纵深发展，生产要素已跨越国界而在全球范围内自由流动，世界各国的相互相关性日益增强。由此，为了顺应经济全球化和贸易自由化的发展趋势，不断拓展对外开放的广度和深度，进而深层次参与经济全球化进程，不同国家或地区纷纷提出自由贸易区发展战略。与此相伴，我国目前正面临较大的经济下行压力，传统比较优势产业面对新的挑战，改革正步入“深水区”。在此情形下，自2013年9月29日中国（上海）自由贸易试验区挂牌成立以来，全国各地掀起一轮申报自贸区的热潮，试图通过自贸区建设，完善相关体制机制，探索深化改革的道路与产业升级的路径，以此实现区域经济结构转型。同时，借此探索深化对外开放的模式，为进一步融入全球贸易活动做准备。截至2015年4月21日，中国又新挂牌成立广东、天津、福建自由贸易试验区。② 与此同时，自2009年以来，TPP日益成为亚太地区经济一体化的重要形式。③ 为了避免在全球经济一体化和亚太地区经济一体化日益加深下台湾经济被边缘化的危险，近年来台湾马英九当局积极倡导推进“自由经济示范

---

① 厦门大学两岸关系和平发展协同创新中心，台湾研究院，副教授。

② 孙微、倪浩：《中国自贸区增至4个 粤津闽挂牌各有定位》，《环球时报》，2015年4月22日，http://finance.huanqiu.com/cjrd/2015-04/6253261.html.

③ 王勇：《台湾寻求加入TPP的动机、路径选择及前景》，《国际经济合作》，2012年第8期，第25—30页。

区”规划建设,[①] 力求使台湾经济实现新一轮的自由化与国际化，为台湾经济发展不断注入活力，最终实现将台湾建设成为“自由贸易岛”的目标。

（二）基于自由贸易区建设背景下“21 世纪海上丝绸之路”战略的出台

自由贸易区的基本特征是贸易自由化、投资自由化和金融自由化，是世界各国在全球范围内集聚生产要素、参与经济全球分工与竞争、推动经济发展的重要载体。在自由贸易区建设凸显的市场化、开放和创新三大驱动要素带动下，各国间商品和服务贸易自由化、便利化的深度和广度均在不断提高，区域内各国之间在关税、非关税措施、服务业市场准入、贸易投资便利化等方面都在向更加开放和非歧视方向调整，跨国间的纵向生产关系，企业内、产业内和区域内贸易投资日益成为主流，一国企业已经无法独享本国资源禀赋的比较优势，而通过产业内和企业内贸易投资在全球进行资源及政策整合成为国际贸易投资的主导形态。在此情势下，为了使中国的过剩产能和庞大的外汇储备获得更优的配置空间，2013 年 10 月，习近平总书记在访问东盟期间首次提出共建“21 世纪海上丝绸之路”的战略构想。[②] 该构想旨在促进中国大陆与丝绸之路沿线各国或地区的商品、资本、信息、物流、文化、交通等的自由流通，实现丝绸之路沿线各国及地区经济社会发展水平的共同提升。同时，该战略有助于加快中国对外开放进程，完善其多元平衡的开放型经济体系。

二、“21 世纪海上丝绸之路”建设的前期理论探讨和内涵界定

（一）前期理论探讨

“21 世纪海上丝绸之路”建设是全球经贸合作的新理念，对其进行前瞻性探讨的主要有：法国汉学家沙畹（1913）在其所著的《西突厥史料》中首先提出“海上丝绸之路”的概念；日本学者三杉隆敏（1967）在其著的《探索海上的丝绸之路》中正式使用“海上丝绸之路”这一名称。[③] 马勇（2001）探讨了东南亚与“海上丝绸之路”的相互影响关系；占豪（2014）从国际战略角度阐述了“海上丝绸之路”的战略意义及其对世界的影响。全毅等（2014）提出“海上丝绸之路”的发展目标是：以海洋经济合作为重点，通过经济外交与人文

---

① 王勇：《台湾“自由经济示范区”规划建设及对两岸区域经济合作的影响》，《台湾研究集刊》，2014 年第 6 期，第 52—61 页。

② 吴崇伯：《融入国家“21 世纪海上丝绸之路”战略的优势与对策论析——以福建为例》，《华侨大学学报（哲学社会科学版）》，2014 年第 4 期，第 7—13 页。

③ 陈万灵、何传添：《海上丝绸之路的各方博弈及其经贸定位》，《改革》，2014 年第 3 期，第 74—83 页。

交流，构建经济合作机制，推进港口互联互通和自贸区建设，发展多领域的双边和多边合作;① 陈万灵和何传添（2014）认为："海上丝绸之路"建设应以通道建设为基础，以经贸合作制度建设为支撑，从而全面提升"海上丝绸之路"信道功能和贸易、投资及经济合作水平，最终构建中国大陆与沿线各国及地区的互利共赢格局；陈武（2014）认为有条件成为"海上丝绸之路"新门户和新枢纽的地区应加快构建港口合作网络、临港产业带、海洋经济合作实验区、金融合作区、友好城市和人文交流圈等，共同构建海陆互动格局；李金早（2014）认为：应加强与"海上丝绸之路"沿线国家及地区的业务对接，提升沿线国家及地区的贸易便利化水平，提升双向投资水平，构建高效、便捷、安全的基础设施网络，发挥金融助推作用等。

（二）内涵界定

总体而言，"21 世纪海上丝绸之路"体现为一个国际化和动态化的概念，其运输效率高、规模大，呈现出全球化和网络化的特点，是一个"全球贸易网"，即从依托现代运输工具和信息技术连接起来的海上国际货物运输通道或国际贸易网，反映"海上丝绸之路"沿线各国及地区的经贸合作关系。同时，"21 世纪海上丝绸之路"也是中国对外贸易关系网络，即从中国沿海港口出发，与沿线各国及地区建立的海上贸易通道，包括中国与东南亚、南亚、西亚、东非的经贸联系、国际关系及文化交流合作。具体而言，"21 世纪海上丝绸之路"包括从中国沿海港口出发，途经东南亚、南亚、波斯湾、红海湾及印度洋西岸各国的航线,② 通过沿线港口及其城市合作机制建立起来的国际贸易网，包含与沿线国家及地区的海洋经济合作关系。

"21 世纪海上丝绸之路"以"政策、道路、贸易、货币、民心"的连接或互通等"五通"为其建设宗旨,③ 联动性、开放性、多元化、多领域合作是其灵魂，最终将使沿线国家联结成更为紧密的利益共享共同体。截至 2013 年底，中国与"21 世纪海上丝绸之路"沿线主要经济体间货物进出口贸易额达 11331 亿美元，较 2007 年增长 1.85 倍（表 1）。

---

① 全毅、汪洁、刘婉婷：《21 世纪海上丝绸之路的战略构想与建设方略》，《国际贸易》，2014 年第 8 期。

② 刘艳霞、朱蓉文、黄吉乔：《海上丝绸之路沿线地区概况及深圳参与建设的潜力分析》。

③ 《城市观察》，2014 年第 6 期，第 37—46 页。

表1　中国与“21世纪海上丝绸之路”沿线主要经济体间货物进出口贸易额（2007—2013年）　（单位：亿美元）

经济体＼年份	2007	2008	2009	2010	2011	2012	2013
东盟	2025	2313	2130	2929	3631	4001	4436
印度	386	518	434	618	739	665	654
南非	140	179	161	257	455	600	652
欧盟	3561	4258	3639	4796	5671	5460	5589
合计	6112	7268	6364	8600	10496	10726	11331

资料来源：中华人民共和国国家统计局：《2014中国统计摘要》，北京：中国统计出版社，2014年。

三、两岸共建“21世纪海上丝绸之路”的内在动力

两岸要素结构的互补性和经济发展的阶段性差异是两岸经济关系发展的基础，也是两岸产业合作的重要驱动力。随着大陆经济发展水平的提升和两岸经济合作方式的调整，两岸经济原有的合作方式产生显著的变化。随着陆资企业入岛投资经营，两岸经济合作开始由以单向流动及以大陆为主的“单向投资”，逐步扩展到涵盖两岸的“双向投资”，并在一定程度上使两岸相关产业产生竞争关系，从而使两岸经济合作面临更加复杂的环境，对两岸经济合作的深化提出更大挑战。

首先，随着两岸要素价格的变化，两岸之间的要素禀赋结构正发生显著的变化。就经济合作的动力机制而言，要素价格差异所导致的要素禀赋差异性是推进两岸经济关系和产业合作的重要动力。其中，两岸劳动力价格差异尤为凸显。目前，大陆沿海地区企业工人的月平均工资已达到4000—5000元人民币，再加上“五险一金”等，企业总体用工成本约为每月1000美元。① 而台湾在近二十年来的薪资水平变化不大，使得两岸劳动力成本大致持平。在此情形下，台商投资大陆的动能下降，开始出现回流台湾或转至第三地投资的现象。由此，两岸产业合作的基本动力出现显著变化，进而推动两岸经济合作进入新的调整期。其次，两岸产业结构正逐步趋同，相互竞争性有所增强。从产业结构看，台湾制造业主要集中于电子零组件、电脑电子产品及光学制品、化学材料等三

① 陈伟光：《论21世纪海上丝绸之路合作机制的联动》，《国际经贸探索》，2015年第31卷第3期，第72—82页。

大产业，合计占台湾制造业的49.25%；而大陆制造业则相对更加均衡，形成较完整的产业体系。总体而言，台湾在相关高端产业环节上具有技术优势和创新优势，同时缺乏下游产业配合和规模足够大的市场。大陆则恰好与此相反，由此两岸产业合作形成较明显的互补，进而带动两岸经济合作的全面深化。与此同时，大陆近三十年来的整体产业水平呈现快速提升态势，在相关产业环节上已与台湾形成竞争态势。基于此，两岸在日趋激烈的国际竞争中必须寻找新的合作路径与动力，因此，两岸共建“21世纪海上丝绸之路”将在更大程度上为两岸经济合作提供新的基础和动力，而台湾通过积极融入“21世纪海上丝绸之路”建设，将为其创造更多的商机，进而激发台湾的经济活力。

四、“21世纪海上丝绸之路”战略下的台湾因应

（一）台湾融入“21世纪海上丝绸之路”对两岸经贸关系发展的影响

首先，当前两岸经贸关系发展面临内生动力不足的问题。主要体现在：一方面，两岸贸易额增长日渐乏力，台商对大陆投资增速趋于放缓。据台湾“主计处投审会”统计，台湾对大陆投资占其外贸出口份额的比重由2007年的40.9%降至2013年的39.7%。两岸以制造业为主轴的产业合作动力也在不断下降。另一方面，随着两岸经济合作的不断深入，ECFA后续协议协商难度不断加大，特别是去年3月岛内爆发以反服贸协议为主题的“太阳花学运”后，台湾当局推动两岸经济合作的保守性有所增强，由此带来两岸经贸关系发展进程放缓。基于此，台湾融入“21世纪海上丝绸之路”建设将构筑新的两岸经济合作平台与机制，为两岸经贸关系发展注入新活力；其次，两岸经贸关系发展中的一些深层次问题日益凸显。主要体现为：一是基础薄弱的两岸政治互信成为制约两岸经贸关系发展的最大障碍；二是不断加深的两岸经贸合作引发岛内忧虑经济“过度依赖”大陆，促使台湾当局试图通过加强对外经济合作以抵消大陆日益增长的影响力；三是两岸局部产业领域的竞争增强引发岛内部分业界人士的担忧；四是两岸经济政策层面互动不足导致两岸在产业发展与对外经济合作等方面的分歧增加。在此情形下，大陆提出共建“21世纪海上丝绸之路”，是实现“中国梦”的海上通途，更为重要的是向外传递着大陆与世界共享经济繁荣的善意。而台湾的积极融入，将有助于扩大两岸经济利益的汇合点，增进两岸政治互信，加快两岸利益及命运共同体的形成；再者，台湾融入“21世纪海上丝绸之路”建设，将为深化两岸经济合作创造出新的平台，推动两岸经济共同发展。同时，为台湾通过大陆与东盟、南亚等“21世纪海上丝绸之路”沿线国家和地区建立更紧密的经贸关系创造新的条件，避免台湾经济被日益边缘化

的潜在危机，进而实现两岸经贸关系发展与亚太区域合作相衔接。

（二）台湾融入“21世纪海上丝绸之路”的优势及经济效应

首先，从区位优势而言，台湾作为中国大陆的一个近海岛屿，天然属于“海上丝绸之路”的一部分。而且，台湾与一海之隔的福建拥有在地利和人文等方面的“五缘”优势，而福建作为“21世纪海上丝绸之路”的一个重要起点，目前正在加大开放力度建设福建自由贸易区，从而为台湾自由经济示范区与福建自贸区开展对接合作提供出现实的发展机遇；其次，随着两岸经贸交流合作的不断推进，台湾经济与大陆经济已经成为一个不可分割的整体。基于此，台湾在融入“21世纪海上丝绸之路”建设中，可充分发挥其相较于大陆的产业发展比较优势，从而更好地与大陆开展业务合作。具体而言：一方面，台湾拥有较成熟的现代服务业。目前，台湾拥有的现代服务业优秀品牌共3000多家，而大陆仅有150家左右。① 其中，台湾金融服务业发展比较成熟，而大陆正在推动的亚投行、② 丝路基金和金砖国家发展银行建设都需要进行金融服务布局，台湾可以利用其在金融体系、金融分工、金融产品、金融基础设施、金融人才培养体系方面的优势与大陆开展金融合作。另一方面，台湾拥有国际产业转移的丰富经验。随着“21世纪海上丝绸之路”建设的推进，会带动更多大陆优质产能“走出去”。台湾企业拥有较丰富的海外投资经验和产业转移经验，熟悉国际法律、惯例，在发展中国家和地区中享有良好声誉。由此，台湾企业可以与“走出去”的大陆企业合作，成为大陆企业“走出去”的重要跳板，联合投资，从而使大陆企业可以借鉴台湾企业处理国际业务的经验，为大陆企业拓展国际市场及扩大经济影响力提供重要助力。而台湾企业也可以抓住“21世纪海上丝绸之路”建设带来的发展机遇，深化在全球的产业布局，进而提高台湾企业在全球产业链上的优势；再者，台商已在大陆东部沿海地区投资经营近三十年，对大陆的投资环境日渐熟悉，投资本土化趋势和在地根植性愈加显著。由此，面对“21世纪海上丝绸之路”建设带来的沿线关税减免、交通便利化与释放出的新产能需求，台商将“抢滩”进入大陆中西部及周边地区进行投资合作；此

① 盛九元：《“一带一路”深化两岸经济合作》，《两岸关系》，2015年第4期，第27—29页。

② 即亚洲基础设施投资银行（Asian Infrastructure Investment Bank，简称“亚投行”，AIIB）是一个政府间性质的亚洲区域多边开发机构，重点支持基础设施建设，总部设在北京，法定资本1000亿美元。截至2015年4月15日，亚投行意向创始成员国确定为57个，遍及五大洲，涵盖除美日之外的主要西方国家、大部分亚欧国家。而且，今后其他国家和地区仍可以作为普通成员加入。

外，台湾当局先前曾提出“南向政策”，在此政策的推动下，东盟国家成为台湾传统的贸易和投资重要地区之一。台湾企业对外投资起步早、多集中在东南亚等“21世纪海上丝绸之路”建设沿线国家和地区。目前，东盟是台湾仅次于中国大陆的第二大贸易伙伴及出口市场，2013年双方贸易额占台湾对外贸易总额的15.9%，东盟占台湾对外出口的19.2%。基于此，台湾可以通过融入“21世纪海上丝绸之路”建设进一步开展与东盟的区域经济整合，同时拓展与印度等新兴市场的经济合作。

（三）台湾融入“21世纪海上丝绸之路”面临的障碍

首先是来自于台湾岛内的反对因素。主要体现为：一方面，当前两岸关系已处于调整期，岛内越来越多舆论担忧台湾经济会“过度依赖”于大陆，为此，台湾当局自去年以来先后制定“两岸协议监督条例”，发布“两岸风险红皮书”，建立中国大陆对台湾政治经济影响力的评价系统。① 在此情形下，台湾融入“21世纪海上丝绸之路”建设将引发台湾当局及岛内部分人士的疑虑甚至反弹。而且，台湾以何种身份融入也将在岛内引发争议。另一方面，台湾岛内民进党势力长期“逢中必反”，导致两岸服务贸易协议至今仍未能在岛内生效。由此，台湾试图融入“21世纪海上丝绸之路”建设也将面临来自民进党势力的更大阻挠；其次是来自于岛外势力的阻碍。主要是美、日等西方国家对当前中国推动的“21世纪海上丝绸之路”建设抱有较深的疑虑，从而极力发挥自身影响力来设障。其中，中国推动建立的“亚洲基础设施投资银行”就遭到美国的暗中阻挠，导致韩国、澳大利亚等原本有意愿参加的国家被迫选择放弃。由此，台湾当局试图融入“21世纪海上丝绸之路”建设还将面临美国等外部势力的暗中牵制甚至阻挠。

五、两岸共建“21世纪海上丝绸之路”的合作机制

“21世纪海上丝绸之路”建设是一个多元化、综合性的合作框架，不同于统一制度框架下的自由贸易区，也不同于其他区域性国际机制。两岸共建“21世纪海上丝绸之路”以打造区域合作命运共同体推动一体化建设为远期目标，应涵盖并融入多领域区域合作与治理机制，形成机制联动效应。

（一）形成以大陆自贸区与台湾“自由经济示范区”规划建设为基础的联动

两岸共建“21世纪海上丝绸之路”的基本出发点在于保持和加强彼此的互

① 刘宗义：《“一带一路”与台湾的机遇》，《两岸关系》，2015年第4期，第19页。

联互通，建立更紧密的经贸合作关系。通过共建“21 世纪海上丝绸之路”，以现有大陆自由贸易区和台湾“自由经济示范区”建设为基础，简化出入境手续以及组建海上丝绸之路沿线港口城市联盟等合作机制，推动贸易投资的便利化与自由化，为两岸经济合作提供制度性保障。同时，积极支持以平潭、厦门、泉州为主体的福建自贸区与台湾“自由经济示范区”开展合作，提升两岸海洋经济合作水平。通过充分运用两岸现已达成的基础好、有影响力的双边经济合作机制，如两岸经济合作框架协议（ECFA）及后续协议，两岸共同构建形成“21 世纪海上丝绸之路”相关贸易投资治理制度规则体系。同时，加快推进两岸海洋生物医药、游艇、港口物流、滨海旅游等产业对接。

（二）推动形成两岸以产业园区为载体的分工与合作机制

“21 世纪海上丝绸之路”是一个综合的运输通道，产业园是该通道发展的外溢结果。

将产业园与运输通道相结合，将使“21 世纪海上丝绸之路”演变为沿线国家和地区发展的经济走廊。两岸共建“21 世纪海上丝绸之路”将从多个方面产生产业调整效应，形成产业链的重新整合。具体而言，一是产业转移效应，加速产业从高端向低端转移。在这方面，两岸应实现优势互补，打造具有国际竞争力的产业。在一些高新技术产业领域，台湾具有较为先进的技术和创新能力，大陆拥有庞大的制造能力、完善的产业体系和巨大的市场潜力。两岸应加强在这些领域的合作，打造出国际领先的产业和国际知名的产品，从而更好地融入“21 世纪海上丝绸之路”建设的进程中；二是产业集群效应，产业园区在沿线上按市场选择集聚；三是对产业链进行重新整合，促进产业结构优化。在这方面，应积极推动两岸产业形成合理分工与整合布局。两岸产业合作不能只是一种简单的投资项目与利益争取，而应放在共建“21 世纪海上丝绸之路”建设中来进行规划和布局，应逐步改变过去以台湾接单—大陆生产—海外销售为主的产业方式，向两岸合作、共同创造、全球销售的新方式转变。同时，两岸应协调各自重点发展的优势产业与项目，避免重复建设与恶性竞争。在产业布局上，两岸应将对方产业作为自己产业体系的重要延伸或组成，形成相互支撑、充分发挥各自比较优势的格局。由此，推动两岸行业和企业进行产业链与价值链整合，共同提高两岸经济在全球产业链与价值链中的地位。基于此，两岸共建“21 世纪海上丝绸之路”要充分运用和发挥这些效应，形成产业联动与合作机制。

（三）建立服务于两岸共建“21 世纪海上丝绸之路”的金融合作机制

两岸在共建“21 世纪海上丝绸之路”进程中开展的贸易投资离不开贸易融资，与贸易投资相伴的互联互通、产业园区建设、海洋运输与开发都需要金融支持。当前，中国大陆为推动包括“21 世纪海上丝绸之路”在内的“一带一路”建设，已出资 400 亿美元成立“丝路基金”，并发起成立亚洲基础设施投资银行（“亚投行”）。其中，“丝路基金”对亚洲区域内外的所有投资者开放，亚投行也对加入“一带一路”筹建过程的其他感兴趣的国家和经济体遵循包容开放的原则。亚投行与丝路基金的成立，为台湾融入“21 世纪海上丝绸之路”建设提供发展的契机，能相当程度解决两岸共建“21 世纪海上丝绸之路”的融资缺口问题。但两岸在共建“21 世纪海上丝绸之路”进程中涉及的各类开发性融资结构的关系如何协调，治理结构如何形成，风险如何防范，以及进一步培育组建两岸“海上丝绸之路开发银行”、“开发基金”、“投资基金”、“风险基金”等金融机构等，需要两岸进一步协商加以论证和分析。为此，两岸可通过务实协商，商讨台湾借鉴香港的模式参与到“丝路基金”和“亚投行”的可行路径。同时，两岸可协商成立由双方公权力部门注资的共同基金，或由中国大陆与香港、澳门及台湾共同成立“大中华共同基金”，向“丝路基金”或“亚投行”注资，整合优势资源，共建“21 世纪海上丝绸之路”，携手进军国际市场。

（四）两岸共建“21 世纪海上丝绸之路”的合作对外投资机制

加速两岸合作对外投资的规模与范畴是两岸有效共建“21 世纪海上丝绸之路”的关键。从共同发展的角度看，两岸应加快合作对外投资的步伐，尤其要利用台商在“21 世纪海上丝绸之路”沿线区域内的既有产业网络，深化两岸合作规模。两岸可以通过相互参股、相互持股与合作投资方式，共同开展“21 世纪海上丝绸之路”规划中的基础设施建设与产业园区发展，从而将两岸产业合作延伸到“21 世纪海上丝绸之路”沿线区域，实现合作效益的外溢，从而为深化两岸经济合作提供新的动力。

（五）两岸共建“21 世纪海上丝绸之路”与地区安全治理的互动机制

两岸共建“21 世纪海上丝绸之路”主要是为了解决政治互信不足的问题。由此，共建海上丝绸之路与地区安全治理的互动显得十分重要。因此，两岸应以“共同、综合、合作、可持续”的新安全观设计“21 世纪海上丝绸之路”框架。同时，两岸应以共建“21 世纪海上丝绸之路”的经济成果形成命运共同体和利益共同体，共同维护和巩固安全机制的形成。①

---

① 王敏：《台湾参与“21 世纪海上丝绸之路”的战略构想与可行路径》，《亚太经济》，2015 年第 1 期，第 140—144 页。

21世纪海上丝绸之路背景下的东南亚海上通道安全问题研究

张才圣①

信道不同于道路，道路虽有通道之功效，但非通道之实意。信道指的是国际战略通道，是“运输需求量非常大，交通相当密集，各种不同的运输方式在该区域内互相补充”② 的各种交通线的汇集地带，是“客流、货流的流经地、线路、运输工具以及管理系统的总和”③ 等等。通道对应的西文词语为 Thoroughfare，而不是 Road。通道是交通运输的枢纽，是国际战略的咽喉，是维护国家安全利益的生命线。例如：从某种意义上说，一部俄罗斯史就是一部争夺战略通道的历史。历史上的俄罗斯本是欧洲内陆小公国，彼得大帝为了夺取波罗的海出海口，不惜发动长达二十一年的“北方大战”（1700—1720 年），叶卡捷琳娜二世为打通黑海至地中海的海上战略通道，以致击溃土耳其。莫斯科公国才逐渐发展为横跨亚欧大陆的俄罗斯帝国。足可见，信道以及维护信道安全对国家的重要意义，由此探索东南亚的海上通道以及维护其安全对建设“21 世纪海上丝绸之路”（简称“新海丝”，下同）的重要意义也不例外。

一、古海丝兴衰的东南亚海上通道安全问题历史考

我国是天然的海洋大国，不同历史时期有不同的经略海洋战略。古代海上丝绸之路（简称“古海丝”，下同）是我国与外界联系的海上交流大动脉，也是我国封建王朝经略海洋的主要战略之一。古海丝见证了自秦汉以来我国与世界政治、经济和文化交流的潮起潮落，也见证了我国各朝历代的兴衰沉浮。

---

① 广西师范大学政治与行政学院。

② John W. Calison：Traffic control systems and the year 2000，*ITE Journal*，Vol. 68，No. 4，1998，p. 65.

③ 李兵：《国际战略通道研究》，中共中央党校博士论文 2005 年，第 17 页。

积极的海洋战略与中华民族的兴盛呈正相关关系。古海丝滥觞于秦朝，我国先人沿海南下积极向西探寻海上通道，越过南中国海与周边地区来往交流；至两汉，就已抵达印度半岛东南部；唐代中后期，由于战乱致陆上丝绸之路受阻，加上此时我国经济重心的南移以及海洋运输发挥了运载量大、航运安全和价格低廉等比较优势，海道逐渐取代陆路成为我国对外交往的主要方式。于是，我国封建社会随之出现“汉唐盛世”的局面。在我国学术界，有关古海丝形成于西汉的问题也达成共识。① 宋元时期随着指南针、航海等科学技术的发展，古海丝呈现出“船舶往来如梭”，“大批商人云集这里，货物堆积如山”。“大汗（忽必烈）从这个地方获得巨额收入”② 的高度繁荣。明代之初，“海外诸番与中国往来，使臣不绝，商贾便之，近者安南、占城、真腊、暹罗、爪哇、大琉球、三佛齐、渤尼、彭亨、百花、苏门答腊、西洋邦哈剌等凡三十国。”③ 古海丝的兴盛使我国封建王朝发展至巅峰。

但明清时期消极的经略海洋战略，也即海禁，加速了我国封建王朝走入落日的余晖。海禁，即“以海道可通外邦，故禁其往来”之意，指的是禁止国人私自与海外贸易，也极力限制甚至遏止海外客商进入中国从事贸易活动。作为海洋大国，为何明清实行海禁政策？这是因为在明太祖时期，我国东部沿海地区深受倭患的不断侵扰以及元末农民起义的残部遁入海岛与倭寇相勾结，致使明政权遭到“北自辽海、山东、南抵闽、浙、东粤、滨海之区，无岁不被其害”④ 的安全威胁。签于此，明成祖时期的海禁措施比明太祖时期更加严厉，下令将海船改为不适宜外海航行的平头船，以此阻断与海外的贸易往来。而明末清初，时值欧洲生产力的勃兴，工业革命如火如荼地发展，欧洲殖民体系随之向全球扩张，殖民触角不再局限于非洲、美洲，慢慢延伸到远东地区，富裕的中国自然成为欧洲殖民者垂涎的对象。西方殖民者开始不断侵扰我国。

清政府不堪忍受日益严峻的西方殖民者对我国东南沿海的侵略和明朝遗民对新政权的安全威胁，不仅严厉执行前朝的海禁政策，并将其发展到“闭关锁国”的地步。无论是海禁还是闭关锁国，明清政府经略海洋的政策概而言之就

---

① 韩湖初等：《“关于中国古代‘海上丝绸之路’最早始发港研究述评”》，《地理科学》，2004 年第 24 期。

② ［意］马可·波罗：《马可·波罗游记》（第 2 卷），陈开俊等译，福州：福建科学技术出版社，1981 年，第 192 页。

③ 《明太祖实录》，台北：台湾中研院历史语言研究所校印，1962 年，第 3671 页。

④ 谷应泰：《明史纪事本末》卷五十五《沿海倭乱》，北京：中华书局，1977 年，第 843 页。

是“片板不得入海”，阻止与海外贸易。这种消极的海洋战略阻断了我国与世界的交流，极大地损害了中华民族的整体利益，严重影响了中国历史的发展进程。虽有扬国威式的朝贡贸易以弥补对外交流的短板，但难以弥补古海丝昔日的辉煌。风光无限的古海丝逐渐走向凋零，中华民族也跌入落后挨打的深渊。

探究历史所知，国家安全考虑是明清施行海禁或闭关锁国海洋政策的主要原因之一。其实，在古汉语中并没有“安全”一词，“安”与“危”相对，表达了现代汉语“安全”的意涵，是指“没有危险，不受威胁，不受侵害”等。不过，对安全的行为主体而言，国家即使“不受威胁，不受侵害”，但不一定处于安全的状态。如，即使国家没有遭到外部安全威胁，由于内部原因也会导致政治失衡。我们认为，“单是没有外在威胁，并不是安全的特有属性，单是没有内在的疾患，也不是安全的特有属性”。① 安全的特有属性只能是指“没有危险”。对国际关系最主要的行为体国家来说，在其不同的发展阶段，国家安全的内容也不相同。诸如国民安全、领土主权安全、政治军事安全等国家安全的源生内容也随着国家的发展而衍生出文化安全、信息安全等派生性内容。总的说来，维护国家处于“没有危险”的安全状态是其最基本的价值追求。

追求国家“没有危险”的安全状态是明清实行海禁或闭关锁国政策的主要原因。安全是国际政治研究的核心，倭寇的侵扰和殖民者的侵略使明清时期我国的国土安全、国民安全等遭到空前挑战。为了实现国家“没有危险”的状态，明清政府被迫实行海禁政策。海禁政策的实行有史为证，事实上，在宋元朝时期古海丝繁荣的基础上，明朝在成立之初便积极派遣使臣与海外加强联系，而不是海禁。如前所述，“洪武初，海外诸番与中国往来使臣不绝，商贾便之”，共有“凡三十国”，至明成祖时期与我国交往的之地有七十处之多，国人的足迹跨过东亚、东南亚、南亚、西南亚抵达东非沿岸等。古海丝的盛况在中国史上实属罕见，也是同时期其他国家无与伦比。此时古海绸的海上通道道是中外交流的主要通道，海上丝绸之路成为联系沿线国家、密切文化交融的繁荣经济带。厦门大学李金明教授认为：“明太祖当时实行的海禁的主要目的是为了抵御倭寇，加强海防。”② 国家安全的考虑，迫使明清政府实行海禁或闭关锁国这种消极的海洋战略。

虽然海禁对维护国家安全有一定的积极意义，但导致了古海丝衰落，也加

① 刘跃进主编：《国家安全学》，北京：中国政法大学出版社，2004年，第44页。

② 李金明：《论明初的海禁与朝贡贸易》，《福建论坛（人文社会科学版）》，2006年第7期。

速了我国封建王朝的衰落。古海丝的南部海上通道主要有四条：一是由广州至越南、柬埔寨的东南亚航线；二是由广州至印度尼西亚的爪哇或苏门答腊的东南亚航线；三是由广州至印度、斯里兰卡南亚航线；四是由广州至波斯湾转罗马帝国西亚、欧洲航线。这些海上通道皆经过我国东南部水域和东南亚水域，而这片水域正是倭寇和西方殖民者活动猖獗之地，他们都以这片水域作为侵扰和侵略我国的跳板。国家安全面临威胁的情势下，明政府实行了保守的海洋政策。至于清朝，自从受殖民扩张野心驱使的西方殖民急先锋葡萄牙人于1517年来到中国，西方殖民者的入侵直接威胁到我国领土主权安全。

总之，倭寇的侵扰和西方殖民者的入侵以及明清政权内部的叛乱直接威胁到我国东部沿海的国家安全，也威胁到古海丝的海上通道安全，为了追求政权“没有威胁”的安全状态，明清政府不约而同采取严厉的海禁政策。古海丝也随之走向衰落。

二、新海丝建设的东南亚海上通道安全问题现实考

我国经过一个多世纪的沉沦，二战结束后我国恢复政治强国地位，经过新中国的励精图治，改革开放大战略的实施，我国国内生产总值（GDP）于2010年已跃居世界第二位，经济强国也初露端倪。2013年10月，在东盟举办的APEC（亚太经济合作组织）峰会上，我国倡议与古海丝的周边国家共同建设“21世纪海上丝绸之路”。这一倡议不仅有深厚的历史渊源，更有坚实的现实需要。

建设新海丝是区域一体化发展的结果。二战结束以来，世界范围内兴起三次区域一体化浪潮，第一次是20世纪50—60年代，欧洲经济共同体是主要标志；第二次是20世纪80年代中后期至90年代，欧洲统一大市场、北美自由贸易区和亚太经合组织是主要标志。其中尤以发生在世纪之交的第三次浪潮将区域合作推向纵深，打破狭义上“地区经济一体化组织在地理上基本连成一片或者相邻”的传统合作模式，像APEC（亚太经合组织）等跨洲经济合作组织也在涌现，超越了EU（欧洲联盟）等“仅限于经济发展水平相近的国家或地区”的一体化模式，甚至TPP（泛太平洋伙伴关系协定）等发展水平差异较大的国家之间也在加强合作，“跨区域的大区域经济合作将越来越成为新的增长点”。①故建设新海丝的倡议是全球区域一体化浪潮下的必然结果。

① 杨洁勉等：《大整合：亚洲区域经济合作的趋势》，天津：天津人民出版社，2007年，第5页。

建设新海丝是维护我国海外国家利益安全的需要。自新中国成立，我国是一个逐步融入国际体系的过程，这也是我国国家利益拓展的过程。1950 年“我国进出口额仅为 10 亿美元，占全球贸易额的 0.9%；1978 年我国进出口贸易总额达到 206.4 亿美元，占全球贸易额的 0.78%”。① 至改革开放前夕，我国对外贸易依存度 1978 年仅为 9.8%。② 也就是说，1978 年，我国通过对外贸易所创造的价值不足国民生产总值的 1/10。这表明我国尚属自然经济阶段，并没有融入国际经济体系，海外利益相较整体国家利益无足轻重。20 世纪 70 年代，国际格局变化为我国融入国际体系创造了前提，开启了融入国际体系的进程。对外贸易依存度由 1978 年的 9.8% 迅猛飙升至 2004 年的 70.03%，而根据国家统计局、商务部等部委的数据统计，直到“2014 年仍高达 45%（GDP 为 56.88 万亿元，外贸进出口总额为 25.8 万亿元）”。外贸易依存度由 1978 年占国民生产总值不足 1/10 到现在近 1/2。以加入 WTO（世界贸易组织）为标志，说明我国已经完全融入国际体系，海外国家利益也不断拓展延伸，对海外国家利益安全的维护日益成为研究热点和关注的问题。建设中的新海丝地跨亚、非、欧三大洲，打通南中国海、印度洋、地中海，连接中国—东盟自由贸易区、大湄公河次区域经济合作，中缅孟印经济走廊以及欧洲联盟等经济区，打造范围更广的区域一体化合作经济带，为我国以及海上丝绸之路周边国家的经济社会夯实发展根基。

海运在建设海上丝绸之路战略中占据极其重要的位置。2013 年，我国“对外贸易海运总额持续增加，达到 25720.23 亿美元，占中国对外贸易总额的 61.83%。”③ 海运的通道安全问题对我国的贸易安全，经济安全，能源安全以及国家安全都至关重要。因此，亟须维护海上战略通道安全。然而，无论是古海丝还是新海丝，东南亚地区是其最重要的战略依托。海上通道安全导致了古海丝的衰落，在新海丝的建设中，维护东南亚海上通道安全仍然是建设新海丝的主要内容，甚至决定了新海丝能够顺利建成。以我国石油进出口为例，2014 年，我国“原油净进口量 3.08 亿吨，对外依存度 59.4%。展望 2015 年，原油

---

① 国家统计局：《从封闭半封闭到全方位开放的伟大历史转折——新中国成立 60 周年经济社会发展成就回顾系列报告之二》［EB/OL］，（2000－09－08），http://www.stats.gov.cn/tjfx/ztfx/qzxzgcl60zn/t20090908_402585245.htm.

② 隆国强：《如何看待我国的外贸依存度?》，《国际贸易问题》，2000 年第 11 期。

③ 梁明等：《中国海上贸易通道现状及经略研究》，《世界经济与贸易》，2014 年第 11 期。

净进口量3.46亿吨，对外依存度达61.3%”；[①] 仅马六甲海峡就“承载着运往东北亚石油的80%”,[②] 我国进口石油的80%也是通过马六甲海峡运输。因此，维护东南亚海上通道安全是建设新海丝的重要保证。东南亚海上通道主要有三条：一是经南中国海过马六甲海峡通往印度洋航线；二是经南中国海过巽他海峡通往印度洋航线；三是经南中国海过苏拉威西海、望加锡海峡、龙目海峡通往澳洲航线。经南中国海过东南亚的海上通道构成了全球仅次于地中海的第二大海上通道，成为沟通太平洋和印度洋，联系亚洲、非洲和欧洲海运交通要冲，素有“远东十字路口”之称，地理位置相当重要。虽然影响通道安全的因素较多，但总的说是由于“第一，由于国家利益的原因，沿海的国家企图控制自由的通道；第二，沿海国家的内部不稳定；第三，沿海国家和外部国家的冲突；第四，邻国之间对海上重叠地区的争夺”。[③] 这四类能引起冲突的因素在东南亚都存在。不过，东南亚海上通道主要有两类安全问题亟须解决。

一类是传统安全问题。南中国海的领土主权争端是东南亚海上通道主要传统安全问题。20世纪70年代前，除越南当局对南中国海的某些岛礁有主权声索的行为外，我国与周边国家并无领土纠纷。70年代之后，以越南、菲律宾为首的国家开始蚕食我国在南中国海的岛礁，严重侵害我国领土主权安全。特别是冷战结束后，域外大国正逐步介入南中国海，使地区安全形势更加复杂。南中国海领土主权争端不但有“东盟化”发展趋势而且还有“国际化”的迹象。2002年美国宣称必须控制全球范围内二十二处重要的国际战略通道，东南亚的马六甲海峡、巽他海峡、望加锡海峡、龙目海峡等都包含其中。如果美国封锁了东南亚海上通道，那么“基本控制了东南亚群岛和半岛，并对西太平洋和印度洋的将来起到决定性的作用，包括控制了往返中东油田的战略航线”。[④] 印度的“东向政策”、日本的“南下政策”以及美国的“亚太再平衡战略”正逐鹿南中国海，给本已暗流涌动的南中国海不时掀起澎湃的浪潮，这将严重威胁到东南亚海上通道的安全。

而与中国有领土主权争端的越南、菲律宾、马来西亚和文莱，他们认为，

---

① 龚金双：《2014年中国石油市场回顾与2015年展望》，《中国石油和化工经济分析》，2015年第2期。

② Joshua H, Ho, The Security of Sea Lanes in Southeast Asia, *Asian Survey*, Vol. 46, No. 4, 2006, p. 559.

③ Michael Leife, The Security of Sea Lanes in Southeast Asia, *Survival*, Vol. 25, No, 1983, p. 16.

④ Aileen S. P. Baviera, Security Challenges of the Philippine Archipelago, *Southeast Asian Affairs*, 1998, p. 226.

如果占领了这些岛礁不仅可以获得丰富的海洋资源，如，马来西亚“出口石油的70%来自南沙海域”。① 而且还“直接或间接控制了从马六甲海峡到日本，从新加坡到香港，从广东到马尼拉，甚至从东亚到西亚、非洲和欧洲的多数海上航道”。② 为此，这些国家不惜铤而走险，一方面抢夺我国的南沙岛礁，大肆扩军备战；另一方面积极参与在美国主导下在南中国海的军演。南中国海领土争端有山雨欲来之势，东南亚海上通道也有惊涛骇浪之像。这对新海丝建设的负面影响相当严重，一旦南中国海海域爆发军事冲突，东南亚海上通道存在被封锁切断的危险。这不仅关乎我国国家利益的安全，一定程度上决定新海丝建设的成败。

另一类是非传统安全问题。冷战结束后，随着传统安全对国际社会威胁的降低，以2001年美国的9·11恐怖事件和2003年的非典流行肆虐为标志，非传统安全问题日益成为国际社会的新威胁。在新海丝建设的议题上，海盗和海上恐怖主义问题是东南亚海上通道安全的主要威胁。海盗已成为国际公害，对国际贸易和海上通道构成严重的安全威胁。在海盗出没的世界“五大恐怖水域”，其中就包括马六甲海峡和整个东南亚水域。根据国际海事局在2000年发表的《海盗和武装抢劫船只》年度报告披露，在国际海盗事件中，“有1/3强发生在马六甲海峡和南海海域”。而海上恐怖主义对安全的威胁甚于陆上恐怖主义，更威胁东南亚的海上通道安全。因为海上恐怖主义不仅有一般海盗暴力行为而且还必有一定的政治诉求，实质是政治性的海盗行为，其一般以袭击游轮或是商船造成对世界经济的冲击以引起重视从而达到自身政治目的作为其战略目标。盘踞在东南亚地区的马来西亚的伊斯兰祈祷团、菲律宾的阿布沙耶夫武装以及印度尼西亚的“自由亚齐运动”等组织就是长期威胁东南亚海上通道安全的海上恐怖组织。例如：阿布沙耶夫武装活跃在与马来西亚有领土纠纷的苏禄海地区，“自由亚齐运动”的分离势力猖獗在“千岛之国”的印度尼西亚，假若这些势力壮大横行于东南亚水域，就会切断望加锡海峡和龙目海峡的海上大通道；假使马来西亚恐怖分子在马六甲海峡最窄出攻击几十万吨油轮，可使马六甲海峡关闭一年之久，严重的后果不堪设想。建设新海丝，亟须解决东南亚地区的海上通道安全问题。

① 吴士存：《南沙争端的起源与发展》，北京：中国经济出版社，2010年。
② 吴士存：《南沙争端的起源与发展》，北京：中国经济出版社，2010年。

三、建设新海丝维护东南亚海上通道安全几点建议

建设新海丝，是希望通过经贸易往来促进我国和丝绸之路周边国家共同发展，但“海上贸易在狭窄水域或在公海上被打断可能产生的不堪设想的后果，使得海洋通道安全成为全球关注的首要问题之一”。① 在东南亚，无论是传统安全或非传统安全，一旦安全失控，不仅影响海上通道安全，而且还决定新海丝的建设。为了维护东南亚海上通道安全和新海丝的顺利建设，需要处理好以下几个问题。

（一）需妥善处理与美国的关系

美国既不是海上丝绸之路的周边国家，也不是南中国海岛礁的声索国，美国是域外大国。在维护东南亚海上通道安全问题上，我国需妥善处理与美国的关系。这主要是当前国际体系决定的。

国际关系学界有一共识：即当今世界是单极体系，美国是唯一的超级大国。尽管中国的快速崛起，金砖国家实力的壮大，所谓“中美共治”的两极体系并不存在，两国综合实力相差甚远。在硬实力方面，美国 2014 年 GDP 为 17.149 万亿美元位居世界第一位，2014 年中国人均 GDP 世界排名第 80 位；据“2014 年世界军事大国实力排行榜，美国仍是世界头号军事大国，俄罗斯第二，中国第三”。② 在软实力方面，据清华大学阎学通教授定量研究表明，“中国总体软实力在美国的 1/3 上下”。③ 单极体系对我国的外交行为有两大重要影响：第一，“单极削弱了中国制衡美国力量的意愿；其次，美国巩固自身地位的努力使它变得‘不可挑战’”。④ 在单极体系的背景下，世界上没有任何一个国家像均势理论那样对美国的单边主义实行制衡策略，主要是由于“占支配地位的国家的权力太大而无法予以制衡”。⑤ 依照“搭便车”理论和中美间权力不对称的现实，其他国家乐意追随美国而不是制衡，也使中国缺乏制衡美国的盟友。

美国护持单极霸权有两种方式，要么壮大自己的权力，要么缩小对手的实力，一定要将自己与对手的实力差距保持在安全范围内，其“霸权地位的稳定

---

① 史春林：《太平洋航线安全与中国的战略对策》，《太平洋学报》，2011 年，第 8 期。

② 金灿荣等：《如何建构中美新型大国军事关系》，《现代国际关系》，2015 年第 3 期。

③ 阎学通等：《软实力要素对中美软实力的衡量》，《现在国际关系》，2008 年第 1 期。

④ 朱锋等主编：《中国崛起：理论与政策的视角》，上海：上海人民出版社，2008 年，第 38 页。

⑤ Jack S. Levy, The Cause of War and the Conditions of Peace, *Annual Review of Political Science*, No. 1, 1998, pp. 139—165.

与否在很大程度上取决于霸权国与挑战国之间的权力距离”。[1] 面对中国的崛起，美国亚太再平衡战略主要是遏制中国。然而，2014 年中美双边贸易额为 5906.8 亿美元，双方互为对方的第二大贸易伙伴，两国利益深度相互依存，都难以承受直接冲突的后果，这使美国既要遏制中国又要保持接触。

在南中国海领土主权争端中，虽然“具有明显的倾向性、偏袒性和挑衅性”,[2] 即便如此，但美国与越南、菲律宾等国的南中国海政策有本质区别。美国护持的是全球霸权，在南中国海或东南亚则以维持地区稳定为主，认为“南海航道被破坏的话，会危及美国的经济”,[3] 主张争端各方在国际法之下和平解决主权争端等。美国的这些主张与我国的立场并非完全对立。我国积极推动落实《南海各方行为宣言》，维持南中国海的“维稳”。因此，我国需要积极处理好与美国的关系，让美国理解，只要不损害中国的核心利益，不以武力压制我国通过自身的发展而实现的和平崛起，中国就是现在国际秩序的维护者，而不是“革命者”。中美共同维护东南亚海上通道安全，以减少建设新海丝的外部阻力。

（二）需坚持东南亚海上通道传统安全问题的自主化

对南中国海九段线（也称 U 型线）内的岛礁我国拥有无可争辩的主权，有法可依，有据可查。20 世纪 70 年代前，我国与越南、菲律宾等国并不存在南中国海领土主权争端，国际社会包括东盟国家均认可中国拥有主权。1968 年，联合国亚洲暨远东经济委员会经调查后认为南中国海可能蕴藏着丰富的油气资源以及接踵而至的石油危机，加深了世界对石油资源的渴求，越南、菲律宾等开始觊觎我国的南中国海领土。1982 年《联合国海洋法公约》的签署似乎为东南亚个别国家找到了声索南中国海领土、领海的法理依据，并付诸实际行动，非法侵占我国在南中国海的领土，疯狂掠夺海洋资源。

更严重的是，东盟以其所谓的大国平衡战略为借口，不惜拉美国、日本、印度等大国介入南中国海领土主权争端。现在美国每年与越南、菲律宾、泰国、新加坡、马来西亚等东盟国家在南中国海举行名目繁多的军演。美国的“主要目的之一就是控制南海航线”,[4] 而越南、菲律宾等则狐假虎威式的借助域外大

---

① 秦亚青：《霸权体系与国际冲突——美国在国际武装冲突中的支持行为（1945—1988）》，上海：上海人民出版社，1999 年，第 136 页。

② 谷源洋：《大国汇集亚洲与中国“经略周边”——“21 世纪海上丝绸之路”建设》，《亚非纵横》，2014 年第 5 期。

③ 高之国：《国际海洋法发展趋势》，北京：海洋出版社，2007 年，第 7 页。

④ 史春林：《太平洋航线安全与中国的战略对策》，《太平洋学报》，2011 年第 8 期。

国力量在领土争端问题上牵制中国。南中国海的领土主权争端仅涉及中国与越南、菲律宾、马来西亚和文莱“五国六方”问题，毫不讳言，由于域外大国与越南等国相互勾结，南中国海主权争端有“国际化”趋势，情况将会更加复杂。以解决国际冲突的经验，凡涉及领土主权争端等高政治（high politics）领域问题就难以短时间内解决，南中国海领土主权争端的复杂性决定了该问题存在的长期性。“搁置争议、共同开发”是国际上常见的在解决争端之前临时性措施。从目前形势发展来看，并不是所有争端方都倾向“搁置争议、共同开发”，并不是所有国家都希望共同维护南中国海局势的稳定。正如一位美国军方人士所云："现在最担心的是，越南和美国和中国突然发生武装冲突，届时美国就可能被迫卷入。"① 这正说明东盟某些成员国有进一步激化矛盾冲突的企图。

领土是国家存在的首要因素，是国家存在和发展的基石，“领土安全是国家生存与安全的必要前提”。② 维护国家领土主权安全必须依靠自己的国防力量，这也是由中国独立自主的外交政策所决定。我国既不与任何大国结盟也不依靠任何大国和大国集团，不指望他国维护我国领土主权安全。因此，维护国家领土主权安全必须通过增强国家实力以及运用政治、军事、外交等手段，提高抵御外部威胁和应对挑战的能力。也就是说，在解决政治、军事等传统安全问题必须依靠自己的实力。越南、菲律宾等国对南中国海岛礁疯狂的侵占，既严重损害我国的国家安全，也威胁到东南亚海上通道的安全。南中国海领土主权面临的挑战，我国需加强自己在该地区力量的存在，加快海军建设，提高军事威慑能力，遏制某些国家军事冒进，通过“实力”维护南中国稳定，以求东南亚海上通道的安全。

（三）需建构东南亚海上通道非传统安全问题的合作机制

全球化是国际冲突之源。冷战结束后全球化浪潮的兴起，非传统安全问题日益成为国际社会的新威胁。在全球化洪流之下，经贸关系日益紧密的中国和东盟，所面临经济安全、生态安全，传染病传播等安全威胁越发严峻。海盗和海上恐怖主义是威胁东南亚海上通道安全主要因素，更有学者认为，世界上“海盗最猖獗的地区在东南亚，海盗组织性增强、危险性增大”。③ 东南亚的海盗主要出没在马六甲海峡、巽他海峡等海上交通要道，有向柬埔寨、越南以及北部湾蔓延之势，印度尼西亚、泰国、马来西亚、新加坡、菲律宾等主要是海

① 邱震海：《东亚军事冲突能否避免》，《联合早报》，2015 年 7 月 21 日。

② 刘跃进主编：《国家安全学》，北京：中国政法大学出版社，2004 年，第 69 页。

③ 余潇枫等：《非传统安全概论》，杭州：浙江人民出版社，2006 年，第 273—274 页。

上恐怖主义的受害者。海盗与海上恐怖主义相勾结加重了东南亚海上通道安全的严峻性，也是建设新海丝的一大安全隐患。

全球化不只是国际冲突之源，也是国际安全合作之源。与传统安全不同，非传统安全的“跨国性、社会性、多元性和相互关联性”① 决定了非传统安全问题非某个国家的个别问题，而是其他国家抑或是国际社会共同威胁。海盗和海上恐怖主义对中国与东盟威胁也是如此，决非中国或东盟一国之力能应对挑战。因此，“应对非传统安全问题使得国家安全与整个国际社会的和平、安全的关系越来越密切，鉴于此，合作安全成为维护国际安全的有效途径”。② 例如：为解决中亚和我国西北地区恐怖主义的威胁，我国发起成立上海合作组织，与周边国家开展安全合作并取得良好效果。

东南亚海上通道是建设新海丝关键。根据国家商务部网站公布的数据显示，1999年我国对外海运贸易总额是2142.25亿美元，占中国对外贸易总额的59.35%；2011年升至66.55%；2013年，对外贸易海运总额为25720.23亿美元，占61.83%，现在每天通过马六甲海峡的船只有六成是驶往中国的。全球化如火如荼，我国经济社会可持续发展越来越依赖世界，使我国更需加强与东南亚开展安全合作，以维护海上通道的安全。可是，中国与东盟间的安全合作明显不足，难以应对共同的安全挑战。③ 我国是《联合国海洋法公约》、《制止危及海上航行安全非法行为公约》、《亚洲地区反海盗和武装劫船合作协定》的缔约国，中国与东盟也于2002年签订《关于非传统安全领域合作联合宣言》，打击海盗和海上恐怖主义是双方安全合作的主要内容。无论是公约或是宣言，在国际法范畴内多属于软法性质，对国际关系行为体并无刚性约束，与上海合作组织的结构及功能有很大差异。尽管中国与东盟有四十多种合作机制，包括“10+1”（东盟+中国）、“10+3”（东盟+中国、日本和韩国）等，但多以经济合作为主，唯一的地区安全合作机制——东盟地区论坛（ARF）也被称之为“清谈馆（talking shop）”，难以应对形势发展的需要。

鉴于此，我国需要在以下几方面加强努力：首先，需主动倡导与东盟国家构建如同上海合作组织类似的非传统安全合作机制，加强刚性安全机制建设，共同打击影响本地区稳定的安全威胁；其次，拓展既有合作机制功能。最主要

---

① 傅勇：《非传统安全与中国》，上海：上海人民出版社，2007年，第28页。

② 门洪华：《霸权之翼：美国国际制度战略》，北京：北京大学出版社，2005年，第13页。

③ 张才圣：《CAFTA框架下的中国—东盟非传统安全问题合作研究》，《广西师范大学学报（哲学社会科学版）》，2012年第3期。

是拓展“10+1”（东盟+中国）、“10+3”（东盟+中国、日本和韩国）合作机制的功能，将以经济合作为主逐步拓展安全合作。由于东南亚海上通道安全与韩国、日本等东北亚国家利益密切，拓展“10+1”、“10+3”安全机制建设，既符合东北亚国家的安全利益，还可摆脱美国对本地区事务的主导权，况且，“10+1”、“10+3”合作机制以东盟主导，可减弱日韩对中国的疑虑。第三，加强双边安全合作机制建设。双边安全合作优势在目的明确、灵活性、便利性。如，2005年中越两国签署《中越海军北部湾联合巡逻协议》以维护北部湾的稳定。面对非传统安全威胁日益猖獗，我国需要加强与菲律宾、马来西亚等国双边安全合作，共同维护东南亚海上通道安全，减轻建设新海丝的阻力。

通缩阴影下的中俄天然气交易

欧阳承新①

通缩已成为威胁美、日、欧盟和众多崛起中与新兴工业国的首要元凶。包括天然气在内，全球能源和工矿、农业原材料价格正面临新一波的大幅修正，天然气交易是中国和俄罗斯重要的能源合作项目，自然不可避免受到冲击。

1994 年，中俄两国签订合作兴建天然气管道的意向书，其后经过长达二十年的反复磋商，一直到最近才敲定交易价格、化解彼此最大的分歧。根据双方在 2014 年 5 月 21 日签署的《备忘录》和购销合同等文件，俄罗斯将通过东、西两线对华供气，为期三十年，并优先建设东线，离奇的是：仅仅一个月之后，国际油价就开始无预警崩跌，[①]与油价紧密连动的天然气价格同步重挫；同一期间，作为计价单位的美元却反向升值，以至于中俄之间的天然气实体交易还没发生，按照推估的合约价计算（A）中方在账面上已产生巨额亏损，而俄罗斯则是不折不扣的赢家。相反的，（B）若未来汇率和气价的行情逆转，双方得失输赢的角色将互换，至于全期的行情究由 A 或 B 主导，殊难推断，可以确定的是一家独赢的局面是不被允许的，但油气行情低迷，俄罗斯无财力进行资源开采、兴建管道，为此，权宜之计将是修改合同或推迟东线计划实施的时间。以下分从谈判过程、初步结果、卖方策略、买方需求及交易模式评估等层面探析。

一、谈判过程缓慢艰难

被誉为世纪大单的中俄天然气东线交易，内容单调，仅限于下游商品买卖，无关乎中上游资源合作勘探开发，但由于金额与管线的时空跨度均属前所未见，并牵连广泛的国际地缘政治动向，因此双方均格外谨慎，前后历经十二次重要的磋商才告完成（附表 1），而过程则起起伏伏。

1999 年，代表卖方“俄罗斯天然气工业股份公司”（Gazprom/俄气）和买

① 中华经济研究院研究员。

方“中国石油天然气集团公司”（中石油）签订天然气出口协议，俄方开价180美元/千立方米，中方出价165美元/千立方米，因国际能源价格飙升，双方最终未能签署合同。2004年10月，俄总统普京访华期间，两家公司签署战略合作协议，自此正式展开了为期十年的冗长谈判。2006年3月，俄气与中石油的《会谈纪要》约定俄罗斯从2011年开始分东西两线每年向中国供气680亿立方米，其中西线（又称阿尔泰线）供气量约300亿立方米，东线约380亿立方米。2009年以后，有关运输路线、运量、气源、管道基础设施建设等项目，均先后敲定，唯独价格一项悬而未决。2011年10月，中俄举行第十六次总理会晤期间，每千立方米俄气索价约300美元，而中石油表示不能超过250美元，因为气价谈不拢而再度搁置，两年后双方基本确定供气的定价公式。2014年5月21日，在普京出席亚信会议离开上海前夕，两国政府签署《中俄东线天然气合作项目备忘录》，中石油和俄气签署《中俄东线供气购销合同》，中国支付250亿美元的预付款，基本完成中俄天然气谈判，各方推测，合约价可能介于350/千立方米和380美元/千立方米。

同年10月13日，两国政府签署了东线对华供气的《最终协议》。11月，中俄在亚太经济合作会议期间高调地签署了关于建立第二条输气管道，也就是西线的备忘录。但早在2006年，普京即宣布推动西线项目（西伯利亚力量－II），后来受到2008年全球金融危机干扰该案件被冻结。2014年5月的《购销合同》约定，东线气源地为俄罗斯东西伯利亚的伊尔库茨克州科维克金（Kovykta）气田和萨卡共和国恰扬金（Chayandinsk）气田（图1），俄气负责气田开发、天然气处理厂和俄罗斯境内管道的建设，中石油负责中国境内输气管道和储气库等配套设施建设。

中俄天然气合作案谈判，为时漫长，过程艰难，但合同价却越谈越高，即令在签约以后还是杂音重重、流言不断，其中，天然气购销支付条件隐晦不明，气价秘而不宣，难以根据现有的信息进行较令人信服的损益得失评估。就目前而言，由于国际油价重挫，Gazprom负责的俄境内东线天然气基础设施投资发生亏损，因此俄罗斯可能暂停施工并推迟交货期，至于实际上是否延后，及是否针对市场行情变动造成相关方的盈亏就合作案做出调整，均不明确。鉴于此，以下设定两种情境，端视作为合作条款之一的交易价格是否相应调整进行初步分析。

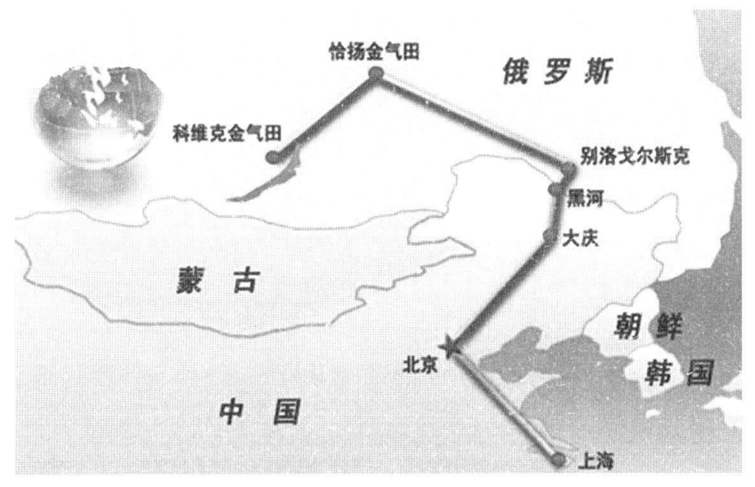

图 1　中俄东线天然气管道示意图

数据源：http：//junshi. xilu. com/20150730/1000010000851793. html.

二、两种情境设想

中俄天然气交易金额巨大，时间漫长，并具有一定程度的不确定性和风险。或许是为了有效管控风险，买卖双方屡经磋商、立约较具约束性，而非框架性协议或内容松散的意向书，然而如此一来在实施期弹性调整交易条件的可能性随之大举降低，但并没有证据证明本项合作已经一锤定音在执行上毫无变通余地，特别是当国际能源和金融市场环境剧变时，受损的一方理所当然要求检讨相关条款。为此，可以推断，面对外部风险双方可依约调整合作方式与交易价格、数量、付款方式及支付工具等细节，现以价格固定和浮动为例分别解说如下。

情境一　价格固定照付不议

依据《中俄东线供气购销合同》，从 2018 年起，俄罗斯将开始通过东线——即“西伯利亚力量 - I”，向中国供气，输气量逐年增长，最终达到 380 亿立方米，累计三十年，供应合同价值约为 4000 亿美元（现值或预期值不详!）。中俄两笔交易均本着“照付不议”要件（Take - or - Pay Clause）银货两讫（搜狐，2014），交货地点在两国边境。“照付不议”是天然气交易的国际惯例，系指在市场变化情况下，付费不得变更，用户用气未达到约定数量，仍须按约定数量付款；但若供气方供气未达到约定数量时，要对用户作相应补偿。

众所周知，中俄达成交易以来，国际油价重挫，与油价连动的天然气价格相应下跌，而计价货币美元则反向升值。以美国 Henry Hub 指数为例，过去 18 个月气价下跌了 56.1%（2014 年 2 月 10—14 日至 2015 年 8 月 10—14 日）；[②]同期，美元汇率指数（DXY）则从 80.136 上升至 96.520，升幅高达 +20.4%（2014 年 2 月 14 日至 2015 年 8 月 14 日）。[③]两项变动合计，中方账面损失高达 76.5%，即如按签约日的气价和币值计算形同多支付 3060 亿美元（达到 7060 亿美元）。如按目前（2014 年 8 月 14 日）的气价和币值计则可少付 2266 亿美元（付 1734 亿美元即可）。当然，如交易期间“价涨币贬”，账面上出现盈亏的主体将易位，也就是说中国获利而俄方亏损；至于在“价涨币升”和“价跌币贬”的虚拟情况下究竟孰盈孰亏，则需参照价格与汇率这两组参数的相对涨跌状况而定。

情境二　价格可变总额不变

中俄天然气交易最大的特色在于交易总额已知，单价不明，年交易量可变但总量不变（=380 亿立方米×30 年）。操作上是把交易总额（4000 美元）分配到各年度，按合约价“照付不议”，但价格可变，限制条件之一在于交易总额被设为“常数”，不因为交易期间内市场行情（物价、汇率）的起伏而改变。这一点从现今国际油价重挫带动气价下跌（一般落后 6 到 9 个月才反应）可以得到印证。中俄交易既然是基于互利合作，自然不可能在一方得利而另一方失利的情形下继续！

据报道，Gazprom 曾表示，向中国供应天然气的三十年合约并没有价格保护措施。英国《金融时报》也说，俄气确认，其与中石油签署的合同中的天然气价格与一篮子原油产品价格基准关联，不存在保护价格，俄投顾公司复兴资本（Renaissance Capital）石油和天然气分析师同样认为气价可变，（未来）俄气外销中国的天然气供应价格可能会下调至 175 美元/千立方米（Beijing Investment，2015），是推估合约价的一半。但如此一来要求买家按原价“照付不议”已经不可能。问题是：无论年成交量（权重）是否维持不变，交易总额都将改变，不等于既定的“常数”（=4000 亿美元），这个结果是否偏离买卖双方缔约时的预期不可知，但显然不满足上述限制条件，为满足限制条件卖方应增加供货，即价跌量增才能化解可能的商业纠纷。价量同时变动的情况可类推但的结论不变。

上述两种情境究竟何者较靠谱不得而知，但可以确定的是两种思路都有问题。情境一违背市场运行规律，买卖双方敲定的合同价最有可能是基准价，而绝非无可挑剔不能变动的金科玉律，因此情境二是较为合理的安排。可是由于总额（事后）是浮动单价（事前）的加权值之和，因此，在价格可变的情形下，先有总额后有单价，无疑是倒果为因，需将限制条件放宽，视其为概数，上不封顶，但也绝不是为保障俄方收益而设，才不致前后矛盾。

三、俄罗斯的定价策略

作为天然气巨无霸，俄罗斯首要的关切是天然气的需求安全，出口气价的高低居次。2009 年，俄政府发布《2030 年前的能源战略》，预期至目标年，俄天然年气产量达到 8800 亿—9400 亿立方米，对比 2008 年增幅为 33%—42%，其中向亚太供气的比例将从 3% 增加到 20%，对欧洲供气相对下滑但绝对量仍会上升。俄罗斯希望通过双边管道基础设施建设将中国锁定为长期合作伙伴。

中俄世纪大单的核心课题是气价，如何决定，既取决于市场大气候，也系乎交易主体的主观认知。然而当油气价格上涨时俄罗斯踌躇志满，态度就会有所保留，而行情低迷时则反之，但寻求的东进的趋势不变。目前，中俄两国是关系友好的邻邦，互为对方的全面战略协作伙伴，因此，交易条件包括气价理应与这种身份一致，但事实却不然，形成交易地位不对等，而全球天然气交易同样竞争激烈。对此，中俄双方各有盘算，有自己的价格参照系统。

从实务面看，天然气不同于原油，没有统一的全球市场，只有区域市场。[④] 2014 年以来国际能源行情从多头转向空头，普京见机不可失，趁气价尚在高位迅速与中国签约。能源贸易在俄罗斯经济中一向扮演重要角色，关系着国家的荣枯盛衰。俄气拥有俄罗斯 65% 和世界 20% 的天然气储量，对欧洲出口占其年营收额一半以上，贡献国家总产值约 9%，政府预算的 25%，但俄气的出口价格视其与客户的关系亲疏和政策目的而各有不同，其中不乏惩罚性的动机，如 2014 年，莫斯科支持亚努科维奇（Viktor Yanukovych）任乌克兰总统时，为约束基辅，阻止其向欧盟和北约靠拢，因此对乌实施优惠价（268.5 美元/千立方米），在亚努科维奇被基辅亲西方势力罢黜后立即恢复到 2009 年乌前总理季莫申科（YuLia Tymoshenko）当政时的价位（400 美元）。原则上，俄气外销价本着市场和政策双轨、运用差价和支付条件为本国政治外交服务，在与欧洲客户的长期合同中俄罗斯使用和油价挂钩公式，对华贸易拟如法炮制，但中国反对。

表 1 俄罗斯天然气出口价格，美元/1000 立方米

国家	马其顿	波兰	波黑 *	捷克	保加利亚	立陶宛	丹麦	斯洛文尼亚	乌克兰
气价	564	526	515	503	501	500	495	486	485
希腊	塞尔维亚	爱沙尼亚	瑞士	意大利	罗马尼亚	斯洛伐克	拉脱维亚	土耳其	法国
478	457	442	442	441	429	416	407	407	397
奥地利	匈牙利	芬兰	德国	荷兰	摩尔多瓦	英国	亚美尼亚	白俄罗斯	
394	391	385	379	371	368	313	189	166	

* 波黑：波斯尼亚和黑塞哥维那

数据源：http：//business. sohu. com/s2014/russiagas/index. shtml

俄气的欧洲客户分三六九等，一般而言，与俄友好的此前之苏联加盟共和国负担最轻，关系特殊的欧盟国家居次，其他殿后，但销售价格实际分五级，介于564 美元（马其顿）和166 美元（白俄罗斯）之间（参见表1，图2）。波罗的海三国、白俄罗斯、芬兰、保加利亚等六国对俄罗斯天然气依存度高达百分之百，德国是最大的买家。以时间为轴进行观察，近期全球商品行情走空。俄经济部预测，2015 年 Gazprom 出口远邻（Far Abroad）——即欧盟成员国扣除前苏联加盟共和国和土耳其——的平均气价全年可能下跌35%，至222 美元/千立方米（EurActiv，2015）。按热能计算，2015 年1 至8 月，俄天然气每百万 Btu 的报价已从9. 50 美元下滑到6. 66 美元，累积跌幅达32. 67%（表2）。在这种局面下，销往中国的天然气合约价自然不可能居高不下。

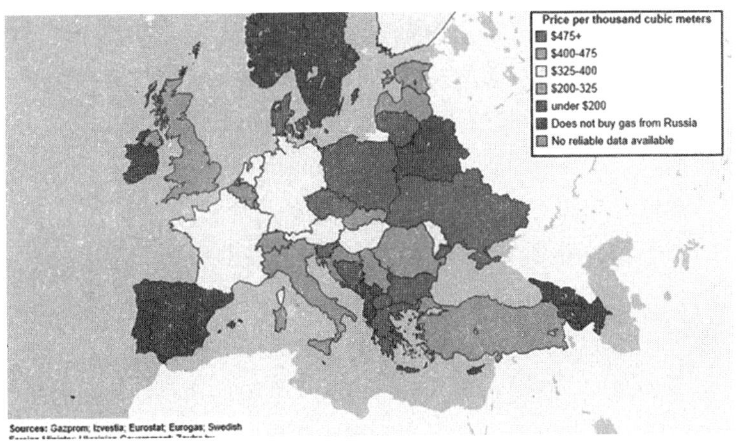

图 2　俄罗斯出口欧洲国家的天然气价格

Russian Gas: How Much Is That? August 12, 2015

http: //www. rferl. org/content/russian – gas – how – much – gazprom/25442003. html.

表 2　俄罗斯天然气月度报价，2015 年

月份	单价 美元/百万 btu	月变动率,%
1	9. 50	–
2	9. 29	–2. 21
3	9. 29	0. 00
4	7. 39	–20. 45
5	7. 37	–0. 27
6	7. 30	–0. 95
7	6. 68	–8. 49
8	6. 66	–0. 30
累积 1 ~8	—	–32. 67

数据源：Russian Natural Gas Monthly Price – US Dollars per Million Metric British Thermal Unit http: //www. indexmundi. com/commodities/? commodity = russian – natural – gas.

四、中国左右逢源

对能源需求大国中国而言，气价的高低不是外购天然气唯一或最优先的考虑。出于发展的需要，中国引进天然气须兼顾长期、大量、稳定、低风险、清洁、经济实惠及运输便利性等一系列足以确保“能源安全”的进口模式。对应于这些特值俄罗斯作为紧邻中国的卖方无疑名列前茅，但并无排他性，原因在于中国的经济发展快速，正在进行能源结构转型，对天然气的需求数量巨大，因而可区分货源、通路、形式及其他诉求，选择不同的供货商和交易模式，无须全盘仰赖单一卖方，做到左右逢源。现分从不同角度解析评比。

需求快速增长：按照“表观消费量”（Apparent Consumption），[⑤]2012 年中国的天然气消费量为 1480 亿立方米，占国内能源消费总量的 5.9%，远低于全球平均值 23.7%。2000 年到 2012 年期间，中国消费的年均增速达 16.7%，约为石油（9.9%）和煤炭（8.8%）的两倍。次年再升至 1676 亿立方米，年增 13.9%，中国成为仅次于美、日的世界第三大天然气消费国，其中进口 530 亿立方米，年增 25.2%，进口占比升至 32.1%，低于同期石油消费的对外依存度 58.1%，不过仍创下 2008 年首度打破天然气自给自足以来的新高。自后，经过了连续七年的快速成长后，2014 年中国国产天然气达 1768 亿立方米，进口 567 亿立方米，年增率降为个位数（+8.4%），主要是因为经济动能减缓压抑了天然气消费的成长率，其中 LNG 进口量为 295.7 亿立方米（年增 17.5%），从中亚和缅甸进口管道气 271.3 亿立方米（+0.1%）。

“中石化经济技术研究院”预计到 2015 年，大陆天然气产量将达到 1850 亿立方米，需求量 2600 亿立方米，供需缺口端赖进口平衡。国际能源总署（IEA）发布的《中期天然气市场报告》预测，以 2014 年为基期，中国的天然气需求在 2019 年将翻倍增至 3150 亿立方米（WSJ，2014）。未来可望成为世界最大的天然气进口国。如俄罗斯两笔协议最终都能兑现，发改委预测到 2030 年，中国天然气需求量将超过 5500 亿立方米（Beijing Investment，2015），届时俄罗斯对华的供应量（680 亿立方米）约占中国天然气消费总量的 12.3%[⑥]。

定价基准分歧：中国一贯主张采用与煤价挂钩而不是俄方坚持与原油挂钩的天然气定价模式。据俄能源部长诺瓦克（Alexander Novak）透露，俄气与中石油所签合同中规定的天然气价格接近 350 美元/千立方米，相当于 9.9 美元/Btu（财新网，2015）；另外也有 360 美元/千立方米（10.24 美元/Btu）的说法，这个价格接近 2013 年 Gazprom 向德国报出的平均价格。如选择最贴近中俄签约时（2014 年 5 月）的煤炭价格指数，72.7 美元/吨，经热能换算，气价约 3.62 美元（Btu），而按照 350 美元/千立方米计算的气价则高达 10.9 美元（Btu）[⑦⑧]。这是因为基于相同的能效，煤价远较天然气低廉之故。但俄方认为中方的提议不符合其特殊的定价要求（Barysch，Petersen，2011）。按 350 美元/千立方米的气价，签约时〔人民币：美元汇率≈6.24〕合 2.19 元/立方米（人民币，下同），远高于（国产）西气东输天然气均价 1.27 元，略低于中国从中亚进口天然气的价格 2.2 元。因此俄气谈不上经济实惠。

LNG 可替代天然气：中国致力于建设经由陆上管道进口天然气的通路，同时拓宽海运的货源，两者并行不悖，以分散风险。2014 年，6 月 18 日，中海油与英国石油 BP 签署了价值约 200 亿美元的交易协议。这份协议的期限是二十年，致使中国每年进口至少增加 150 万吨的 LNG。BP 接受 14 美元/百万 Btu 的价格，然而买卖双方谈判协商所花时间却不到半年，不像中俄谈判时间漫长，交易成本过巨。此外，美国的 LNG 预计将从 2016 年起进入亚洲市场，主要供日本、韩国，也可向中国出口。为了平衡地缘政治影响力，美国希望中国降低对俄罗斯的能源的依赖，一些研究也不看好俄气出口中国的前景（例：Medlock Ⅲ，O' Sullivan，2015），建议美政府开放油气出口。

可开采页岩气：中国页岩气的蕴藏量居世界第一，是否开采取决于油价、生态环境评估和技术水准等，如条件允许，开采形成规模，将可局部取代天然气进口。

计划可能推迟：2015 年二季度，俄罗斯 GDP 年减 4.6%，陷入了自 2009 年以来最严重的衰退；俄气的公司市值大幅缩水，从 2008 年超过 3000 亿美元萎缩至目前只剩约 500 亿美元，俄气表示，有可能将开始向中国供应天然气的时间，由之前宣布的 2019 年延后两年（符合 2019 年 5 月至 2021 年 5 月的启动时段）。由于西方制裁以及本土竞争加剧，俄气在全球能源领域的主导地位受到挑战（经济网，2015），尽管俄政府始终否认这一传闻。另外还有先启动阿尔泰线的建议。对比已经基本建成的西线，东线管道途经的地区多为冻土带，且周边经济发展水平较低，施工难度大，资金又难以跟进。相反的，对俄罗斯来说，贯穿西西伯利亚的阿尔泰线可以吸收现有的闲置产能，无须开发新气田。但阿尔泰天然气通往中国气田所在的新疆，需要新建大量通往大中城市的管线系统，才能完成运输任务，违背中国的空间经济规划，甚至可能影响中国的五年发展规划。这个建议因为不符中国需要而被否定。最重要的，普京何以在油价重挫前及时与中国签约，原因不明，作者分析应和俄科学院有油气预测机构，知道行情将剧变，而中方欠缺讯息所致！

五、综合检讨

世纪大单是在中俄两国领导人共同见证下推出，是两国加强能源合作、深化全面战略协作伙伴关系的重要成果和里程碑。中俄两国在经济上合作无间、在战略层面互为犄角，发挥从北冰洋直抵南海、印度洋乃至西亚、中东、非洲的地缘政治杠杆，对外显现友好合作态势，但两国之间的能源纽带建设一直滞后，存在大量悬而未决的天然气协议。

中俄天然气交易是双边能源、地缘、涉及多边博弈的大项目。经济和政治共同利益驱使俄罗斯和中国加强合作。他们都厌恶美国的霸权主义，担心其共同的邻邦出现不稳定局面和极端主义，都反对外国干涉主权国事务（但）俄罗斯自己做不到。另一方面，尽管中俄双方拥有共同的利益，但在彼此相互支持的关系之下仍然涌动着互不信任的暗流。俄罗斯深刻感觉到中国的经济和战略优势正在不断扩大，担心中美两大巨头相互对抗俄罗斯会被边缘化。

与此同时，中国也未将俄罗斯看作平等的合作伙伴，而是将其视为一支中间力量。目前国际能源市场陷于低潮，中国经济开始放缓，经过新一轮密集的跨国管道建设，中国进口俄气的紧迫性已大幅降低，可以以逸待劳，不必急于求成。回顾2014年初以来，俄乌冲突加剧，经济制裁导致俄罗斯资金外流、卢布重贬、经济情势与财政金融环境急速恶化；同时，油气价格重挫，其原因复杂但不外乎：美国开采页岩油气大量向市场投放，俄罗斯及石油输出组织（OPEC）为维持市占率不愿减产；同时，伊拉克、利亚比、伊朗的原油产能逐渐恢复，但世界需求疲弱等，不一而足（参见 Plumer，2015），导致油气价格猛跌，严重削减了俄财政收入，使得已陷于外交孤立的俄政府处境如雪上加霜，迫使普京立场软化，然而中国却错估形势，即使是吃亏也有始有终，主动与俄达成交易，至于是否也因为一种说不出的俄罗斯情节在作祟则难以评断。

参考文献

[1] 财新网（2015），中俄天然气合作与全球能源地缘政治，6月9日，http：//opinion. caixin. com/2015 - 06 - 09/100817413. html

[2] 发改委（2014），2030年中国天然气需求将超5500亿方，10月15日，http：//news. cnpc. com. cn/system/2014/10/15/001511122. shtml。

[3] 搜狐（2014），俄罗斯天然气价格有多贵？10月11日，http：//business. sohu. com/s2014/russiagas/index. shtml

[4] 经济网（2015）俄气近年市值缩水超2500亿美元？曾被评俄罗斯经济尖兵，人民网9月01日，http：//energy. people. com. cn/n/2015/0901/c71661 - 27537136. html

[5] 中青华兴（2015），俄气承认：中俄天然气协议并非固定价格，8月12日，Beijing Investment http：//www. zqhx33. com/？ sn = xwzxnr&id = 3110

[6] Barysch Katinka and Petersen Alexandros (2011)，俄罗斯、中国和中亚的能源地缘政治，Centre for European Reform，11月，http：//www. cer. org. uk/sites/default/files/publications/russia_ china_ geopolitics_ chinese_ translation. pdf.

[7] Medlock III Kenneth B. and O' Sullivan Meghan L. (2015)，China's Energy Hedging Strategy：less than meets the Eye for Russian Gas Pipelines，Feb. 9，http：//nbr. org/research/

activity. aspx? id =530

[8] Plumer Brad (2015), Why Oil Prices keep falling —and throwing the World into Turmoil, updated on Jan. 23, http: //www. vox. com/2014/12/16/7401705/oil – prices – falling

[9] WSJ (2014), IEA Says China Natural Gas Demand to Nearly Double, June 10, http: //www. wsj. com/articles/iea – says – china – natural – gas – demand – to – nearly – double –1402386761

注释

[1] 2014 年6 月，国际油价（布伦特）攀升到 112. 87 美元/桶（月均价），之后，一路下滑，至 2015 年 8 月 15 日跌至 42，79 美元/桶。http: //www. nasdaq. com/markets/crude – oil – brent. aspx

[2] 依据美国能源讯息厅（EIA）发布的 Henry Hub 天然气现货价指数，过去 18 个月，周均气价从6. 548 美元/ 百万 BTU（2014 年2 月 10 日到 14 日）下跌到 2. 876 美元/百万 BTU（2015 年 8 月 10 日到 14 日），跌幅达 56. 1%。参见 EIA Natural Gas，2015，8，19 更新，http: //www. eia. gov/dnav/ng/hist/rngwhhdd. htm

[3] 2014 年2 月 14 日到 1015 年 8 月 14 日美元汇率加权平均指数（DXY）从 80. 136 上升为 96. 520，升幅达 20. 4%。DXY 指数成分权重包括：欧元（EUR），57. 6%，日元（JPY）13. 6% weight，英镑（GBP），11. 9%，加拿大元（CAD），9. 1%，瑞典克朗（SEK），4. 2%，瑞士法郎（CHF）3. 6%。参见 DOLLAR INDEX SPOT http: //www. bloomberg. com/quote/DXY：CUR/chart

[4] 天然气并没有一个统一的价格，而是由不同的市场结构决定的，包括开采、运输、需求和竞争状况等。如 2013 年卡达卖给美国的液化天然气价格是 3. 45 美元/MBtu（百万英热），而卖给中国和日本的则是 17. 32 美元/MBtu，虽然相差五倍，但其中并没有政治因素。

[5]“表观消费量”指当年产量加上净进口量（当年进口量减出口量）。这种统计口径较易取得相关数据，而实际消费量的数据较难取得。

[6] Medlock III & O' Sullivan（2015）的预测值为 20%，应属高估，因为作者忽略了未来中国消费量（分母）将大增这一事实。

[7] ——热当量换算

[8] 1 立方米天然气 =1. 3300 千克标准煤

[9] ——热质转换

[10] 1 吨煤 =2. 406 ×107 英热单位（Btu）

[11] 1 千克标准煤 =2. 406 ×104（Btu）

[12] 1 立方米天然气 =1. 33x2. 406 ×104 =31999. 8（Btu）≈ 3. 2x104（Btu）

[13] ——天然气单价

[14] 350 美元/千立方米 =350 美元/3. 2x107（Btu） =10. 9375（Btu） ≈10. 9（Btu）

[15] 72.7 美元/吨标准煤 = 72.7 美元/3.2×107（Btu）x1.33≈3.62（Btu）

[16] 煤炭价格（美元/mt）：2014 年 4—6 月澳大利亚季平均价格，取自 World Bank Quarterly Report，Commodity Markets Outlook，Jan. 2015。

[17] 与煤价挂钩的天然气售价（3.62 美元/Btu）明显偏低，不可能是中石油向俄气建议的售价；偏低的原因应和选择的样本价（72.7 美元/吨）过低之故。参见注 6.

附表 1　中俄天然气交易谈判沿革

1994 年：中俄签订天然气管道修建备忘录。

1999 年：俄气和中石油达成天然气出口协议意向，俄方开价 180 美元/千立方米，中方出价 165 美元/千立方米，因国际能源价格飙升，双方最终未能签署合同。

2006 年 3 月：中俄签署《从俄罗斯向中国供应天然气的会谈纪要》，俄承诺修建东西两条天然气管道，计划从 2011 年起三十年内，每年向中方出口 600—800 亿立方米天然气。

2008 年：中俄建立副总理级常规天然气谈判机制。

2009 年 6 月：中俄元首签署《天然气合作谅解备忘录》，同年 10 月，两国签署协议规定，从 2014 年或 2015 年起，俄每年对华输送 700 亿立方米天然气。

2011 年 10 月：中俄总理举行第十六次定期会晤，中俄天然气谈判陷僵局，未就价格取得共识。

2012 年 6 月：普京访华，重启谈判。

2012 年 12 月：俄中双方针对“西线”项目展开对话。

2013 年 3 月：习近平访俄，中石油与俄气签署初步共识协定。

2013 年 10 月：中俄双方基本商定供气的定价公式。

2014 年 4 月：俄气与中石油发表声明称，双方供气合同谈判进展显著。

2014 年 5 月 20、21 日：普京对华进行国事访问并出席“亚洲相互协作与信任措施”会议（简称亚信峰会）第四次峰会，中俄签订东线天然气合作协议。

2014 年 9 月 1 日，中国副总理张高丽在雅库特自治共和国首府雅库茨克与普京共同出席中俄东线天然气管道俄境内段管道开工仪式

2014 年 10 月 13 日：两国总理第十九次会晤后，签署包括东线天然气供应、高速铁路等等 38 项协议，包括 1500 亿人民币的货币互换以及能源相关的一系列合作。

2014 年 11 月：中俄双方在亚太经济合作会议期间签署关于建立第二条输气管道的备忘录。

2015 年 5 月 8 日至 10 日，习近平出席卫国战争胜利 70 周年庆典，中俄两国元首发表《联合声明》指出，将按计划推进中俄东线天然气管道建设，确保按时建成投产。积极推进并争取尽快完成中俄西线天然气项目谈判。

数据源：http：//center.cnpc.com.cn/sysb/system/2015/01/06/001523629.shtml，http：//big5.huaxia.com/zt/tbgz/15 –011/4395970.html

附表 2　垄断市场与取消管制的市场的主要区别

类别	垄断性市场（中俄交易）	取消管制的市场（英、美）
合同期限	多数为长期合同：20—25 年	短期（1 月），中期（18），长期（低于 10 年）
购买	照付不议条款	让与条款（美国）（允许将多余的天然气在现货市场上转售给第三方）
价格	采净回净值回推法（net Back），即用在终端市场与之竞争的能源的平均价格减去天然气运输和配送成本；与竞争能源的价格指数挂钩	与现货市场价格挂钩
运输	天然气公司垄断经营	由专门的运输公司负责管理签订运输合同（TPA）

数据源：The Ties between Natural Gas and Oil Prices，http：//www. ifp. fr/IFP/en/events/panorama06